U0717502

奥斯曼/土耳其研究

百年土耳其

主编 昝涛

副主编 高成圆 阿迪

江苏人民出版社

图书在版编目(CIP)数据

奥斯曼-土耳其研究:百年土耳其/昝涛主编.
南京:江苏人民出版社,2024.12.-- ISBN 978 - 7 - 214 -
29702 - 0

Ⅰ.K374.0

中国国家版本馆 CIP 数据核字第 2024L9A783 号

本书由中国历史研究院"兰台青年学者计划"项目
(编号:2024LTQN606)资助出版。

书 名	奥斯曼-土耳其研究——百年土耳其	
主 编	昝 涛	
责 任 编 辑	于 辉	
装 帧 设 计	刘葶葶	
责 任 监 制	王 娟	
出 版 发 行	江苏人民出版社	
地 址	南京市湖南路 1 号 A 楼,邮编:210009	
照 排	江苏凤凰制版有限公司	
印 刷	苏州市越洋印刷有限公司	
开 本	880 毫米×1230 毫米 1/32	
印 张	10.125	
字 数	350 千字	
版 次	2024 年 12 月第 1 版	
印 次	2024 年 12 月第 1 次印刷	
标 准 书 号	ISBN 978 - 7 - 214 - 29702 - 0	
定 价	58.00 元(精装)	

(江苏人民出版社图书凡印装错误可向承印厂调换)

目　录

特稿

百年土耳其：历史视野下的变迁^①

昝　涛

在当今世界上，作为现代主权国家建国时间超过一百年的，除了拉美地区的国家比较多，在非西方国家中并不多见，其中，土耳其共和国是公认的获得独立较早的非西方国家。这样的对比，可以使我们从全球视野（特别是今天提及更多的全球南方）了解土耳其共和国的世界历史地位。2023 年是土耳其共和国成立一百周年（1923—2023）。在国庆日那天，土耳其举行了盛大的庆祝仪式。2023 年也是土耳其"国父"穆斯塔法·凯末尔·阿塔图尔克（Mustafa Kemal Ataturk，1881 - 1938）逝世 85 周年。在后疫情时代的 2023 年，我利用假期在土耳其进行了一个多月的考察，又在 2023 年 11 月陪同北京大学校领导访问土耳其时赶上阿塔图尔克逝世的纪念日，对百年土耳其更添了一些感性认识。

① 本文是国家社科基金一般项目"全球史视野下的土耳其革命与变革研究"（19BSS039）的阶段性成果。本文基于 2023 年 11 月 27 日作者在中国社会科学院西亚非洲研究所的一次学术报告。感谢北京大学区域与国别研究院博士生沈莎莉对录音初稿的整理。

　　一百年前,土耳其人在奥斯曼帝国(Ottoman Empire, 1299—1922)的废墟上建立了新的共和国,从此决意不再留恋旧的都城伊斯坦布尔①,并在安纳托利亚高原的中部几乎从零开始建设一个新的首都,这就是安卡拉(Ankara)。一百年来,政治中心的变化仍然对今天的土耳其影响甚巨。近些年,从首都安卡拉的不断扩建,到全国范围内基础设施建设水平的普遍提升;从矗立着共和国纪念碑(Cumhuriyet Anıtı)②的塔克西姆广场③上的清真寺④的修建,到圣索菲亚从清真寺改为博物馆再改回清真寺⑤的变迁,我们可以观察到百年土耳其的许多变

---

① 实际上,直到 20 世纪 30 年代,西方人仍倾向于使用伊斯坦布尔的旧名称"君士坦丁堡",以示不忘历史的旧怨。

② 土耳其共和国纪念碑由意大利雕塑家彼得罗·卡诺尼卡(Pietro Canonica)设计建造,纪念碑的基座和周边布局由土耳其建筑师朱利奥·蒙盖里(Giulio Mongeri)完成,于 1928 年开放。

③ 塔克西姆广场(Taksim Meydanı)位于伊斯坦布尔的繁华街区,被认为是现代伊斯坦布尔的心脏,广场上坐落着始建于 1928 年的共和国纪念碑,以纪念土耳其共和国的成立。塔克西姆广场也有着重要的象征意义,土耳其国内许多重大的游行也经常在该地举行。

④ 塔克西姆清真寺(Taksim Camii)是伊斯坦布尔塔克西姆广场的一个清真寺建筑群,它由两位土耳其建筑师设计,采用装饰艺术风格,可容纳 3000 人同时进行礼拜。该建筑群的施工于 2017 年 2 月 17 日开始,持续了四年。2021年 5 月 28 日,以星期五聚礼的方式举行了塔克西姆清真寺的落成典礼,土耳其总统埃尔多安出席了仪式。"Erdogan opens controversial mosque on Gezi Park protest anniversary," https://www. theguardian. com/world/2021/may/28/turkish-president-erdogan-unveils-mosque-on-taksim-square[访问时间:2023 年 11 月 29 日]。

⑤ 作为联合国教科文组织世界遗产的圣索菲亚,是伊斯坦布尔的地标,它代表了这座城市丰富的历史和文化,被认为是所有代表性宗教和文化的纪念碑。2020 年,土耳其总统埃尔多安决定,取消圣索菲亚的博物馆地位,将其改为清真寺。详见昝涛:《从巴格达到伊斯坦布尔——历史视野下的中东大变局》,北京:中信出版集团,2022 年,"第十一章"。2024 年 1 月起,作为文化和旅游部修复和保护工作的一部分,一项新的规定出台,外国游客现在(转下页)

化,这些外在的变化都是具体的体现,它们不仅在土耳其国内,同时也在国际上产生了不同程度的影响。今天,探讨"百年土耳其",我们就不能忽视这些明显的变化,与此同时,我们也需要历史地、多角度地对其进行评判。

一、总统埃尔多安的百年国庆"短信"

观察百年土耳其的变化,同样不能忽视的是土耳其国家的领导人,也就是目前的总统埃尔多安(Recep Tayyip Erdoğan)在建国一百周年时发出的重要信息。根据检索,2023 年埃尔多安发出的土耳其国庆相关重要信息有两个,一个是"短信"(mesaj),这类信息属于正式典礼讲话之前的预热,以往都是以视频形式发布的,这一年是以文字形式发布的新闻通稿②,供媒体广泛传播和引用;另一个是领导人的正式讲话(hitap)。③ 这些信息文本往往不会特别冗长,每年国庆都会有。如果上溯一下,另一次时间较近且非常特殊的国庆总统讲话,就是在土耳其共和国成立 93 周年之时,也就是土耳其发生所谓"未遂军事

(接上页)只能参观圣索菲亚清真寺的二楼(画廊部分)。一楼的祈祷区不再允许游客进入,穆斯林游客只有在祈祷时间才能免费进入祈祷区,进口是面向苏丹阿赫迈特广场(Sultanahmet)的大门(老门)。https://www. hagiasophia. gen. tr/about-hagia-sophia/hagia-sophia-mosque/#t-1694089951018 [访问时间:2024 年 11 月 9 日]

② https://www. tccb. gov. tr/haberler/410/149921/-cumhuriyetimizi-daha-da-guclendirerek-yeni-asrina-hazirlamanin-gayreti-icindeyiz-[访问时间 2024 年 11 月 5 日],感谢博士生沈莎莉帮助核实相关文献的出处。

③ 埃尔多安总统的讲话文本发表在土耳其总统府的官网上,有土、英、阿、法等多语种版本。详见:https://www. tccb. gov. tr/konusmalar/353/149944/100-yil-hitaplari[访问时间:2023 年 11 月 29 日]

政变"(15 Temmuz Darbe Girişimi)的 2016 年,熟悉土耳其的人自然可以联想到,那时的内容主要是针对居伦组织①的。而 2023 年的土耳其共和国成立一百周年,是更为重要的时刻,总统埃尔多安通过不同形式传递的信息,体现了以埃尔多安为代表的土耳其官方对一百周年的历史性定位,故而值得关注。根据检索和研究,我们发现,在舆论领域广泛传播的是"短信",而不是正式讲话,这大概是因为一开始媒体更为广泛地传播和使用了"通稿",使得正式讲话反而较少被人关注。因此,我们主要以"短信"为依据进行分析。

第一,对于土耳其共和国成立一百周年,埃尔多安将其定义为一个"辉煌历史的里程碑"(Şanlı tarihimizin dönüm noktası)。

第二,在演讲中,埃尔多安多次提到土耳其国父穆斯塔法·凯末尔·阿塔图尔克,表明后世出现的如埃尔多安这样强势的领导人,也仍然处在土耳其国父历史影响力的笼罩之下。在埃尔多安执政的 20 多年中,外界对他的批评日增,多指其越来越个人集权、独裁,急于打造自己的个人形象等。不知从何时开始,大型电子屏幕、海报开始将"国父"与现任总统两位领导人的画像和照片并列放置。在土耳其的一些西化派知识分子看来,埃尔多安最大的对手,不是居伦组织,也不是库尔德人,而是穆斯塔法·凯末尔。在共和国成立一百周年之际,回

---

① 居伦组织,由宗教人士费图拉·居伦(Muhammed Fethullah Gülen)发起,土耳其政府指控其发动了 2016 年的未遂政变,将其定为恐怖组织,土耳其语称"Fetullahçı Terör Örgütü/FETÖ"。

顾自己 12 年前提出的"百年愿景"①,埃尔多安面临的最大问题,可能就是如何打造一个不再处于国父穆斯塔法·凯末尔·阿塔图尔克阴影之下的、独特的自我形象。从目前来看,这一点其实是很难做到的。在与土耳其学者的交流中,我们可以发现他们拥有一个共识,那就是,既存在一个真实的阿塔图尔克,同时由于土耳其人的过于崇拜,又流传着许多关于他的不同说法,而埃尔多安实际上则是阿塔图尔克的影子。另外一种观点则认为埃尔多安与阿塔图尔克没有根本的区别。2023 年 7—8 月,经过对土耳其的考察,我发现总统大选后土耳其反对派的支持者空前绝望。这一绝望不是体现在挑战埃尔多安的无望,而是对自己所支持力量的绝望。例如,土耳其六大政党组成的反对派联盟在 2023 年 5 月的大选中失败了。然而,甚至是在失败未成定局之前,这六个政党便陷入相互指责和争吵之中。这便是让土耳其民众,包括知识分子感到非常失望之所在。由此,也引发了针对凯末尔·科勒奇达尔奥卢②的猛烈抨击,以及共和人民党(CHP)内部少壮派对他的反叛,甚至出现了一些人转而支持埃尔多安的声音。

---

① "百年愿景",也称"正义与发展党 2023 政治愿景"(AK Parti 2023 Siyasi Vizyonu,中文简称"2023 愿景"),是在 2010—2011 年间提出来的,它涵盖时任总理埃尔多安提出的一系列发展目标,包括经济、能源、外交、医疗、交通、旅游等领域。在 2011 年的议会大选期间,各政党都围绕"2023 愿景"做文章,使得这个议题尽人皆知;到 2012 年 9 月 30 日,在上一年大选中获得空前胜利的正义与发展党(AKP,中文简称"正发党")召开了其第四次全国代表大会,正式发布了"正义与发展党 2023 政治愿景"。
② 凯末尔·科勒奇达尔奥卢(Kemal Kılıçdaroglu),前共和人民党领袖,亦是自 2010 年至 2023 年土耳其最主要的反对党领袖,在 2023 年大选中成为其领导的反对派联盟"国家联盟"的总统候选人,但最终未能胜选。

第三,在演讲中,埃尔多安以千年作为回顾土耳其历史的叙事单位。我曾经研究过埃尔多安时代提出的所谓"土耳其梦"的三个层次。[①] 一是 2023 年的"百年愿景";二是 2053 年(21 世纪中叶),也就是征服伊斯坦布尔 600 周年(1453—2053)之时;三是到 2071 年(21 世纪末)实现千年愿景,这是为了纪念 1071 年塞尔柱人在小亚细亚打破拜占庭帝国的东部边界,从而开启了现代土耳其民族形成的最早的历史过程。关于"千年梦想"的提法,最早是在 2011 年提出的。当时曾明确地提到苏丹阿尔帕斯兰(Sultan Alparslan)带领塞尔柱人征战。历史地看,塞尔柱人当时作为正统的穆斯林,原本是希望征服"绿衣大食",也就是以埃及为中心的法蒂玛王朝(Fatimid dynasty,909 - 1171),并未计划与拜占庭发生冲突。结果开启的历史进程,从土耳其史的角度来看,其影响比征服埃及或者法蒂玛王朝要大。埃尔多安执政时期的官方历史叙事,实际上经常提到千年梦想,从 21 世纪来说,实则并不遥远。埃尔多安的"短信"所要表达的信息就是:从塞尔柱到奥斯曼,再到土耳其共和国(Republic of Turkiye),要理解今天土耳其的百年成就,实际上应该将其放在一个漫长的千年历史过程中,也就是放在其所谓的民族征程中进行理解。

第四,埃尔多安提到了 2200 年古老的治国理政经验,他强调这体现在土耳其总统印玺的 16 颗星星(Cumhurbaşkanlığı Forsu'ndaki 16 yıldızda)之上。土耳其共和国总统印玺,有着不

[①] 详见昝涛:《历史视野下的"土耳其梦"——兼谈"一带一路"下的中土合作》,《西亚非洲》2016 年第 2 期,第 65—90 页。

同的底色,其形状也经历过几次变化。中间的太阳象征着土耳其共和国,而有关16颗星星的解释,较早的被正式认可的版本,是指塞尔柱帝国统治下的16个公国,公国也即伯克国(beylik)。在20世纪60—80年代,经过"泛突厥主义"者的解释,已经变成了从匈奴到奥斯曼的16个所谓"突厥国家",这体现了典型的"泛突厥主义"历史叙事。因此,埃尔多安所谓的"2200年的政治历史",实际上与对这16颗星星的含义的解释是相关的。今天,当我们讨论"泛突厥主义"问题时,往往关注的是我国的新疆。然而,这并不是土耳其人的首要关切,他们最关心的实则是北塞浦路斯的国际地位问题。2021年11月,土耳其主导下的突厥语国家组织(OTS)成立时,土耳其较为注重的一个问题,就是希望借助这一平台,推动对北塞浦路斯国家地位的国际承认。在2023年前往北塞浦路斯考察的过程中,我可以很直观地感受到,土耳其与北塞浦路斯在各个方面的紧密关系,甚至可以说,从土耳其去北塞浦路斯,其体验与到土耳其国内的某个城市没有多大差别。在埃尔多安的百年国庆信息中,我们可以发现当代土耳其官方所具有的某种"泛突厥主义"色彩。从2200年的历史讲起,体现了埃尔多安对治国历史传统(statecraft)的强调,其深层原因,则与游牧民族的历史特点密切相关。历史上,游牧民族曾建立许多国家,征服了广袤的疆域。而从这样的史观出发,就可以看到当代土耳其政治精英对于本民族复兴的一种态度和期待。

第五,在讲话中埃尔多安也强调了正发党执政22年来在各领域取得了重要成就。其中,埃尔多安提到了"我们已经采取措施,将我们的共和国提高到当代文明水平以上"。"当代文明水平"(muasır medeniyet seviyesi)这一表述,对每一位受过教育的土耳其人都不陌生,因为在他们的教科书中,写着国父凯末尔当年讲的达到当今世界文明水平的目标。这在当时是指达到欧洲的水平,即要搞西方化。而今天,埃尔多安则提出了超越当代文明水平,这也是一个重要的定位,不仅包含了民族复兴,更体现了一种民族自信,也就是通过各种方式克服百年来的问题与缺陷,提升土耳其国家的整体实力。此外,还提到正发党实施了许多重要改革,涉及民主、经济、安全、司法、教育、医疗、农业、外交等各个方面①。而其中一个重要的改革,是土耳其由议会制改行总统制。作为埃尔多安当前执政合法性的重要制度基础,总统制成为在其主导下土耳其最重要的制度性变革。埃尔多安对其的历史定位是:通过总统制,我们在大约一个世纪后实现了加齐穆斯塔法·凯末尔的理想,即"国父"说的"民族斗争的目的和目标是确保和维护国家的完全独立和无条件主权"。埃尔多安通过再次引用凯末尔的话,将转向总统制这一重要变革与凯末尔提到的无条件的国家主权②联系起来,以此将自身的行为合理化。

第六,从埃尔多安的讲话中,我们还可以发现他对受压迫的弱者的关注。2023年土耳其国庆恰逢巴以冲突正在进行,因此,他在讲话中强调土耳其共和国价值观中对弱者的保护,并且多次引用了国父穆斯塔法·凯末尔的原文"kimsesizlerin kimsesi"(protector of unprotected),意指土耳其共和国是"不受

---

① 关于这些成就的具体表现和数据,可以参考埃尔多安的正式讲话(hitap)内容。
② "Egemenlik Kayıtsız Şartsız Milletindir",出自土耳其国父穆斯塔法·凯末尔,直译为"主权无条件属于国民"。

保护者的保护者"。实际上，从 20 世纪 70 年代埃及与以色列媾和的视角来看，阿以问题逐渐演变成了巴以问题，现在人们也多采用"哈以问题"的说法。在此过程中，土耳其的立场发生了一些变化。1947 年，联合国大会通过第 181 号决议同意以色列建国之际，土耳其是站在以色列一边的，也是最早承认以色列的伊斯兰国家。土耳其在中东地区，长期奉行两种不干涉的政策，一是不干涉什叶派与逊尼派的教派问题，二是不干涉巴以问题。然而，到了埃尔多安时代，在阿拉伯国家针对巴以问题的态度越来越模糊、这个问题日渐被边缘化的情况下，土耳其的立场却变得更加积极主动。2010 年的"蓝色马尔马拉事件"①就是一个典型案例，该事件直接导致土耳其与以色列断交，后来时任美国总统奥巴马出面协调，以色列才通过道歉和赔偿将此事件收尾。此外，两国围绕东地中海油气资源的争夺，也引发了许多矛盾。在本次巴以冲突之前的中东和解潮中，也包含了以色列和土耳其的和解。但是，在巴以冲突爆发后，土耳其在该问题上的态度非常强硬。这表现在，跟随埃及的做法将国旗降半旗三天以哀悼加沙遇难平民、提供人道主义援助，以及在国际场合对以色列的多次谴责等。从土耳其鲜明的强硬立场来看，我们不难理解，尽管在"短信"中，埃尔多安并未公开点名以色列，也没有提到巴勒斯坦和加沙，但是在正式讲话中，他说道：

---

① "蓝色马尔马拉事件"，2010 年 5 月，国际和平人士运送救援物资船队驶入加沙海域，遭到以色列军队拦截。在船队拒绝改变航线后，以军用绳索空降至船队中的土耳其船只"蓝色马尔马拉"号，并造成 19 人死亡。以方的这一行动立即引发了国际社会的强烈谴责，土耳其也召回驻以色列大使，并要求以色列道歉并赔偿损失，两国直至 2016 年 6 月才同意实现关系正常化并重新互派大使。

"今天,我们对巴勒斯坦和加沙地带也表现出了同样鲜明的立场……我们正在努力帮助加沙人民。昨天举行的巴勒斯坦集会就是其中的一部分,有超过 150 万人参加。尽管一些缺乏历史意识、不了解凯末尔奋斗历程、不明白共和国为何成立的人可能有不同的意图,但我们昨天不仅表达了对巴勒斯坦的声援,还宣布通过这次集会,我们再次向全世界展示了我们保护我们的独立和未来的决心,我们已经将这种决心延伸到了我们的整个心中。在阿塔图尔克机场伟大团结的气氛鼓舞之下,我们在共和国成立100 周年之际庆祝了加齐穆斯塔法·凯末尔的精神。希望从现在开始,我们将继续成为无家可归者的保护者,使他们不受任何歧视。"

通过多次引用国父凯末尔的话语"kimsesizlerin kimsesi",埃尔多安强调了土耳其对弱者的保护,而这不仅适用于土耳其国内,还包括全世界,即保护世界上不受保护之人。同时,埃尔多安还表达了土耳其的决心,即漠视那些对土耳其国家怀揣恶意的人,努力使"土耳其梦"更加光荣、伟大。值得注意的是,埃尔多安不仅提到了反恐,而且鲜明地将恐怖主义视为帝国主义的工具。埃尔多安又提到,在土耳其历史上,尽管遭受外敌入侵,领土被觊觎践踏,但最终在真主的庇佑下,一定能够实现"土耳其世纪"的梦想。

以上便是笔者从埃尔多安的"短信"中发现的土耳其最高领导人传达的重要信息。作为研究土耳其的中国学者,从这些文字内容入手理解百年土耳其是极为重要的。

二、地区与世界格局视野下的百年土耳其

回到历史的角度，埃尔多安提到了从塞尔柱人到奥斯曼帝国的历史进程。塞尔柱人主要是作为对抗欧洲十字军的力量；奥斯曼人则是伊斯兰文明的拯救者。按照菲利普·希提①的观点，阿拉伯人所代表的伊斯兰文明，实际上在 1258 年被蒙古人几乎消灭了。而伊斯兰文明在中东地区的真正复兴，就是到了奥斯曼帝国时期。因此，当我们把这样的历史联合起来考察，就能理解，当土耳其人讨论塞尔柱和奥斯曼帝国的历史时，或者说提到所谓的"新奥斯曼主义"时，就不仅涉及土耳其国内，实际上涉及了整个地区甚至与伊斯兰文明有关。

土耳其的民族史可以追溯至塞尔柱时期，当然，历史叙事也有从 2200 年前的匈奴讲起的。塞尔柱的历史非常重要，因为在中东地区，能够实实在在作为土耳其历史遗产、有明确历史记载的，一个是 1055 年塞尔柱人控制了巴格达的哈里发，并获得"苏丹"头衔，另一个就是 1071 年的曼齐克特战役②。对小亚细亚漫长的文明史而言，11 世纪的记载确实太晚了，土耳其必须处理其与 1071 年以前的历史之间的联系。而当前，土耳其一方面要继承整个小亚细亚的文明遗产，另一方面，就当代土耳其民族国家的历史叙事而言，还需要把塞尔柱与古代突厥的历

---

① 菲利普·胡里·希提（Philip Khuri Hitti, 1886 - 1978），是美国从事研究阿拉伯历史、语言、政治、伊斯兰教及闪族文化等学术领域的开拓者之一。

② 1071 年，发生在拜占庭与塞尔柱帝国之间的曼齐克特战役，是中世纪近东地区最著名的战役之一。此役中，苏丹阿尔帕斯兰取得决定性胜利，并俘获拜占庭皇帝罗曼努斯四世，使安纳托利亚和亚美尼亚地区的统治权转移到塞尔柱人的手中，这被后世视为基督教势力与伊斯兰文化圈在当地此消彼长的分水岭。

史联系起来。此外,当前关于(新)奥斯曼主义的研究,往往过于关注西方人的评价,而忽视了该地区的国家,即曾经被奥斯曼帝国统治的民族对此问题的看法。对此,个别掌握阿拉伯语、从事中东研究的青年学者,已经做出了比较好的研究。

对阿拉伯国家而言,对相关问题的认识其实是复杂的。一方面,从民族主义的角度,阿拉伯国家无疑会否定奥斯曼帝国的历史遗产。但另一方面,从伊斯兰主义的角度来看,又是要肯定作为伊斯兰文明振兴者的奥斯曼帝国。尤其以半岛电视台为代表,存在着一种较为肯定奥斯曼帝国历史的声音。由此可见,尽管有人认为,强调奥斯曼帝国的历史遗产是土耳其在地区外交层面的一个失误,会引起其他国家的反感,但事实未必全然如此。尤其是近年来巴以问题升级后,对于(新)奥斯曼主义的情绪或许会上升,因为阿拉伯国家无力保护自己的"同胞",这难免会引发民众情绪上的反弹。土耳其总统埃尔多安对此心知肚明,他长期在巴以问题上高调发声批评以色列,就是例证。① 实际上,历史地看,巴以问题之所以会出现,恰恰也是奥斯曼帝国被西方列强肢解的结果。无论如何,阿拉伯国家

① 值得注意的是,2024 年 11 月 11 日,土耳其总统埃尔多安批评穆斯林国家在解决加沙正在发生的种族灭绝问题上缺乏反应,同时指责一些西方国家全力支持以色列。https://www. trtworld. com/turkiye/muslim-countries-response-to-israels-gaza-massacre-inadequate-erdogan-18230932[访问时间:2024 年 11 月 13 日];2024 年 5 月,土耳其对以色列实行了贸易禁运;11 月13 日,埃尔多安在访问沙特阿拉伯和阿塞拜疆后,在飞机上向记者发表以下言论:"在埃尔多安的领导下,土耳其共和国政府不会继续发展与以色列的关系……[我们的执政联盟]坚决决定与以色列断绝关系,我们将来也会保持这一立场……作为土耳其共和国及其政府,我们目前已与以色列断绝了所有关系。"https://www. middleeasteye. net/news/turkey-severs-all-relations-israel-says-erdogan[访问时间:2024 年 11 月 13 日]

和土耳其的关系无法绕过奥斯曼帝国的历史。

当代人在谈论百年土耳其时，基本上是从第一次世界大战开始讲起的。这是现代土耳其产生的最重要基础。一个有趣的事例是，在沙特麦地那附近的一处故居，是阿拉伯的劳伦斯（Lawrence of Arabia，原名 Thomas Edward Lawrence，常称 T. E. Lawrence，1888－1935）曾经生活的地方。阿拉伯人在这处建筑上刻写着："此处为劳伦斯故居。他曾经帮助阿拉伯人对抗土耳其人。"①正是因为有第一次世界大战，才形成了今天的中东格局，也才会有今天的土耳其和阿拉伯国家。

当我们讨论百年土耳其的时候，无论是讨论 21 世纪的今天，还是 100 年前，都不能离开一种世界格局的意识。今天的世界格局，从大处讲是全球化遭遇日益严重的挫折，以及中美关系的历史性变化。近几年，人们亦见证着所谓"中间地带"（intermediate zones）的崛起。而实际上，在"中间地带"的崛起过程中，最引人注目的也是最典型的代表性国家就是土耳其。其他被列举的国家，大多难有与土耳其同等的体量、级别和影响力。比如，尽管巴西的领土面积大于土耳其，但它并非地缘政治强国，因为全球地缘政治的中心仍然在欧亚大陆。从中国对全球格局的关注以及对"中间地带"的重视来看，我们往往也并不是仅仅从人口、经济等排名，而更多是从地缘政治的属性

---

① 这座房子位于沙特阿拉伯西部麦地那省风景优美的红海城市延布，由沙特王国旅游部修复。1915 年至 1916 年间，劳伦斯住在延布老城，几十年来，他的故居一直是旅游景点。然而，面向大海的两层建筑在很大程度上疏于照顾，需要修复工作，这项任务在 2020 年完成。https://www.abouther.com/node/31451/lifestyle/travel-food/visit-magical-house-lawrence-arabia-yanbu〔访问时间：2024 年 11 月 9 日〕

来评判的。从该角度来看，土耳其作为一个坐拥海峡、处于地中海与黑海之间的国家，显然是一个地缘政治大国，并且是一个地缘政治强国。从俄乌近些年形势的变化来看，即使是从经济、能源的角度，也能看得出来。无论是黑海地区的，还是陆上的能源管道，都需要途经土耳其，而且，欧亚大陆地缘政治形势的变化，还使其重要性与日俱增。因此，在这样的地缘政治格局中，当我们讨论土耳其时，无论是 100 年前，还是在今天，都需要关注土耳其所处地缘格局的重大变化，以及它在世界格局中的地位。也就是说，我们不能只关注研究对象国内部的变化，而且还要关注其所处的结构之变化。

多年来，我们深受两种意识形态的影响，一是自由主义，二是民族主义。这两种意识形态都是从西方产生的，往往同时在塑造我们的思想。在涉及对奥斯曼帝国的评价时，一方面，往往会将奥斯曼帝国的崩溃视为一个长期困扰欧洲的"东方问题"的解决，欧洲庆祝奥斯曼帝国的崩溃是很自然的事情。而曾经处在奥斯曼帝国统治之下的多个国家，也获得了独立地位，这意味着各国的民族主义叙事自然不会对奥斯曼帝国有正面的评价。对土耳其而言也是一样的，如何纪念奥斯曼帝国，如何处理民族独立运动后建立的现代民族国家与奥斯曼帝国及其遗产的关系，甚至是更为复杂的问题。因此，当前在土耳其重新肯定奥斯曼帝国的种种表现，特别是在对外关系方面的表现，从某种意义来说，被贴上所谓"新奥斯曼主义"的标签，也就没有什么奇怪的了。这主要被外界尤其是西方和阿拉伯人阐释为复兴奥斯曼帝国的野心，其实也是土耳其对所处地缘政治格局的影响力之表现。

但另一方面，奥斯曼帝国的崩溃，也是中东地区分裂、动荡局面产生的原因。这么说并不意味着对奥斯曼帝国的热爱或是怀念。只是从客观角度来讲，这一历史原因是不可否认的。作为 20 世纪的两个"火药桶"，一是巴尔干地区，二是中东地区，都是欧洲的殖民—帝国主义势力扩张和肢解了奥斯曼帝国后留下的百年遗产。与百年前历史的情境最大的不同之处，是近 20 年来土耳其在这个历史遗产的结构中的综合实力和地位发生了重要变化。这是百年土耳其视野下的地缘政治局势的重要变化，也就是说，百年前奥斯曼帝国崩溃终至灰飞烟灭后，新生的土耳其也与很多新生国家一样"泯然众人矣"，奥斯曼式的强盛和威胁不复存在。但百年后的今天，土耳其共和国又成长为这个地缘政治结构中的一个地区性强者。土耳其既是一个（部分的）巴尔干国家，也是一个中东国家，正好处于后奥斯曼空间的两大区域的边缘和连接之处。无论是从巴尔干还是从中东地区的角度来说，土耳其共和国皆属于边缘，但在过去，奥斯曼帝国是中心的时代，巴尔干和中东则是它的两翼。因此，从地缘政治大变动的角度看，百年前作为中心的奥斯曼帝国被肢解，之后出现了两大区域——巴尔干和中东，百年后，在这两个区域的边缘—连接地带，现代土耳其重新崛起了。在地缘政治和世界格局中理解百年土耳其，正是需要放在这样一个前所未见的结构变动中来认识。

因此，埃尔多安时代的土耳其在该地区的崛起，构成了欧洲和中东地区地缘政治的新变量。从中国的角度看，可以将其视为"中间地带"的崛起,但是从当地直接相关的地缘政治结构来看,这是百年来新的历史性现象。某种意义上来说,也需要回到奥斯曼帝国的历史去寻找部分答案。这大概也是人们之所以用新奥斯曼主义来讨论该问题的重要背景。毕竟,这是当事人,无论是阿拉伯人、欧洲人,还是土耳其人,都共享的、某种意义上也是与生俱来的、鲜活的历史经验与历史记忆。尽管奥斯曼帝国对中国人而言比较遥远,似乎仅是与元明清三朝并列的一个王朝国家,但对该地区的现代国家来说,奥斯曼帝国并不是一个纯粹的过去,而是与其今天所处的现实及变化紧密相关的存在。

当下,正是在后奥斯曼时代的中东和巴尔干—东欧这两大地区,出现了 21 世纪前期的两大冲突,一是俄乌冲突,[①]二是巴(哈)以冲突。而百年土耳其正是处在这样的地缘政治结构当中。到了埃尔多安时代,土耳其在其一百周年的节点上,成为欧亚地缘政治的敏感地带的一个地区性强国。由此也可以理解,土耳其无论是在俄乌问题上,还是在巴以问题上,都努力扮演相对较为突出的角色。

土耳其在地缘政治上的崛起,实际上是作为一个独立主权国家的崛起,也就是凸显了它作为现代民族国家的身份。中东地区以及东欧—巴尔干地区的其他国家,与土耳其相比,最大的差别实则是在国家能力上。土耳其的国家能力不仅体现在军事实力上,还体现在主导型大众政党(mass party)上,而这也是欧洲国家所缺少的。如果将土耳其算作欧洲的一部分,那

---

① 乌克兰南部和俄乌争夺的克里米亚半岛也曾经是奥斯曼帝国的属地。

么,正义与发展党(AK Party)可谓欧洲唯一的大众政党。欧洲的许多政党,无论是左翼,还是右翼;无论是聚焦环保、性别,还是新纳粹主义的,都属于小众政党。当我们在百年视角下看待土耳其,也可以发现,土耳其一直期待加入的欧盟(EU)也是不容乐观的。这一情况与 50 年前、20 年前,甚至是 10 年前相比都有很大的变化。这也是为何我们强调要将土耳其置于世界格局与大欧亚地缘政治架构中来看待的原因。

我们关注过埃尔多安执政时期的重要文件,一是"百年愿景",二是正发党在 2023 年的竞选纲领。从"百年愿景"这份文件中,我们可以看到,其提出的经济目标(到土耳其共和国成立一百周年时经济总量进入世界前十名)并没有实现,但既然是一种愿景,这一点也并未引起太多的争议。

从"百年愿景"的整体内容来看,涉及土耳其国家的方方面面。事实上,对于土耳其的研究,除了凯末尔主义时代,对今天而言,也需要对"百年愿景"所提到的一些目标、文本进行分析,何况这些内容都是公开可见的,包括新宪法、对世俗主义的界定、经济发展目标、与世界的关系,以及新的地缘政治观等。例如,战略纵深提到了不只是中东地区,还包括从巴尔干到高加索,从非洲到中亚的广阔地带。后来有学者总结,强调历史上与上述地区国家的联系,其实就是新奥斯曼主义。强调与中亚国家在语言、宗教、种族上的联系("泛突厥主义"),也写进了"百年愿景"。这也是为何在埃尔多安的建国一百周年信息中,依然能看到这一色彩,正是因为其本身已是"百年愿景"的一部分。在"百年愿景"中,提到了土耳其与中亚是最高级别的关系;与非洲发展的是战略性关系,这一定位早在十几年前便已提出;至于与欧盟的关系,则是要求成为完全的成员国,不接受欧盟提出的所谓特殊成员国这一羞辱性的身份。此外,在"百年愿景"中,也已经提到了土耳其民意中日益增长的对欧盟的不信任。百年土耳其搞西方化的核心内容就在于向欧洲靠拢。而在今天,我们可以看到,加入欧盟已经越来越不是土耳其优先考虑的选项,这也是百年土耳其发生的一个重要变化。

到了2023年4月,也就是建国一百周年之际,正发党发布了竞选宣言,①即《土耳其世纪的正确步伐》,我们一般将其翻译为《土耳其世纪宣言》。② 该文件内容分为六大板块,涉及灾害应急管理、社会、政治、外交、国家安全、经济等全方位内容。其中,与"百年愿景"相比,更加突出了外交战略的内容。这份文件提到了土耳其在地区和全球事务中的主观能动性,强调要建立有效、独立、动态、坚实的土耳其轴心。其一是打造自身坚韧的体制,也就是提高国家能力;其二是全面且有效的外交;其三是拥有一支更具威慑力、能够应对各种挑战的军事力量。文件将这三方面作为土耳其下一世纪的重要目标。此外,在机制上,强调更加依赖国际多边主义。这也体现了作为一个后冷战时代的国家,土耳其在过去30年来对多边主义的长期重视。

根据相关表述,上述重要目标的实现有赖于三个战略地带。一是本地区,也就是中东地区;二是向大洲开放的制度化

---

① 《土耳其世纪的正确步伐:2023年竞选宣言》(*Türkiye Yüzyılı İçin Doğru Adımlar:Seçim Beyannamesi 2023*)。

② 关于上述两份文件内容的具体分析,详见:沈莎莉、昝涛:《"百年土耳其"将在全球扮演什么角色》,《世界知识》2023年第13期,第18—23页。

措施；三是面向全球。以这三个层面建立一个多维度、多方位的土耳其轴心，体现了土耳其的战略雄心。第一个战略地带意味着，土耳其希望结束与周边地区的冲突，尤其是黑海、巴尔干、欧洲、北非、中东、海湾等地区，要在大周边区域深化本国的外交影响。第二个战略地带实际上指的是亚、非、拉三大洲，这构成了第二个战略地带的基础。正因如此，土耳其非常重视金砖国家、新兴经济体和全球南方。它也意识到，随着这些地区在全球角色中的上升，土耳其更应该向亚非拉开放。第三个战略地带则是全球性的。这也反映出，在土耳其世纪外交构想中，强调的是全方位的、以土耳其为轴心的外交体系。另一点则是对安全的强调。该部分内容中，除了反恐与能源安全，也特别强调了移民问题，因为土耳其国内现有 300 多万移民人口。

综上所述，土耳其的外交战略，已经超越了以往典型的沟通东西方的"桥梁国家"定位，这实际上是在厄扎尔之后就开始强调的。但到了正义与发展党时代，土耳其提出了"枢纽国家"，而在建国一百周年之际提出的概念是"轴心国家"，两者基本相似，强调的依然是达武特奥卢所提出的战略纵深，"轴心国家"实际上是战略纵深概念在建国一百周年之际的进一步深化。

三、百年土耳其的方法论意义

或许，在土耳其未来的历史分期中，还可以加上一个第四共和时期。埃尔多安一直将制定新宪法作为主要议题，土耳其宪法也经过多次修改。其最终目的是打造一个新的宪法文本，而不再需要 1982 年宪法。事实上，当前土耳其的政治体制已发生改变,从实行总统制以来,①某种意义上也可算是所谓的"第四共和"。百年土耳其堪称西式现代化的经典案例,即从反帝反封建,建立"威权主义"政党,到进行西式民主化实践,其后又进入新自由主义时代,同时出现了传统的复兴。

作为一种模式的土耳其,既特殊,也多样。从亚洲的觉醒,到凯末尔主义改革,包括 20 世纪 40 年代末的政治民主化,再到 90 年代冷战结束初期,先是作为突厥语国家,尤其是中亚—高加索国家的学习榜样,到了 21 世纪初,又成为美国"大中东民主计划"中所力推的土耳其模式。今天,原有的自由民主与威权主义的两分法,还在研究视角上对人们产生很大的影响。它将当代由埃尔多安执政的土耳其作为自由民主的对立面加以看待。然而当今,在原有的西方中心"榜样"失去光环的背景下,以及通过俄乌冲突、巴以冲突,世界资本主义体系的中心暴露出越来越多弊端的情况下,是否还有必要沿用原有的一套理论去解释今天的土耳其呢? 而所谓的"埃尔多安主义",能否构成一个完整意义上的社会科学的研究对象,实则有待讨论。从长期实践来看,埃尔多安执政时期,除了在经济、金融上的某些问题,土耳其作为一个地缘政治强国,其制造业也相对完善,未来还是有很大的上升空间。土耳其为何能够长期保持中等强国地位,也是一个值得研究的案例。在全世界都充满忧虑和不确定性的背景下,土耳其与欧洲的关系,以及两者之间的相互评价,也处于不断变化当中。

---

① 2018 年,土耳其在 2017 年宪法修正案的基础上,实行议会选举与总统选举,正式确立总统制。

事实上，我们需要摆脱一些传统的认知框架。过去我们习惯于使用世俗与宗教、科学与信仰、威权与民主这样的评价方式。在此意义上，关于土耳其的近现代史、政治思想史的研究，基本上就是改革思想史，都涉及从坦齐马特、青年奥斯曼、青年土耳其党到凯末尔主义的线性历史叙事。之所以形成这样的一种线性发展模式，主要因为其标准是西方模板，也就是西方的现代化道路。从法国大革命以来的民族国家、世俗主义，到了土耳其这样一个近东国家，要消化这种外来的思想，就要进行如格卡尔普①那样地对文明与文化的区分，它很像中国近代史上的"体—用论"。到了凯末尔的时代，则走向了更加激进的西方化道路。而在百年土耳其的背景下来看，今天很多人把当下定义为一种伊斯兰主义复兴的时代，甚至将它说成是"开历史的倒车"。事实果真如此吗，还是说土耳其的现代化进入了新的阶段。

尽管格卡尔普只讲了西方文明，但在今天的意义上，西方也在重新评价自身。尤其是社会科学领域中，欧洲地方化（provincializing Europe）潮流的出现，也意味着不再时时处处以西方作为标准和模式。当我们不再以西方的评价起点来看待东方，土耳其自身是否可能作为一个研究问题的出发点和参照，即是否可以"以土耳其为方法"来看待这个世界呢。以前往往是"以欧洲为方法"来研究土耳其，回答的也是欧洲历史提出的问题。那么现在，可否是土耳其向欧洲提问，让欧洲来回答

---

① 齐亚·格卡尔普（Ziya Gökalp，1876-1924），土耳其社会学家、作家、诗人和政治活动家。

呢。从方法论的角度,早在20世纪80年代,日本学者沟口雄三①就提出了"以中国为方法",②寻找一个研究世界历史的可能途径。当时,沟口雄三有感于日本学术界总是以欧洲的意识来研究中国、研究中国革命与中国现代化的历史,故而提出能否以中国作为方法,因为日本人对中国的传统和经典很熟悉,却仅仅将其作为古典修养,而没有作为社会科学的方法(认识论)来研究世界,沟口雄三提出以中国的概念、理论、方法和经验来研究世界、研究日本。

作为土耳其研究的学者,我们可以看到,今天土耳其的历史已走过一百年,对于该国现代历史的研究,应当将其作为第三世界国家现代化的相对完整的案例来看。毕竟,土耳其是非西方国家中较少也较早地赢得了民族国家的独立,较早实现西方意义上的现代化,同时也走出了一条独特道路的国家,现在又有了百年的历史,那么,我们是否能够以这一研究对象,生发出一些研究世界历史,尤其是研究非西方国家历史的经验呢?用日本人的话说,就是有无可能以土耳其为方法,去研究诸如中东其他国家、非洲国家的历史。毕竟如果是以中国为方法,中国的体量太大,地理位置遥远,文化传统差别较大,但土耳其则不同,它与中东北非国家共享许多历史传统。因此,是否能够"以土耳其为方法"来进行相关学术和理论的研究呢?

过去,实际上很多研究提出来的问题都是西方式的。例

---

① 沟口雄三(1932—2010),知名日本历史学家、汉学家,专门研究中国哲学、中国思想史。
② 沟口雄三:《作为方法的中国》(方法としての中国),东京:东京大学出版会,1989年。

如,关于世俗化的问题,包括以往对伊斯兰卡迪制度的研究,提出的如"三权分立"的问题,基本上都是西方的问题意识。我们也可以看到,凯末尔提出世俗主义/政教分离时,他所要回答的许多问题实际上也都是西方提出的。例如,是不是无神论、宗教私人化、宗教事务与国家事务的分离,等等。然而到了今天,在埃尔多安时代,凯末尔主义的政教分离,也就是关于世俗主义(laiklik)的定义已经发生变化。其叙事的重点已不再是强调"分离",而是强调主权国家要公平、平等地对待所有信仰。[1] 这就是埃尔多安时代的世俗主义概念发生的变化。今天,土耳其仍旧将自身视为一个世俗主义国家,仍然在肯定"土耳其模式"。我们可以看到,在"阿拉伯之春"时期,埃尔多安积极推广,后来学术界强调其为"穆兄会模式",认为土耳其是中东地区实行"穆兄会模式"最成功的国家。这提供了一个很好的范例,我们或许可以将其总结为一个研究方法或研究参照,以此为标准/出发点,去研究中东其他国家,而不再盲目遵循由西方提出的政教分离模式。因为,政教分离的一个前提,是须具有教会体系,强调国家与教会的分离,是一种体制性的分离。而在伊斯兰传统里是没有教会的,所谓的政教分离,也就意味着,必定会针对穆斯林个体,因为没有可以针对的宗教体制,就只能干涉信仰该宗教的个人。

既然西方式政教分离必定会在穆斯林世界产生问题,那么,我们便能看到,从凯末尔主义时代到埃尔多安主义时代的

---

① 详见昝涛:《延续与变迁:当代土耳其的政教关系》,《西亚非洲》2018 年第 2 期,第 31—65 页。

一百年间,世俗主义概念的定义及其变化,恰恰体现了土耳其现代国家建设(nation building)所走过的道路。其在当代发生的变化,用"伊斯兰主义的回潮""开历史的倒车"来定义是有问题的,这是一种典型的西方中心主义的评价。因此,使用政教分离这一"水土不服"的标准来研究土耳其,很难在认识论、方法论的意义上给我们带来新的启示。以往对该问题的研究,不外乎是讨论政教分离,还是国家控制宗教,抑或导致二元结构的产生,例如农村和城市精英的二元分立。这也体现出对世俗主义的理解过于僵化,忽视了宗教认同和伦理道德的社会功能。而格卡尔普对这些问题的思考,是有其土耳其历史语境的,这也是为何应当回到格卡尔普关于文明与文化的讨论的原因。

过去的教俗二分模式,基本上被界定为两类"建筑"符号之间的斗争,也就是清真寺与人民之家(halkevi)间的斗争。人民之家代表着共和人民党所建立的公共领域,清真寺则代表着伊斯兰的传统空间。这两种"建筑"象征之间的斗争,构成了绝大多数人认识和研究土耳其的一个框架。包括2020年圣索菲亚博物馆改为清真寺,很多人也认为是伊斯兰政治的回潮所导致的。笔者并不赞同这一观点,事实上,这与伊斯兰政治没有关系。土耳其学术界有一些学者实际上是从阶级斗争的角度来讨论世俗主义的,这与现代中国的学术传统非常相似。这样的一个变化,即不再是从教—俗二分的角度,而是从阶级分析的角度,其实是应当引起国内土耳其研究者关注的。

尽管有各种质疑声,但土耳其的世俗主义架构至今没有发生本质的变化。当人们从百年的意义上来讨论土耳其的政治时，往往会强调它现在是一个伊斯兰主义政党执政的国家。但正发党对自身的定位，就是保守的民主政治身份。因此，不应过分拘泥于西方给土耳其贴的标签，而应当重视土耳其对自身的定位。我们可以看到，正发党旗帜鲜明地强调自身保守民主的政治身份。

在今天的埃尔多安时代，与凯末尔主义时代相比，有一个鲜明的特点，就是土耳其国家越来越多元化。一方面，在土耳其，可以发出不同的声音，可以结社，形成不同的利益集团和政党。另一方面，过去国家疏离宗教，而现在国家开始重视宗教教育。例如，笔者认为，土耳其也有所谓"思政"问题，核心就是国家如何实行宗教教育和道德教育。在笔者看来，如果以中国为方法研究土耳其，是可以将所谓伊斯兰复兴这一现象部分地作为"思政"问题来考虑。从这一角度反而更容易理解它，否则又会陷入西方式的"伊斯兰主义的回潮""开历史的倒车"等评价的窠臼。常常使用的伊斯兰政治、伊斯兰主义、政治伊斯兰（Political Islamism）等术语，基本难以使我们真正认识中东尤其是土耳其。正发党更强调回归土耳其自身的历史。我们说，青年奥斯曼人以及格卡尔普的主张是土耳其的西学东渐意义上创新性思想的起点，是当代土耳其回归的方向。这也是百年土耳其给我们带来的一些重要启示。

军人干政也是许多研究土耳其的学者非常关心的问题。事实上，不管是古代史还是现代史，都有文武关系的问题。军人干政问题虽然在土耳其历史上很常见，但也经历了很大的变化。尤其是最近十年，在经过一次未遂军人政变的考验之后，从百年土耳其的视角来看，是否可以认为文官政治已经驯化了土耳其军队。百年土耳其在这方面的历史经验是非常值得总结的。我们看到的大量亚非拉国家，例如埃及，在 21 世纪初也发生了军人政变的情况，更不用说巴基斯坦、泰国等也存在类似的问题。对土耳其来说，从军队建国、军人立国的传统走到今天，从军事政变的失败直到建国百年的历史时刻，我们可以看到，在土耳其的国家制度中，抑或在土耳其国家建构的历史过程中，军队体系与国家政治间的关系已经发生了很大的变化。而这一变化何以发生，对其发生的机制、契机、原因及结构性的分析，能够得出怎样的结论呢？是否可以说，从文武关系/军政关系的角度，百年土耳其走过了一个完整的历史进程，用一百年的时间完成了一个大转型。这应该成为研究土耳其或认识百年土耳其的一个非常重要的切入点，也是一个重大的课题。过去，人们对于文武关系、军人政变的研究，基本就是将其作为威权主义的、非民主的加以看待，西方学界过去对土耳其军人政变的大量研究，基本没有摆脱亨廷顿研究文武关系、军人政变的传统。而到了今天，亨廷顿显然未见土耳其案例的后续变化。这也是百年土耳其对社会科学、区域国别研究从另一个角度提出的重大问题。

另一个问题是关于土耳其政治转型的问题。土耳其的多党民主制有近 80 年的历史，这样的一个国家走到今天，又常被贴上一个简单的"威权主义"标签。显然，这样的解释模型是不足以说明土耳其的。这就涉及如何认识埃尔多安 20 年来的统治所带来的土耳其政治制度上的变化。其源头确实还是西式的民主化与多党政治的流变。那么,流变到今天,是否也可以将其作为一个相对完整的历史来看。如将该问题与上述军人政治问题结合在一起看。是否可以认为,土耳其已形成了较为稳定的国内政治格局,也即人们对未来土耳其的政治变化已经是可以预期的。从全球观察家(包括欧盟、美国)的角度来看,土耳其并未出现非常突出的选举舞弊问题。在2019年的地方选举中,正发党在第二次选举时遭遇了更大的失败,但依然接受了这一结果。是否可以在某种意义上将此视为土耳其政治成熟的证明。近年来,土耳其的主流媒体一直强调,土耳其和埃尔多安是被西方妖魔化最严重的对象。我们如何从土耳其的角度来认识其自身,从而摆脱妖魔化的难题。

从国家体制的角度分析,所谓土耳其教俗关系的变化,其核心问题在于单一共和制的危机。这依然是要放在世界历史的背景中来看待。在理性主义、启蒙运动的框架下,对于身份政治的忽视,导致了对公民权利、公民政治、国家理性的过度自信。今天我们可以看到,无论是在土耳其,还是在作为世俗主义源头之一的法国,都出现了类似的危机。这也要求我们对于西方的所谓现代性进行反思。随着难民、移民问题在欧洲的影响,也引发了欧洲国家的困惑,成为他们的难题之一。无论是启蒙还是后启蒙的理想,都建立在一个白人基督徒为主体的欧洲社会结构基础之上。而今天,欧洲实际面临的身份政治危机,恰恰是异质性的穆斯林移民问题所引发的,这也是欧洲的近代思想形成时未曾预想到的。

埃尔多安在讲话中多次提及国父凯末尔。有一种观点认为,凯末尔是埃尔多安在精神上的竞争对手。另一种观点认为,埃尔多安实则是另一个穆斯塔法·凯末尔。从中国人的角度来说,中年以上的受过中学历史教育者,对凯末尔是不会感到陌生的,但许多年轻学生现在已经几乎不知道了。在以前的世界史教材中,凯末尔革命曾经占据近两页的内容,而现在已经不是这样了。1981 年,联合国为了纪念凯末尔诞辰 100 周年,曾把该年定为阿塔图尔克年。当时也是西式现代化主流意识形态开始由盛而转向式微的时代。从那以后,西方进入了后现代时期,凯末尔被认为是一个威权主义领导人,形象日益低落,在不到半个世纪的时间里,凯末尔主义日益遭受激烈批判。

对于穆斯塔法·凯末尔·阿塔图尔克的评价,在百年土耳其也发生了很多变动。这反映出,当代土耳其人的思想可能也是被西方高度殖民化的,尤其是土耳其知识分子对于凯末尔的评价,与西方也是大致同步的。除了自由派知识分子,另一批反感凯末尔的便是有着伊斯兰主义倾向的学者(Islamic Intellectuals)。而处于这两派夹缝中的少数派知识分子,则反其道而行之。对于土耳其国父凯末尔的评价,也是观察百年土耳其的一个重要侧面。

埃尔多安的"一百周年"信息中,对凯末尔多次提及,"短信"中是 4 处,在正式演讲中有 13 处以名字或尊称"加齐"(Gazi)的方式提到了凯末尔。作为一个有着伊斯兰主义色彩的政党领导人,埃尔多安的做法应该是不难理解的。在长期执政的过程中,埃尔多安实际上愈发受到土耳其百年历史的约束。

埃尔多安希望打造一个新的土耳其、成为第二国父的梦想,实际上并未成功。其当年曾提出培养一代新人的想法,但今天的一代新人大多都反对他。埃尔多安终归无法克服百年土耳其的发展趋势,而最重要的规约,就是凯末尔主义。实际上,凯末尔主义已构成土耳其国家的基础。除非否定整个土耳其国家和民族,才可以否定凯末尔和凯末尔主义。只要还是坚持以民族国家的框架构建一个新的土耳其,那么凯末尔仍将高悬其上。

伯纳德·刘易斯的《现代土耳其的兴起》(*The Emergence of Modern Turkey*)影响了一代中国学者。1982 年,范中廉先生将其翻译成中译本,可谓功德无量。因为就改革开放不久的中国学术界而言,中国重视第三世界国家的现代化经验,土耳其可谓是西方经典现代化研究中除了日本以外最有代表性的案例,也是第三世界国家走现代化道路的成功例子。然而,正如 20 世纪 90 年代荷兰著名土耳其学家小许理和(Erik J. Zurcher)所言,现代土耳其历史研究最重要的变化,从学术史的角度看,就是伯纳德·刘易斯的《现代土耳其的兴起》已被作为错误范式的代表,不断遭受批判。这也更加说明,西方的社会科学理论发生了重大变化。这一变化,有着西方社会自身变化的历史逻辑,但对长期致力于追随西方理论的中国社科界而言,也影响深远。单从土耳其研究的角度来说,也是值得深思的。

四、赘语

埃尔多安给我们传递的信息是:对土耳其的认识,不能仅从百年的角度,还应当了解到,土耳其是一个有着千年文明遗产的国家。尽管1071年或许可视为说突厥语的游牧族群进入小亚细亚的开端,然而,土耳其在凯末尔时代,对于如何继承这一遗产,经过了一段长时间的纠结。当时发明的一种观点,也就是在笔者早期的研究中涉及的一种种族主义史观(Turk Tarih Tezi),即,将赫梯打造为小亚细亚地区最早的土耳其人这样的一个白人种族主义史观。这完全是照搬照抄并改造了雅利安史观的一个结果。另外,我们需要考虑到这一旧史观的历史背景:在过去,西方人在历史叙事中将土耳其的古代文明遗产都打造成印—欧、希腊—罗马的,是要塑造土耳其作为外来入侵者的身份。

而到了今天,从土耳其的历史教科书中可以看到,土耳其的历史叙事已经将所有的文明遗产作为小亚细亚地区自古以来的遗产,它们都是土耳其民族的历史和文化遗产,土耳其人是所有这些遗产的继承者,这便在实际上基本化解了过去的焦虑和矛盾。出于某种政治原因,过于强调"突厥性"或"伊斯兰性",其实都不利于土耳其继承其多元的历史文化遗产。

百年土耳其表现出愈加自信的态势,践行"战略纵深",正是因为它是以当今土耳其人脚下这片土地作为基础,北至黑海,东至高加索中亚地区,往南远行可抵非洲,往西能抵达巴尔干,以及它自身所处的中东地区,都构成了土耳其的战略纵深。这是我们要在百年土耳其的意义上加以认识的。因而,它的历史观还处在变动之中,基本趋势是对本土和东方的日益强调。

既然我们从中国的角度研究土耳其，实际上可以发掘更多视角，在方法论、认识论上作探讨，不能亦步亦趋，既不要被土耳其学者带着跑，也不要过于倚重西方的理论和研究，这样才能做好中国自己的区域国别研究。

作者简介：昝涛，北京大学历史学系教授、博士生导师，北京大学土耳其研究中心主任、区域与国别研究院副院长。专攻土耳其近现代史、中东研究。

土耳其现代国家的诞生

从边疆到边界：奥斯曼帝国与伊朗边疆领土的现代转型

郭欣如

摘要:奥斯曼帝国与伊朗的边界是近代中东地区划界历时最长的界线,也是中东地区第一条具有现代意义的边界线。近代早期,受边疆自然和社会特征的影响,奥斯曼帝国与伊朗中央政府对边疆地区的总体管控能力较弱,使得两个帝国之间的边疆在很大程度上只是其中央权威的辐射地带,呈现出显著的模糊性和可渗透性特点。从 16 世纪初到 18 世纪上半叶,奥斯曼帝国与伊朗各王朝政府多次围绕边界问题爆发军事冲突并签署和平友好协议,但在传统帝国建制下边界协定的约束力较弱,奥斯曼帝国与伊朗的边疆地带始终具有极强的模糊性和不确定性。进入 19 世纪以后,伴随着欧洲大国资本主义的发展和殖民扩张的加速,以及奥、伊两国早期现代化进程的陆续推进,在英、俄的介入下,奥斯曼帝国与伊朗之间清晰、固定的边界线最终得以确立,奥斯曼帝国和伊朗也逐步踏上从传统王朝边疆转向建立现代主权国家边界的步伐。

关键词:奥斯曼帝国 伊朗 边疆 边界 领土现代化

　　帝国力量的消长是边疆变迁的前提,而边疆是帝国之间划定边界的基础。在中东民族国家构建的历程中,传统帝国治下具备多重属性的边疆地带向现代主权国家所规定的线性边界的转型是其中颇为重要的一环。奥斯曼帝国和伊朗(从萨法维王朝到恺加王朝)是近代早期伊斯兰世界的两大重要帝国,战争交往构成两大帝国统治史的突出部分。而纵观历次奥斯曼帝国与伊朗的战争以及战后双方签订的条约可以发现,尽管边疆领土争端是两国之间纠缠不休的战争史的核心,但两国边疆地带向线性边界的演化却是其中最为显著的特征。

　　在传统帝制王朝的统治语境下,"边疆"(Frontier)通常有三种层面的含义:首先,就地理层面而言,边疆在空间位置上远离王朝中心统治区,是王朝周缘部分的边远疆域,呈现出主观性和模糊性的特点;其次,就政治层面而言,边疆仍属于帝国的统辖区和权力辐射区域,但相较于主要行政区,中央政府的影响力和控制力较弱,具有半自治性特征;最后,就军事层面而言,边疆的周缘性决定了其作为帝国之间军事较量的前沿和冲突的缓冲区而存在,边疆在衡量传统帝制王朝军事实力消长的同时,显现出一定的伸缩性和可渗透性。[①] 然而,作为近代伊斯兰世界的两大帝国,奥斯曼帝国与伊朗的领土主权观念长期受到伊斯兰文化的影响,故其帝国统治下的"边疆"还有着独特的宗教意涵。在阿拉伯—伊斯兰概念中,通常用ثغر(thaghr)来定义伊斯兰之家(dar al-Islam,伊斯兰之地)和

[①] 郑汕:《中国边疆学概论》,昆明:云南人民出版社,2012年,第1—5页。

战争之家(dar al-harb,非伊斯兰信仰之地)之间的界线,其复数形式ثغور(thughur)则指代邻近穆斯林统治区的非伊斯兰化边疆地区。[①] 因缺乏圣裔血统,奥斯曼帝国建立后一直将保护伊斯兰世界边境和朝觐路线作为强化其政权合法性的重要来源。1502 年,伊朗萨法维王朝作为什叶派伊斯兰政权的崛起,极大影响了逊尼派奥斯曼帝国正统统治的实施。在教派冲突之下,奥斯曼苏丹将萨法维君主称为"伊斯兰世界的异端和反叛者"(bagi),认为自己作为"真主的代理人"(Khaliafat Allah),有义务打击反叛穆斯林以保护乌玛不受侵犯。[②] 从而使得奥斯曼帝国与伊朗的传统边疆具有独特的宗教意识形态色彩,呈现出人文边疆的特点。自世界历史步入近代以来,伴随着主权国家的逐步形成,"用以划分国家间领土或管辖范围之外区域的界线"[③]即现代"边界"(boundary)产生。在地理意义上,边界按照山、河、湖、海等自然特征或具体经、纬度进行划定,呈现出客观性和确定性特点;在行政意义上,边界是国家之间行使主权的政治分割线,具有法律效力,为国际社会所认可和遵循;在经济意义上,边界是区分国内外经济体系的重要依据,国家可以据此制定关税以保护本民族经济。19 世纪中叶以

① Ralph W. Brauer, "Boundaries and Frontiers in Medieval Muslim Geography", *Transactions of the American Philosophical Society*, vol. 85, no. 6, 1995, pp. 14 - 18.
② Bruce Masters, "The Treaties of Erzurum(1823 and 1848) and the Changing Status of Iranians in the Ottoman Empire", *Iranian Studies*, vol. 24, no. 1/4, p. 5; Sabri Ateş, *The Ottoman-Iranian Borderlands: Making a Boundary, 1843 - 1914*, New York: Cambridge University Press, 2013, p. 12.
③ 王铁崖主编:《国际法》,北京:法律出版社,1995 年,第 243 页。

后,奥斯曼帝国与伊朗的传统边疆开始遭到资本主义殖民扩
张和现代主权民族国家体系的冲击,进而在英国、俄国的干预
下迈向划定现代边界的步伐。

关于奥斯曼帝国与伊朗边界的形成,国外学者关注较多。
除散见于各类通史性著作的内容外,[1]还诞生了两部专题性研
究作品。[2] 相比之下,国内学者对这一问题关注较少,迄今尚无
专文论述,仅在一些通史性著作中有所提及。[3] 总体而言,学界
已有成果主要聚焦于欧洲殖民帝国介入后的奥斯曼帝国与伊
朗边界形态的演变,而对此前传统帝国边疆的属性和持续波动
及其与主权边界的关系缺乏深入探讨,且极少利用原始档案文
件。而自 20 世纪 90 年代以来,剑桥大学将有关中东国家边界

---

[1] 如 Adel Allouche, *The Origins and Development of The Ottoman-Safavid Conflict* (906 - 962 / 1500 - 1555), Berlin: Klaus Schwarz Verlag, 1983; Douglas E. Streusand, *Islamic Gunpower Empires: Ottomans, Safavids, and Mughals*, Boulder: Westview Press, 2011; A. C. S. Peacock, *The Frontiers of the Ottoman World*, New York: Oxford University Press, 2009; Kemal H. Karpat, Robert W. Zens, *Ottoman Borderlands: Issues, Personalities, and Political Changes*, Madison: University of Wisconsin, 2003; Keith S. Mclachlan, *The Boundaries of Modern Iran*, New York: St. Martin's Press, 1994.

[2] Sabri Ateş, *The Ottoman-Iranian Borderlands: Making a Boundary, 1843 -1914*, New York: Cambridge University Press, 2013; Harari Maurice, *The Turco-Persian Boundary Question: A Case Study in the Politics of Boundary Making in the Near and Middle East*, The Ph. D. Dissertation, Columbia University, 1958.

[3] 其中代表性的成果有:黄民兴、谢立忱:《战后西亚国家领土纠纷与国际关系》,南京:江苏人民出版社,2014 年;吴传华:《中东领土与边界问题研究》,博士学位论文,中共中央党校,2009 年。谢立忱:《当代中东国家边界与领土争端研究》,博士学位论文,西北大学,2009 年;彭树智:《中东国家与中东问题》,郑州:河南大学出版社,1991 年等。

问题的档案整理成册，①该档案汇编中包含大量当时的书信、电报和边界条约交涉及签订的具体经过。此外，英国外交部解密档案中也有许多关于波斯（伊朗）问题和土耳其（奥斯曼帝国）问题的专题内容。② 本文在吸收学界已有成果的基础上，充分利用英国外交部解密档案（Confidential Print）、英属印度政府备忘录和剑桥档案汇编（Cambridge Archive Editions）中的相关材料，尝试深入考察奥斯曼帝国与伊朗的边疆领土由传统帝国边疆地带向主权国家边界线转型的流变轨迹及其相互之间的内在关联，以领土变迁和边界形成的视角来观察奥斯曼土耳其和伊朗的民族国家构建历程。同时，对该问题的研究有助于勾勒出现代土耳其、伊拉克③和伊朗之间边界划定的大致脉络，对于更全面地认识中东国家边界史略有裨益。

---

① 其中奥斯曼帝国与伊朗边界问题被纳入伊拉克与伊朗边界问题之中，主要涉及两卷档案：Schofield, Richard, ed., *Arabian Boundary Disputes* (*Volume 1*): *Iran-Iraq, 1639 - 1909*, London: Archive Editions, 1992; Schofield, Richard, ed., *Arabian Boundary Disputes* (*Volume 2*): *Iran-Iraq, 1909 - 1937*, London: Archive Editions, 1992.

② 英国外交部解密档案（简称 F. O.）中关于波斯问题和土耳其（奥斯曼）问题的档案主要有："Affairs of Persia and Arabia, 1899 - 1904", F. O. 416/1 - 21; "Affairs of Persia, 1905 - 1913", F. O. 416/22 - 58; "Annual Reports on Persia, 1909 - 1913", F. O. 416/111; "Demarcation of the Frontier of Turkey in Asia, 1879", F. O. 424/92; "Demarcation of the Russo-Turkish Frontier in Asia, 1880 - 1881", F. O. 424/108; "Relations of the Principalities to Turkey and their Right to conclude Treaties with Foreign Powers, 1873 - 1875", F. O. 424/33; "Turco-Persian Border Negotiations, 1843 - 1852", F. O. 424/7B - 7D; "Turkey: Annual Reports, 1909 - 1913", F. O. 424/250.

③ 奥斯曼帝国解体后，其与伊朗之间所划定的边界线为新兴国家土耳其和伊拉克所继承。

一、奥斯曼帝国与伊朗边疆的多重属性

在近代主权民族国家形成以前,边疆地区不仅是传统帝国间政治权力的相互交叠之处,还是诸王朝军事斗争的前沿,而边疆领土的变迁也成为衡量王朝国家实力消长的重要指标。奥斯曼帝国与伊朗是近代中东地区的两大重要帝国,其边疆地区的多样性地理环境、流动性部落共同体以及半自治性政治形态等自然与社会特征,使得奥斯曼帝国与伊朗的边疆领土具备多重属性。

(一)多样性的自然特征

奥斯曼帝国与伊朗边疆的地形结构和生态景观具有多样性的特征。奥斯曼帝国和伊朗的边疆地带由北段的库拉河谷平原(Kura River Plain)与亚美尼亚高地(Armenia highland)、中段的扎格罗斯山系(Zagros Mountains)和南段的阿拉伯河与卡伦河(Karun)流域组成。

库拉河谷平原与亚美尼亚高地是南高加索的两大重要组成部分,横跨奥斯曼帝国和伊朗,亚美尼亚人是居住在该地区的主要族群之一,以信仰基督教为主。在奥斯曼帝国和伊朗地缘政治竞争之下,亚美尼亚东西两部于17世纪被两大帝国分别占领,从而使亚美尼亚人具备了两国间边疆部族的属性。中段的扎格罗斯山系整体呈西北—东南走向,其中东西走向的部分是奥斯曼帝国与伊朗之间的自然地理界线,与安纳托利亚高原一起构成了两大帝国扩张的天然障碍,其间分布着大量的库尔德人和卢尔人。早在米底王国(The Medes)时期,该地区就成为伊朗高原与外域文化和政治实体的重要分界线。① 进入近代早期，逊尼派奥斯曼帝国和什叶派伊朗的两强对峙格局，使得库尔德人一直处于两大帝国的宗主权之下。由此，库尔德部落聚居地便成为横亘在奥斯曼帝国与伊朗之间的缓冲区而被割裂开来。② 卢尔部落内部则因卡比尔山脊（Kabir Kuh）被划分为东西两个部分，形成了与巴士拉（Basrah）和巴格达（Baghdad）之间的界线。16 世纪中叶，伊朗萨法维王朝的西扩战略和奥斯曼帝国的东部扩张在伊拉克地区相遇，因而伊拉克地区③及其间的阿拉伯河流域和卡伦河沦为两个帝国间模糊的边疆领土。16—19 世纪，大批阿拉伯人从美索不达米亚平原迁徙至伊朗西南边疆的胡齐斯坦（Khuzestan）④，使得阿拉伯部落也成了奥斯曼帝国与伊朗边疆的流动族群之一。

---

① Maria T. O'Shea, "The question of Kurdistan and Iran's international borders", in Keith S. Mclachlan ed., *The Boundaries of Modern Iran*, New York: St. Martin's Press, 1994, p. 71.

② 奥斯曼帝国与伊朗萨法维王朝之间的库尔德部落以 Hawraman 部落、Bilbas 部落、Bajlan 部落为代表。

③ 伊拉克地区位于美索不达米亚（Mesopotamia）南部，在阿拉伯帝国时期就曾形成过"阿拉伯的伊拉克"（Iraq-i' Arab）和"波斯的伊拉克"（Iraq-i' Ajam）的格局。

④ 早在公元 639 年，阿拉伯人曾在阿布·穆萨（Abu Musa al-Ash'ari）的带领下征服了当时萨珊波斯治下的胡齐斯坦，并清洗了当地的景教徒，将该地区变为穆斯林的驻军点进行扩张。随着阿拔斯王朝的崩溃，阿拉伯移民的流入逐渐减少。15 世纪中叶，伊拉克部分地区和胡齐斯坦西部被什叶派穆萨王朝（Musha'sha', 1435 - 1924）接管。伊朗萨法维王朝建立后自称唯一什叶派合法政权，穆萨王朝遂成为其附属国，拥有半自治地位。但因萨法维王朝疏于对这一边疆区域的管理，大批阿拉伯人从伊拉克南部迁徙而来。由此，胡齐斯坦被划分为东西两部，西部因阿拉伯人居多，称"阿拉伯斯坦"（Arabistan），东部仍称"胡齐斯坦"。（参见 Svat Soucek, "Arabistan or Khuzistan", *Iran Studies*, vol. 17, no. 2 - 3, 1984, p. 204.）

（二）部族林立的社会特征

部落的长期存在一直是中东地区尤其是中东传统社会的突出现象，而部落自治也是该地区社会治理的一大特色。① 奥斯曼帝国和伊朗萨法维王朝的统治者均崛起于边疆部落之中，②崎岖的地形结构和复杂的生态条件使得部族林立成为奥斯曼帝国与伊朗边疆的典型社会特征。受军事、经济和行政能力的限制，传统帝国中央政府对远离国家核心地带的边疆地域的治理能力和控制力，往往随着其与中心距离的增加而逐渐递减。③ 奥斯曼帝国与伊朗边疆地区极富挑战性的自然地理特征和极具多元性的社会文化，使边疆部族能够逃避或限制国家对他们的直接控制，从而令边疆领土具有半自治性特征。

一般而言，部族内部本就兼具政治、经济、文化乃至军事功能，④无论是族群还是部落成员都主要效忠于他们的族长或者酋长。尽管近代以来，奥斯曼帝国和伊朗两大帝国战争武器的日益强大，迫使边境族群不得不在政治上选择帝国中的一个作为其宗主国。但显然，这种向帝国中央权威称臣纳贡的行为并不能被称为对国家的忠诚，因为贡品往往是在帝国的威胁下被迫缴纳的，⑤

---

① 韩志斌：《中东部落：概念认知、类型演化及社会治理》，《史学月刊》2021 年第 5 期，第 5 页。
② Sabri Ateş, *The Ottoman-Iranian Borderlands: Making a Boundary, 1843 - 1914*, p. 16.
③ 郑汕：《中国边疆学概论》，第 160 页。
④ 韩志斌：《中东部落：概念认知、类型演化及社会治理》，《史学月刊》2021 年第 5 期，第 8 页。
⑤ Reşat Kasaba, *A Moveable Empire: Ottoman Nomads, Migrants, and Refugees*, Seattle: University of Washington Press, 2009, p. 35.

并且这种认同"具有很大的变动性和从一种忠诚转移到另一种忠诚的可能性"①。奥斯曼帝国与伊朗的边疆地带甚至还存在同时向两个帝国纳贡或是拒绝承认任何一个帝国的现象，从而在政治上具有多重属性。如哈马万德库尔德部落（Hamawand tribe）就拒绝归属任一帝国，只是在需要的时候越过边境寻求某一帝国的庇护。

然而，帝国的争霸逻辑和边疆地区不稳定的地缘政治条件，又需要帝国与边疆之间这种相互依赖的共生关系，使得边疆地区得以维系其相对独立的状态。此外，由于边疆族群绝大部分为游牧民，其季节性放牧的特征也让他们的归属权和帝国管辖权难以具体划分，尤以库尔德部落为典型代表。一个库尔德部落在一年中的某个季节占据了一个山谷，他们就会将这个山谷看作库尔德人的土地，直接忽略奥斯曼帝国和伊朗王朝政府的看法。过了一段时间后，该部落因气候原因迁徙至边疆的其他地方，会再次将新的领土称为"库尔德人的土地"，从而使得边疆领土具有"季节性族群归属"特征。

（三）帝国的边疆治理模式

为保证中央政府对边疆领土的控制能力，两大帝国通常以间接统治的形式来底定和经略边疆。奥斯曼帝国一般会根据边疆地区的实际情况，寻找或培养合适的代理人来进行间接统治。在库尔德地区，奥斯曼帝国苏丹苏莱曼一世（Suleiman I，

---

① Cemal Kafadar, *Between Two Worlds : The Construction of the Ottoman State* , Berkeley：University of California Press，1995，p. 20.

1520—1566 年在位)为保证其与伊朗萨法维王朝战争的优势,拉拢逊尼派库尔德人作战,授予他们桑贾克贝伊(*sanjak beyi*)的头衔,并让渡部分军队控制权,还颁发了包含明确授权条款的"所有权许可(mülkname)";免除他们的支付特别税捐(tekalif)的所有义务;在传统权力的基础上,授予他们对其祖传土地(odjak)和家园(yurt)的自主权。① 从而使得该地区具有极大的自治权力,直到 19 世纪初才被削减。而在伊拉克北部的摩苏尔贾里里王朝(1726—1834),奥斯曼帝国实行采邑制,即将土地分封给地方军事首领以作为其对帝国忠诚的奖励;中部巴格达的哈桑·帕夏王朝(1704—1831)和南部巴士拉的阿弗拉西亚布王朝(Afrasiyab)则大多依靠马穆鲁克总督来管理。

　　伊朗在边疆地区多利用部落显贵或王储进行统治。萨法维王朝时期,将边疆划分为阿拉伯斯坦(Arabestan)、卢里斯坦(Lorestan)、格鲁吉亚(Georgia)、库尔德斯坦(Kurdistan)和巴赫蒂亚尔(Bakhtiyari)五个行省(velayat),每一个行省均由一名总督(*vali*)管理。总督由国王从当地的显赫家族中选出并正式任命,通常为世袭制。他们拥有地方行政权和部署民兵的权力。② 在库尔德斯坦,萨法维王朝允许阿尔达兰家族(House of Ardalan)担任总督,并以萨南达杰(Sanandaj)为都城建立起伊朗的附属国主宰周边地区,控制许多较小的王朝。阿尔达兰家族对

---

① Sabri Ateş, *The Ottoman-Iranian Borderlands : Making a Boundary*, *1843 - 1914*, pp. 38 - 39.

② Rudi Matthee, "Relations Between the Center and the Periphery in Safavid Iran: The Western Borderlands v. the Eastern Frontier Zone", *Historian*, vol. 77, Iss. 3, pp. 443 - 444.

伊朗的忠诚也一直延续到了恺加王朝,该家族的世袭总督职位直至19世纪中叶才为恺加王室所取代。而为了保证边疆总督对中央政府的忠诚,各统治家族还需要送一名本族之子到伊斯法罕作人质,恺加王朝时期也存在将王室公主嫁给地方总督的行为。

奥斯曼帝国和伊朗的伊斯兰属性,使得帝国居民前往圣地的跨境朝觐活动成为两国边疆地区与帝国核心的重要互动路径之一。1517年奥斯曼苏丹战胜埃及马穆鲁克王朝后,麦加和麦地那两大圣城均被纳入奥斯曼帝国治下。奥斯曼苏丹称,将保护所有前往圣地的朝觐者,但将伊朗人排除在外。[1] 当时,伊朗穆斯林前往麦加的朝觐路线主要是巴格达—巴士拉—哈萨(al-Hasa)[2]东线,但奥斯曼人为了防止伊朗什叶派与哈萨什叶派建立联系,经常禁止伊朗人通过此地,并规划了阿勒颇—巴格达朝觐之路。而穿过巴士拉前往伊拉克地区的纳杰夫(Najaf)[3]和卡尔巴拉(Karbala)[4]也是伊朗什叶派穆斯林生活的重要内容。16世纪60年代,奥斯曼帝国占领伊拉克后对伊朗朝圣者百般刁难,伊朗人跨境访问圣地成为一大难题。尽管随着边境战争的展开,伊拉克地区的控制权在奥斯曼帝国

---

[1] Ernest Tucker, "The Peace Negotiations of 1736: A Conceptual Turning Point in Ottoman-Iranian Relations", *Turkish Studies Association Bulletin*, vol. 20, no. 1, 1996, p. 19.

[2] 即阿尔哈萨,阿拉伯半岛上伊斯兰教什叶派的主要聚居地。

[3] 纳杰夫,位于伊拉克中部,为第四任哈里发阿里墓地所在之处,是什叶派穆斯林朝圣中心之一。

[4] 卡尔巴拉,位于伊拉克中部,什叶派穆斯林朝圣中心之一。伊斯兰教什叶派穆斯林通常会在阿舒拉节(Ashura)之后的40天哀悼期结束时在卡尔巴拉举行集会,作为对第三任伊玛目侯赛因·伊本·阿里(Abū ʿAbd Allāh al-Husayn ibn ʿAlī ibn Abī Ṭālib)殉难精神的纪念与哀悼。

和萨法维王朝之间几经转手,但关于朝觐者跨境权益的问题在 18 世纪以前一直作为奥斯曼帝国与伊朗签订边界条约时的额外关切对象而存在,无论是 1555 年的《阿马西亚和约》、1639 年的《席琳堡条约》,还是 1736 年的《君士坦丁堡协议》,两国政府均对该问题进行了详细讨论。

此外,过境贸易也是边疆与帝国核心互动的重要途径。奥斯曼帝国与伊朗边疆地区的巴士拉港口是奥斯曼帝国通往波斯湾的出口以及印度洋和新月地带之间的贸易中转站,伊朗西部边境省份大不里士也是 16 世纪初东地中海贸易区最重要的丝绸商品集散地,而丝绸贸易则是萨法维王朝重要的经济支柱。因此,对边疆地区经贸政策的制定,成为伊朗萨法维王朝与奥斯曼帝国中央政府共同关注的重要领域。奥斯曼苏丹塞利姆一世(Selim I,1512—1520 年在位)时期,曾对伊朗的丝绸贸易实行经济封锁政策,禁止什叶派商人进入布尔萨(Bursa)①,阻断两国之间的贸易通道。②尽管双边贸易很快得到恢复,但旷日持久的边疆战争依旧给萨法维王朝的丝绸贸易带来挑战。为应对奥斯曼帝国对什叶派的歧视政策,阿巴斯·沙赫即位后对边境贸易进行管制。

---

① 布尔萨,奥斯曼帝国西北部布尔萨省的省会,是帝国早期的第一个首都。后来,布尔萨成为帝国皇家丝绸产品的主要来源地,是当时重要的商业和文化中心。除生产丝绸制品外,布尔萨省还向伊朗和中国进口生丝,15 世纪时伊朗曾在布尔萨建立一个较大的贸易据点。(参见:Heath W. Lowry, *Ottoman Bursa in Travel Accounts*, Bloomington: Indiana University, 2003, pp. 1 - 3.)
② Rudi Matthee, "Rebels and Renegades on Ottoman-Iranian Borderlands: Porous Frontiers and Hybrid Identities", in Abbas Amanat, Farzin Vejdani eds., *Iran Facing Others: Identity Boundaries in a Historical Perspective*, New York: Palgrave Macmillan, 2012, p. 83.

　　总体而言,边疆领土在很大程度上是奥斯曼帝国和伊朗之间的具有半自治地位的缓冲带,是一个动态性的空间概念,具有多族群性、多文化性和多政治身份特征。边疆地区遍布着的山脉和峡谷、沼泽与荒漠以及一些大大小小的河流,对于各个部族来说均为稀缺且赖以生存的共享资源,因而其彼此之间也不乏血亲仇杀、袭击冲突等现象。在这种相处模式的影响下,各部族往往形成了自己独有的问题解决机制并漠视中央权威,迫使帝国政府不得不"以不同于内地常规官僚结构的方式将各地区与中央联系起来"。[①] 因而,传统帝国作为一个单一的政治实体想要在多部族林立的边疆地区建立起自己的霸权,从而制定出一条明确的边界线,不仅要处理与相邻帝国的矛盾,还必须面对边境部民的机动性所带来的挑战。

二、二元争霸格局下奥斯曼帝国与伊朗的边疆形态变迁

　　16 世纪初,受帝国扩张战略和地缘政治格局的影响,奥斯曼帝国的东部与伊朗的西部边疆领土直接接壤,两个帝国间的边疆领土成为其地区争霸的战略要地。在二元争霸的格局下,尽管帝国中央政府的权力可以辐射到边疆地区,但总体来说影响力较弱,因而两大帝国对边疆地区的控制仍以间接统治为

---

① Dina Rizk Khoury, "Administrative Practice between Religious and State Law on the Eastern Frontiers of the Ottoman Empire", in Huri Islamoglu, Peter C. Perdue eds., *Shared Histories of Modernity: China, India and the Ottoman Empire*, New York: Routledge, 2019, p. 68.

主。而伴随着帝国中央政府实力的不断变化,其边疆领土也处于持续波动的状态。

1502 年,伊斯玛仪一世(Ismail I,1502—1524 年在位)建立伊朗萨法维王朝后,将王朝置于伊斯兰教什叶派的合法框架之下。为进一步巩固新生政权,萨法维王朝政府一方面与西部的马穆鲁克王朝建立友好关系,以避免东西两线作战态势[1],另一方面与安纳托利亚的土库曼追随者保持密切的精神联系,并试图支持安纳托利亚的大规模叛乱。[2] 奥斯曼苏丹塞利姆一世为结束安纳托利亚的暴乱活动,决定将军事进攻的矛头直指伊朗。在马穆鲁克王朝式微的状态下,奥斯曼帝国进一步征服了叙利亚和埃及,将宗主权延伸至两大圣城。而萨法维王朝也在建国十余年间,相继控制了埃尔祖鲁姆、哈马丹、克尔曼、纳杰夫、巴格达及其他伊朗省份。由此,奥斯曼帝国的东部边疆与萨法维王朝的西部边境地区直接接壤,其军事冲突伴随着宗教派别的对立也愈演愈烈,奥斯曼帝国与伊朗各自的边疆领土的变迁围绕着三次奥斯曼—萨法维战争而展开。

(一) 阿马西亚和平

查尔迪兰战役是奥斯曼帝国与萨法维王朝围绕边疆领土

---

[1] 萨法维王朝建立之初,西部为马穆鲁克王朝,西北部边境为奥斯曼帝国,而东部边境的乌兹别克人正在与萨法维王朝作战。当时的乌兹别克汗王穆罕默德·昔班尼(Muhammad Shaybani Khan)是一个非常狂热的逊尼派穆斯林,因此将以什叶派为国教的萨法维王朝看作仇敌。伊斯玛仪一世曾修书以示友好,但遭到昔班尼的辱骂,从而引发战争,最终昔班尼战败被杀。

[2] Adel Allouche, *The Origins and Development of the Ottoman-Safavid Conflict* (*906 - 962/1500 - 1555*), The Ph. D. Dissertation, University of Chicago Library, 1983, pp. 146 - 148.

展开的第一场规模较大的战争，使奥斯曼帝国与伊朗边疆地带的北段及部分中段向东推移。萨法维王朝建立之初，在伊斯玛仪一世扩张政策的指引下，卡特利王国（Kingdom of Kartli）和卡赫蒂王国（Kingdom of Kakheti）①已相继成为伊朗的附属国，亚美尼亚、纳杰夫、卡尔巴拉、凡城（Van）②、巴格达等地也陆续为萨法维王朝所占领。经过这场战役，奥斯曼帝国成功通过占领埃尔津詹（Erzincan）③加强了对东安纳托利亚的控制，并从萨法维王朝手中夺取了西亚美尼亚和北美索不达米亚地区。查尔迪兰战役的失败使伊斯玛仪一世大受打击，奥斯曼帝国与萨法维王朝的军事冲突得以暂时停歇。受奥斯曼帝国政府的政策影响，奥斯曼帝国与伊朗的边疆地带在此后近20年④基本没有出现大的变动。

塔赫玛斯普一世（Tahmasp Ⅰ，1524—1570年在位）亲政后，奥斯曼帝国与伊朗的领土争端再起，并开始了长达20多年的奥斯曼—萨法维战争。阿德尔·阿卢什认为，"在这一时

---

① 卡特利王国（Kingdom of Kartli）和卡赫蒂王国（Kingdom of Kakheti）为格鲁吉亚的两个王国，16—17世纪时在奥斯曼帝国和萨法维王朝的强势威胁下，曾沦为这两个帝国的小附庸国。
② 凡城（Van），位于安纳托利亚东部，也可看作亚美尼亚西部的一部分，属于奥斯曼帝国与伊朗的边疆地带，从16世纪开始一直处在奥斯曼帝国和萨法维王朝及其后继者阿夫沙尔王朝、恺加王朝的争夺之中。
③ 埃尔津詹（Erzincan），位于安纳托利亚东部地区。
④ 查尔迪兰战役后，塞利姆一世又继续征服了埃及和叙利亚，并企图利用奥斯曼帝国的中心地理位置彻底切断萨法维王朝与外部世界的联系，对萨法维王朝实行禁运和边境封锁政策，开始了短暂的奥斯曼帝国与伊朗边界封锁时期，这一状态持续至1520年的解除。（Halil Inalcik, "The Ottoman Economic Mind and Aspects of the Ottoman Economy", in M. A. Cook ed., *Studies in the Economic History of the Middle East: From the Rise of Islam to the Present Day*, London: Routledge, 2014, p. 210.）

期,奥斯曼帝国与萨法维王朝的冲突被降级为边界问题"。①
这场战争起源于对两个帝国的边疆地区巴格达和比特利斯
(Bitlis)宗主权的争夺,②最终以奥斯曼帝国与伊朗达成 1555
年的《阿马西亚和约》(Peace of Amasya)而宣告结束。根据该
和约,奥斯曼帝国与萨法维王朝不仅划分了其已经占领的土
地,还将尚未接管的领土纳入其中,平分了两个帝国之间的中
段、北段边疆地区——亚美尼亚、库尔德斯坦和格鲁吉亚(包
括萨姆茨赫)。这些地方的西部划归奥斯曼帝国,东部属于萨
法维伊朗人,而之间的一些库尔德公国则作为两个帝国的边
境缓冲区。③ 对于中段、南段的伊拉克地区,奥斯曼帝国获得了
包括巴格达在内的大部分领土的宗主权。通过该和约,伊朗还得
以保留大不里士及其在高加索地区的西北部领土,奥斯曼帝国
也拥有了进入波斯湾的通道。由此,奥斯曼帝国与伊朗的边疆地
带暂时被确定为由北部的利希山脉(Likhi Range)④穿过亚美尼

① Adel Allouche, *The Origins and Development of the Ottoman-Safavid Conflict*(*906 - 962/1500 - 1555*), The Ph. D. Dissertation, University of Chicago Library,1983, p. 4.
② 当时,塔赫玛斯普一世杀死了效忠于奥斯曼苏丹苏莱曼一世的巴格达总督,并将自己的势力插入其中。比特利斯(位于底格里斯河支流比特利斯河的山谷中,16—19 世纪为奥斯曼帝国与伊朗边疆地带的库尔德酋长国)总督则是叛逃并宣誓效忠于萨法维王朝。[参见:Colin Imber, *The Ottoman Empire*(*1300 - 1650*):*The Structure of Power*, New York:Palgrave Macmillan, 2002, p. 51.]
③ Mikheil Svanidze, "The Amasya Peace Treaty between the Ottoman Empire and Iran(June 1, 1555) and Georgia", *Bulletin of the Georgian National Academy of Sciences*, vol. 3, no. 1, 2009, p. 192.
④ 利希山脉(Likhi Range),又称苏拉米山脉。格鲁吉亚高加索山脉的一部分,连接大高加索和小高加索。该山脉最重要的山口为苏拉米山口(也是最低点),为连接格鲁吉亚东西两部的节点。

亚高地，经由扎格罗斯山脉延伸至波斯湾。

在阿马西亚和谈之后，这一边疆地带的和平维系了 20 年。《阿马西亚和约》是奥斯曼帝国与伊朗萨法维王朝在历史上达成的第一个和平停战条约，在两个帝国的边界争端史上也具有重要地位。它不仅是奥斯曼帝国与萨法维王朝初次就边境领土争端问题展开和谈并说明其"共同边疆"的条约，而且也为17—18 世纪奥斯曼帝国与萨法维王朝解决领土争端问题奠定了基石，①并由此开启了两国领土主权化的进程。在和约中，奥斯曼帝国第一次承认伊朗的萨法维王朝为一个合法政权，伊朗穆斯林的跨境朝觐安全也得到了奥斯曼苏丹的保证。② 然而，尽管在《阿马西亚和约》之下，奥斯曼帝国与伊朗制定了一条以外高加索为起点由北到南的疆域分界线，但是由于这条分界线并未明确划定主权而只是以城市或城镇作为划分的标识，故其在更大程度上属于一个片状性的边疆地带，具有很大的模糊性。再加上两大帝国实质上并未能对各自所占领的边疆领土

---

① Mikheil Svanidze, "The Amasya Peace Treaty between the Ottoman Empire and Iran(June 1, 1555) and Georgia", *Bulletin of the Georgian National Academy of Sciences*, vol. 3, no. 1, 2009, p. 195.

② 在阿马西亚和谈期间，奥斯曼苏丹和萨法维沙赫都十分重视减少逊尼派和什叶派之间现有的宗教争端，奥斯曼苏丹承认萨法维王朝的追随者是"真正信仰"(veritable faith)的追随者，允许他们参观圣城。在此之前，萨法维王朝的追随者一直被奥斯曼帝国贴上"土库曼什叶派反叛者"和"异端"(*baǧi*)的标签。而伊朗方面则被要求停止对前三任哈里发的咒骂。［参见：Mikheil Svanidze, "The Amasya Peace Treaty between the Ottoman Empire and Iran (June 1, 1555) and Georgia", *Bulletin of the Georgian National Academy of Sciences*, Vol. 3, No. 1, 2009, p. 194; Bruce Masters, "The Treaties of Erzurum(1823 and 1848) and the Changing Status of Iranians in the Ottoman Empire", *Iranian Studies*, Vol. 24, No. 1/4, 1991, p. 5.］

建立起有效的行政控制,①边疆地带的各公国对帝国的附庸随时可能发生变化,由此使得这一时期的边疆地带仍具有极大的不确定性和可伸缩性。

《阿马西亚和约》签署后,苏莱曼一世继续处理与欧洲战争的相关事宜,其继任者塞利姆二世(Selim Ⅱ,1566—1574 年在位)也严格遵守了"只要萨法维王朝不挑起事端,奥斯曼政府就不会主动发起战争"②的原则,从而使奥斯曼帝国与萨法维王朝维持了约 20 年的友好关系,其间,奥斯曼帝国与伊朗之间的边界保持了 1555 年和约所划定的状态。1576 年,萨法维沙赫塔赫玛斯普一世逝世,伊朗国内陷入了王位争夺之战。面对萨法维王朝的动荡局势,奥斯曼苏丹穆拉德三世认为这是再次征服几十年前苏莱曼大帝未能长期征服的萨法维领土的绝佳机会。③ 于是,奥斯曼帝国于 1578 年发动了第三次奥斯曼帝国与萨法维王朝战争,战争持续了 12 年之久。在内外交困之下,萨法维王朝新任君主阿巴斯一世(Abbas Ⅰ,1588—1629 年在位)选择以和谈的方式结束战争,苏丹穆拉德三世也明确表示"将会依据阿马西亚和约来达到界定边界的目的"④。最终,奥斯曼

---

① Sabri Ateş, *The Ottoman-Iranian Borderlands : Making a Boundary*,*1843 - 1914*,p. 20.

② Mikheil Svanidze,"The Amasya Peace Treaty between the Ottoman Empire and Iran(June 1, 1555) and Georgia",*Bulletin of the Georgian National Academy of Sciences*,vol. 3, no. 1, 2009, p. 194.

③ Martin Sicker, *The Islamic World in Decline : From the Treaty of Karlowitz to the Disintegration of the Ottoman Empire*, London: Praeger, 2000, p. 2.

④ Sabri Ateş, *The Ottoman-Iranian Borderlands : Making a Boundary*,*1843 - 1914*,pp. 20 - 21.

苏丹遵循占领地保有原则(*Uti possidetis* principle)①与萨法维君主在 1590 年正式签署了《君士坦丁堡和约》(Treaty of Constantinople)。由此,奥斯曼帝国与伊朗的边疆地带在 1555 年和约中界线的基础上再次向东部推移。在《君士坦丁堡和约》签订的过程中,奥斯曼帝国与萨法维王朝第一次提到任命全权代表(*vekil*)来划定和标识共同的边疆,使双方的划界进程趋向规范化。

(二)边疆带的基本确定

16 世纪末至 17 世纪初,阿巴斯一世陆续收复了萨法维王朝建立以来所失去的全部领土,奥斯曼帝国与伊朗的边疆地带回到了伊斯玛仪一世鼎盛时期所达到的状态,并持续到阿巴斯大帝时代结束。阿巴斯一世去世后,苏丹穆拉德四世(Murad Ⅳ,1623—1640 年在位)治下的奥斯曼帝国与萨菲(Shah Safi,1629—1641 年在位)领导下的萨法维王朝重启战端,直接导致了 1639 年《席琳堡条约》的签署,奥斯曼帝国与伊朗的边疆地带也由此基本确定下来。《席琳堡条约》的签订是奥斯曼帝国与伊朗之间的领土界限由帝国边疆向主权国家边界演变历程中的关键一环。在条约中,奥斯曼帝国与萨法维王朝均同意互不干涉内政、尊重议定的边界,以及商人、旅

---

① 占领地保有原则(*Uti possidetis* principle),指交战国可以在战后占有实际交战中所占领的地区。奥斯曼帝国根据其最后一次的征服,在该协议中保留了其当时拥有的领土。

者跨越边境的自由流动和友好对待,①可谓国家领土迈向主权化的重要步骤。尽管条约所划定的领土界限与之前的绝大多数边界一样,将两国之间的整个地区指定为"边界"而没有确切的分界线,边疆族群的政治归属会随着两大帝国持续不断地争夺霸权的斗争而改变,从而使帝国的领土范围发生变化。整个边疆地带也因充斥着多重族群、社会、语言和政治身份认同而具有极大的模糊性和不确定性。但是,该条约通过留下个别双方相互承认的堡垒作为分界点来更加明确地界定部分边界的事实,这也是不容忽视的。② 虽然这种分界点与边界勘定过程中设置界碑的行为并非完全相同,但仍可以看作是界碑在近代的一种存在形式,而设置界碑本身又是模糊化边疆转向明晰化边界的一个重要步骤,因而《席琳堡条约》的签订可以说是奥斯曼帝国与伊朗的边疆转向边界迈出了至关重要的一步。

伴随着 1639 年《席琳堡条约》的签订,贯穿整个 16 世纪的奥斯曼帝国与萨法维王朝的战争终于落下帷幕,两大帝国的边疆带也由此基本确定。此后,无论是 1639—1642 年"非敌对的共存"(non-hostility)、1642—1686 年"友好的和谐"(friendly harmony)、1686—1694 年"古老的兄弟情谊"(ancient brotherhood),还是 1694—1705

---

① A Treaty of Peace between Turkey and Persia Signed at Zohab, May 19, 1639, Arabian Boundary Disputes(Volume 1): Iran-Iraq, 1639 - 1909, Section I: Key Documents, 1639 - 1907, London: Archive Editions, 1992, p. 20.

② Sabri Ateş, "Treaty of Zohab, 1639: Foundational Myth or Foundational Document?", *Iranian Studies*, vol. 52, no. 3 - 4, 2019, p. 407.

年"联盟中的永久和平"（perpetual peace in alliance），①都可以用"和平与友好"来定义 17 世纪中叶至 18 世纪初奥斯曼帝国与萨法维王朝的关系状态。在此期间，除边境部落宗主权偶有变动外，奥斯曼帝国与伊朗的边疆地带基本未出现大的波动。然而，18 世纪上半叶萨法维王朝的覆灭正如阿里尔·萨尔茨曼所言，"突然而彻底地颠覆了西亚的秩序"。② 在伊朗内部政权混乱的形势下，奥斯曼帝国趁机集结军队并"毫不拖延地开始吞并伊朗领土"，③企图以此弥补自身在 1718 年《帕萨洛维茨条约》（Treaty of Passarowitz）中再次丧失的欧洲领土。④ 与此同时，沙皇俄国在彼得大帝（Peter the Great，1682—1725 年在位）的统治下赢得了大北方战争⑤的胜利，开始将注意力转向里海—高加索地区，以获得梦寐以求的暖水港。于是，正在持续衰落的伊朗萨法维王朝成为俄国南下政策的关键突破口。由此，奥斯曼帝国与伊朗的边疆地区从传统的二元争霸格局逐渐

① Selim Güngörürler, *Diplomacy and Political Relations Between the Ottoman and Safavid Iran，1639－1722*，The Ph. D. Dissertation，University of Georgetown，2016，p. 88.
② Salzmann Ariel, *Tocqueville in the Ottoman Empire*，Leiden：Brill，2004，p. 39.
③ Stanford Shaw，"Iranian Relations with the Ottoman Empire in the Eighteenth and Nineteenth Centuries"，in Peter Avery，Given Hambly，Charles Melville ed.，*The Cambridge History of Iran(Volume 7)：From Nadir Shah to the Islamic Republic*，Cambridge：Cambridge University Press，1991，p. 298.
④ Lavender Cassels，*The Struggle for the Ottoman Empire：1717－1740*，New York：Crowell，1966，p. 51.
⑤ 大北方战争（Great Northern War，1700－1721），一场由沙皇俄国领导的联盟与瑞典帝国争夺在北欧、中欧和东欧霸权而引发的冲突，以瑞典战败而告终。通过这场战争，沙俄成为波罗的海地区的主导力量和欧洲地缘政治中的新兴主角。（参见：Robert Ⅰ. Frost，*The Northern Wars：War，State and Society in Northeastern Europe，1558－1721*，London：Routledge，2000.）

向三方竞逐转变。

三、俄国的介入与暴力解决边疆领土争端机制的结束

自 18 世纪初起,在彼得大帝对波斯的经略之下,俄国势力不断向高加索和伊朗西北部渗透,奥斯曼帝国与伊朗对边疆领土的争夺也开始由传统的二元格局逐渐向三方竞逐转变。在这一争斗过程中,伊朗萨法维王朝遭到倾覆,其继承者阿夫沙尔王朝、赞德王朝和恺加王朝则继续和奥斯曼帝国围绕边疆领土爆发冲突。而在沙皇俄国势力的介入下,奥斯曼帝国与伊朗一直以来的暴力解决争端机制也宣告结束。

(一) 俄国势力的介入

18 世纪上半叶萨法维王朝崩溃后,伊朗国内政权陷入混乱状态。在奥斯曼苏丹东扩政策和彼得大帝南下战略的夹击下,伊朗边疆领土被鲸吞蚕食。然而,"征服者"纳迪尔沙的强势崛起使伊朗得以挽救颓势,重新将奥斯曼帝国与伊朗的边疆地带拉回至 1639 年条约所规定的状态。尽管随着纳迪尔沙的去世,阿夫沙尔政权被挤压至伊朗东部一隅。但在 18 世纪下半叶奥斯曼帝国忙于欧洲事务和俄国继任沙皇战略收缩的背景下,卡里姆·汗领导下的赞德政权得以保住了伊朗的大部分领土。在此期间,伊朗赞德王朝与奥斯曼帝国曾围绕南伊拉克地区展开小范围的边境争夺,但就结果而言,卡里姆·汗统治时期的

奥斯曼帝国与伊朗的边疆地带基本呈现稳定状态。在 18 世纪最后 20 年间,恺加部落在阿加·穆罕默德的带领下击败赞德王朝和阿夫沙尔王朝的残余势力,统一伊朗全境,建立了恺加王朝。19 世纪初,沙皇亚历山大一世(Alexander Ⅰ,1801—1825 年在位)再度向格鲁吉亚发起进攻,与奥斯曼帝国和伊朗几乎两线同时作战①,战争直接导致了俄国势力正式进入奥斯曼帝国与伊朗传统的边疆地域。由此,开启了俄国、奥斯曼帝国、伊朗围绕边疆领土博弈的新纪元。

　　18 世纪晚期,俄国在经历了一系列军事、行政改革后,击败了其在欧洲大陆的传统对手②,形成一个强大的侵略性陆地扩张型帝国,高加索地区成为沙皇俄国野心的新焦点。而 18 世纪末阿加·穆罕默德对格鲁吉亚的再征服以及伊朗恺加王朝的建立,在打击俄国威望的同时也对俄国在高加索的霸权构成威胁。1796 年 4 月,叶卡捷琳娜二世为惩罚阿加·穆罕默德在第比利斯的破坏和劫掠,发动了一场旨在推翻穆罕默德·沙赫统治的远征。两个月后,俄国军队攻下阿塞拜疆大部领土,试图进一步向伊朗内陆发起进攻。同年年底,叶卡捷琳娜二世离世,其继任者保罗一世(PaulⅠ,1796—1801 年在位)将俄国军队召回。随后,恺加王朝的新任君主法特赫·阿里·沙赫(Fath-Ali Shah,1797—1834 年在位)顺利平息伊朗国内叛乱,重新巩固了对高加索地区的统

---

① 即 1804—1813 年的俄伊战争(Russo-Persian War)和 1806—1812 年的俄土战争(Russo-Turkish War)。其中,俄伊战争是俄国与伊朗围绕伊朗西北边境的东格鲁吉亚、亚美尼亚和阿塞拜疆展开的战争,而俄土战争中的高加索战线只是奥斯曼帝国与俄国在西格鲁吉亚展开的副线,战争的主战场仍在欧洲。
② 俄国的传统对手主要是瑞典、波兰和奥斯曼帝国。

治。于是,这场俄国对伊朗边境领土的短暂入侵无果而终。

1800 年,俄国再度袭扰第比利斯,废除了伊朗在格鲁吉亚的宗主权。沙皇亚历山大一世登基后企图建立俄国对高加索诸汗国的控制权,宣称格鲁吉亚已被纳入俄国的版图,并以此为基点继续向伊朗西北部推进。法特赫·阿里·沙赫深感俄国对伊朗西北边境的威胁,遂派王储阿巴斯·米尔扎率军前往埃里温迎战。随即,俄国与伊朗开始了近 10 年的第一次俄伊战争。起初,俄国受欧洲战场的牵制,在与恺加王朝的战争中多次败退,便向伊朗提出议和,但伊朗因早前与法国缔结的友好互助条约①,选择继续作战,后来,拿破仑率法军远征莫斯科的失败,英国与俄国的结盟,俄国在俄伊战争中再次发起猛攻,几乎全线占领了高加索一里海沿岸,最终迫使恺加政府屈服,双方于 1813 年签订《古利斯坦条约》(Treaty of Gulistan)。根据以上两个条约,除西格鲁吉亚的伊梅列季汗国(Kingdom of Imereti)外,奥斯曼帝国治下的其他高加索领土得以保全,而伊朗所辖的高加索大部(包括达吉斯坦、东格鲁吉亚、北亚美尼亚和阿塞拜疆部分地区)均被割让给俄国。②由此,奥斯曼帝国与伊朗北段边疆的领土被部分纳入俄国版图。

---

① 即 1807 年 5 月法国与伊朗签订的《芬肯斯坦因条约》(Treaty of Finckenstein),根据该条约法国与伊朗形成了共同对抗英国与俄国的法伊联盟。法国承诺为伊朗提供军事教官和新式武器,并承认伊朗对高加索领土(包括亚美尼亚、西格鲁吉亚、阿塞拜疆和达吉斯坦等)的控制权。

② 参见:George A. Bournoutian, *From the Kur to the Aras : A Military History of Russia's Move into the South Caucasus and the First Russo-Iranian War*, *1801 - 1813*, London & Boston: Brill, 2021, pp. 274 - 277; William Edward David Allen, Paul Muratoff, *Caucasian Battlefields : A History of the Wars on the Turco-Caucasian Border*, *1828 - 1921*, Cambridge: Cambridge University Press 2010, p. 19.

（二）奥斯曼帝国与伊朗北部边疆的完全丧失

然而，俄国对高加索地区的征服并非止步于此。《古利斯坦条约》签订后，俄国和伊朗多次就高加索领土问题进行媾和谈判，但并未达成有效和解。1826 年，俄国军队占领米拉克城（Mirak）并扣留了恺加王朝政府派遣的谈判使者，引发伊朗不满。随后，在英国人的怂恿下，伊朗驻大不里士王储阿巴斯·米尔扎出兵卡拉巴赫（Karabakh）并包围了此地首府舒沙城堡（Shusha），进而光复了恺加王朝在 1804 年俄伊战争所丧失的大部分高加索领土。然而，伊朗军队很快遭到了俄国人的反击，舒沙之围被解。紧接着，俄国继续派部队增援高加索前线，将大军往大不里士方向推进，而阿巴斯·米尔扎的军队由于缺乏伊朗中央政府进一步的财政支持逐渐走向颓势。① 到 1827 年 10 月，俄军已攻克埃里温并越过阿拉斯河夺取了大不里士，直逼恺加王朝国都。最终在英国的调解下，俄、伊双方于 1828 年签订了《土库曼恰伊条约》（Treaty of Turkmenchay）。在结束了与伊朗的战争后，俄国随即又与奥斯曼帝国发生争端，②战争主要在巴尔干前线展开，但双方在高加索战线也有一定规模的军事行动。③ 1829 年，经历了几次战败后的奥斯曼帝国向俄国

① Maziar Behrooz, " From Confidence to Apprehension: Early Iranian Interaction with Russia ", in Stephanie Cronin ed. , *Iranian-Russian Encounters : Empires and revolutions since 1800* , London & New York: Routledge，2013，p. 72.
② 即 1828—1829 年的俄土战争，由 1821—1829 年的希腊独立战争所引发。
③ 主要集中在格鲁吉亚和奥斯曼帝国东部的卡尔斯（Kars）和埃尔祖鲁姆省（Erzurum）。

求和,双方签署《阿德里安堡条约》(Treaty of Adrianople)。综合上述两个条约,奥斯曼苏丹承认俄国对格鲁吉亚和亚美尼亚西北部部分地区的主权,恺加王朝则丧失了包括格鲁吉亚、达吉斯坦、阿塞拜疆北部等几乎所有高加索地区的领土。[①] 由此,奥斯曼帝国与伊朗的北段边疆的高加索部分因俄国势力的进入几乎被割裂出去,不再属于此后奥斯曼帝国与伊朗边疆争端的范畴。

(三)暴力解决边疆争端机制的结束

在俄国为争夺高加索霸权与奥斯曼帝国和伊朗分别进行的两场战争期间,奥斯曼帝国与伊朗围绕着边境争端也展开了一场战争,这场战争也是两国因边境问题所爆发的以帝国政府军队为主体力量的最后一次大规模武力冲突。

1820年,阿巴斯·米尔扎派特使前往君士坦丁堡,试图就伊朗边境大批的海达兰人和西普基人通过各种渠道向奥斯曼帝国方向迁移的问题与奥斯曼宫廷协商,但伊朗特使在途中被埃尔祖鲁姆总督杰拉勒丁·帕夏(Celalettin Pasha)扣留。阿巴斯·米尔扎认为杰拉勒丁·帕夏此举与其联合德维什·帕夏煽动海达兰部落和西普基部落移民有关,要求释放伊朗特使,[②]

---

① 参见: M. H. Ganji, "The Historical Development of the Boundaries of Azerbaijan", in Keith Mclachlan ed. , *The Boundaries of Modern Iran*, New York: Routledge, 2017, p. 64; William Edward David Allen, Paul Muratoff, *Caucasian Battlefields: A History of the Wars on the Turco-Caucasian Border, 1828–1921*, Cambridge: Cambridge University Press 2010, p. 20.

② 〔伊朗〕法里东·阿达米亚特:《阿米尔·卡比尔和伊朗》(波斯文),德黑兰:花剌子密出版社,1984年,第64—65页。

继而发动了对凡城省的进攻。

在阿巴斯·米尔扎的率领下，恺加王朝对凡城省的军事行动取得了胜利，并继续侵入奥斯曼帝国的边疆领土。与此同时，奥斯曼帝国西部的希腊爆发独立战争。此时，俄国驻德黑兰代表为牵制奥斯曼帝国在东部边境的军力，不断煽动恺加王朝利用希腊起义之机掠夺奥斯曼帝国的领土，并允诺为伊朗提供战争经费，而恺加王朝政府也试图趁机弥补此前本国在高加索丧失的土地。在经历了一段时间的西式军事训练后，阿巴斯·米尔扎的军队攻入了奥斯曼帝国与伊朗北段边疆的西亚美尼亚和阿塞拜疆周边地区，并于同年 9 月再次从大不里士出发向该地进军。紧接着，伊朗军队迅速越过两国的边疆地带占领了巴亚泽特要塞（Bayazit Fortress）①，进入奥斯曼帝国领土。与此同时，奥斯曼帝国的巴格达总督率军从奥斯曼帝国与伊朗南段边疆入侵伊朗，但在恺加王朝王储穆罕默德·阿里·米尔扎（Mohammad Ali Mirza）的回击下宣告失败，巴格达城甚至遭到了伊朗军队长达 8 个月的围困。

在东部边境战争中，面对伊朗军队的进攻，奥斯曼帝国节节败退，不得不在忙于镇压希腊起义的间隙调遣部分兵力前往埃尔祖鲁姆增援。同时，奥斯曼苏丹还发布法特瓦（*fatewa*），下令各省总督逮捕奥斯曼帝国境内的伊朗大商人和朝圣者。② 然而，奥斯曼帝国的这些举措并未扭转其在战争

---

① 巴亚泽特要塞，位于奥斯曼帝国的东端，靠近奥斯曼帝国与伊朗边境，为重要的过境点。

② Yahya Kalantari, *Feth Ali Shāh Zamanında Osmanlı-Iran Ilişkileri*, The Ph. D. Dissertation, Istanbul University, 1976, p. 148.

中的颓势。尽管阿巴斯·米尔扎的军队在行军途中遭遇霍乱①,但其仍在这种恶劣的情况下以少胜多,取得了埃尔祖鲁姆战役的胜利。随后,这支军队以破竹之势攻入奥斯曼帝国东部省份。不过,由于伊朗商人愈加重视与奥斯曼人的贸易关系以及霍乱的发生,阿巴斯·米尔扎的军队并未在奥斯曼帝国东部停留太久。阿巴斯·米尔扎的军队撤出后,奥斯曼苏丹有意与伊朗政府停战。于是,在奥、伊两国君主的授意下,双方代表在埃尔祖鲁姆开启了关于边境争端的媾和谈判。

　　1823 年 7 月,奥斯曼帝国与伊朗签署了《埃尔祖鲁姆条约》(Treaty of Erzurum)。该条约的签订在奥斯曼帝国与伊朗边界划定史上具有重要地位。其一,《埃尔祖鲁姆条约》相关条例的签署是伊朗恺加王朝建立后第一次就边疆领土问题与奥斯曼帝国进行正式商榷,最终确定将亚美尼亚—阿塞拜疆—西扎格罗斯山脉—波斯湾作为划分两国领土的边境地带。此后,奥斯曼帝国与伊朗在边疆地带虽有小规模摩擦,但在英、俄两个殖民大国的干预下,奥、伊两国之间并未发生大规模战争。因而,1823 年《埃尔祖鲁姆条约》的签订,标志着奥斯曼帝国与伊朗采取暴力方式解决边境争端的机制宣告结束。其二,在 1823 年的这部条约中,奥斯曼帝国首次承认伊

---

① 霍乱的第一次大流行起源于 1817 年的印度孟加拉地区,其传播范围伴随着商业贸易、朝觐、移民和战争而不断扩大,蔓延至南亚、东南亚、中东、东非和地中海沿岸,引发了 1817—1824 年的亚洲霍乱大流行 (Asiatic cholera pandemic)。此次霍乱疫情约于 1822 年传到高加索和波斯湾地区。(参见: Jo N. Hays, *Epidemics and Pandemics: Their Impacts on Human History*, Chicago: ABC-CLIO, 2005, p. 193.)

朗为一个独立的国家,①将伊朗人称为"外国人"(*ecnebi*/ *ajnabī*),而非此前的"反叛者",②奥、伊双方同意两国之间每三年需向对方国家派一名外交代表,并规定任何涉及伊朗问题的案件皆可直接提交奥斯曼宫廷举行听证会。③ 这不仅意味着伊朗人在奥斯曼帝国内部的重新定义,开启了常驻外交代表处理双边关系的时代。同时,这也是奥斯曼帝国与伊朗的关系迈向世俗化、朝着现代国际关系转型中的重要一步,而这种世俗化和现代化理念,反过来又将促使奥斯曼帝国与伊朗的边疆向边界转变。其三,尽管控制边疆部族的跨境行动十分困难,但奥斯曼帝国与伊朗在谈判过程中都积极主动地将边境定居者圈定在各自帝国的领土范围之内,并表示将对其跨越国家边境的移民活动进行协同合作以便实现对流动人口有效控制。这种致力于使边疆部落主权的划分与帝国的领土范围保持一致的目标,为此后两国之间的帝国权力边疆转变为国家主权边界奠定了基础。

四、四国协商与主权边界的划定

19 世纪上半叶,随着西方资本主义的扩张和殖民掠夺的加

---

① 〔伊朗〕法里东·阿达米亚特:《阿米尔·卡比尔和伊朗》(波斯文),第 67 页。
② Bruce Masters, "The Treaties of Erzurum(1823 and 1848) and the Changing Status of Iranians in the Ottoman Empire", *Iranian Studies*, vol. 24, no. 1/ 4, p. 11.
③ Memorandum by Mr. Shipley respecting the Treaties between Turkey and Persia Subsequent to that of 1639, 1823(1238)—Between Mahmoud II and Feth Ali Shah, Arabian Boundary Disputes(Volume 1): Iran-Iraq, 1639–1909, Section I: Key Documents, 1639–1907, London: Archive Editions, 1992, p. 16.

速,欧洲大国的域外博弈在中东地区相遇。在帝国利益的驱使下,大英帝国和沙皇俄国开始干预奥斯曼帝国与伊朗边疆事务。伴随着欧洲大国的介入,奥斯曼帝国与伊朗边疆领土的划分方案基本得以确定,从而为19世纪下半叶奥斯曼帝国与伊朗的边境勘界和划界工作的展开奠定了基础。而英、俄势力的干预,在中东地区开启了召开国际会议和平解决争端新机制的同时,也推动了奥斯曼帝国与伊朗完成边疆领土的主权化。

(一) 霍拉姆沙赫尔事件与英俄介入边界争端

1823年《埃尔祖鲁姆条约》签订后,奥斯曼帝国与恺加王朝恢复友好关系,两国中央政府互动频繁。尽管如此,该条约商议过程中所遗留的一些悬而未决的问题,在此后仍旧不时地引发边疆部族之间的小范围摩擦。1837年①,在英国人的煽动下②巴格达新任总督阿里·礼萨(Ali Reza)残酷迫害伊朗的跨境朝圣者,并率兵进攻霍拉姆沙赫尔,大肆屠杀该城的伊朗人。此时,霍拉姆沙赫尔正处于阿拉伯什叶派部落的统治下,为恺加王朝的附庸。阿里·礼萨帕夏的嚣张行径让恺加王朝君主穆罕默德·沙赫(Mohammad Shah,1834—1848年在位)极为不

---

① 在19世纪30年代初的边境谈判期间,奥斯曼宫廷决定结束马穆鲁克总督对伊拉克的统治。于是在阿巴斯·米尔扎保证拒绝达乌德·帕夏进入伊朗的前提下,奥斯曼帝国军队于1831年9月彻底击溃马穆鲁克人,使巴格达再次成为奥斯曼帝国的正式省份。同时,也使奥斯曼帝国与伊朗的南段边境的重新出现。
② 1828年《土库曼恰伊条约》签订后,俄国在伊朗的影响力日益提升,英国为确保自身在印度的利益与安全,希望以阿富汗和俾路支为屏障,将其从伊朗分离出去,因而不断在阿富汗进行反伊朗宣传活动,导致伊、英多次围绕赫拉特问题展开争锋。伊朗与英国断交后,英国政府为转移恺加王朝对阿富汗问题的注意力,不断挑唆伊、奥关系,并将巴格达发展成新的反伊朗宣传据点。

满,但在俄国驻伊朗公使的极力阻挠下恺加政府只好诉诸外交手段,指示伊朗驻奥斯曼帝国公使向奥斯曼政府提出抗议,称"由于礼萨帕夏的侵犯,霍拉姆沙赫尔被洗劫一空,奥斯曼帝国应向伊朗支付 100 万英镑的赔偿金"①。然而,奥斯曼苏丹却表示霍拉姆沙赫尔并非伊朗领土,它的主权属于奥斯曼帝国,还继续放任这位边境总督入侵奥斯曼帝国与伊朗的边疆地带。1837—1842 年,阿里·礼萨帕夏两次出兵占领霍拉姆沙赫尔。虽然恺加政府受制于英、俄的压力并未对奥斯曼军队采取军事行动,但是此时奥斯曼帝国与恺加王朝的外交关系已因两国的边境争端达到了一种极度紧张的状态。

1842 年,阿里·礼萨帕夏第二次占领霍拉姆沙赫尔后,伊朗什叶派穆斯林遭到奥斯曼帝国军队的血腥残害,穆罕默德·沙赫企图以此为契机与奥斯曼帝国开战。然而,奥斯曼政府鉴于帝国境内叛乱频发,不愿与伊朗展开大规模军事冲突,遂有意默许英国政府从中斡旋。而不甘心在伊朗事务中被排除在外的俄国在各种因素的作用下,也赶忙表示愿意从中协调。于是,英国和俄国开始正式介入奥斯曼帝国与伊朗的边疆领土划分。英、俄干预奥斯曼帝国与伊朗的边境事务与他们自身的利益息息相关。在奥斯曼帝国与伊朗的边疆危机即将转变为暴力冲突之际,企图借奥斯曼帝国与伊朗战争坐收渔利的俄国原本并不计划参与双方的调停事务,但英国政府对此却有着不同的考量。当时的英国外交大臣(Foreign Secretary)帕默斯顿(Palmerston)认为,一旦奥斯曼帝国与伊朗发生战争并进一步形成大规模冲突,那么

---

① 〔伊朗〕法里东·阿达米亚特:《阿米尔·卡比尔和伊朗》(波斯文),第 101 页。

英国所实施的政治和经济战略都将遭遇极大挑战。

因此,当伊朗政府宣布即将对奥斯曼帝国开战时,害怕自身利益受损的英国政府非常积极地表示愿意从中斡旋。与此同时,俄国受穆罕默德·阿里发动土埃战争带来的震动①,开始调整其外交政策,与英国在伦敦会议上实现和解并达成了"避免东方问题进一步恶化,维持该地区现状"②的共识。

(二) 划界历程的开启

在英、俄两国政府达成"将奥斯曼帝国与伊朗的边疆地带作为英、俄帝国利益扩张的缓冲区"③的共识后不久,奥斯曼帝国与伊朗的边疆危机也已达到兵戎相见的程度。为避免奥、伊两国再一次爆发大规模战争,英国驻奥斯曼帝国公使斯特拉特福·坎宁(Stratford Canning)与俄国外交使臣弗拉基米尔·帕夫洛维奇·蒂托夫(Vladimir Pavlovich Titow)开始了游说奥斯

---

① 1839 年,奥斯曼帝国军队攻入叙利亚,第二次土埃战争爆发,埃及的穆罕默德·阿里帕夏在法国的支持下取得内兹布战役(Battle of Nezib)的胜利,随后获得整个奥斯曼帝国的舰队(在此期间,苏丹马哈茂德二世离世,奥斯曼帝国舰队向阿里投降),震惊了所有欧洲大国。1840 年,英国、奥地利、俄国和普鲁士结成联盟对此进行干预,迫使穆罕默德·阿里接受《伦敦公约》(Convention of London)中关于黎凡特地区的和平条款。(参见:Efraim Karsh, Inari Karsh, *Empires of the Sand : The Struggle for Mastery in the Middle East*, *1789 - 1923*, Boston: Harvard University Press, 2001, pp. 36 - 37.)
② Charles Webster, *The Foreign Policy of Palmerston*, *1830 - 1841: Britain*, *the Liberal Movement*, *and the Eastern Question*, London: G. Bell and Sons, 1951, pp. 738 - 739.
③ Will D. Swearingen, "Geopolitical Origins of Iran-Iraq War", *Geographical Review*, vol. 78, 1988, p. 409.

曼帝国与恺加王朝政府同意和平解决边境争端的工作。坎宁
公使先是与伊朗展开交涉，指出"奥斯曼帝国与伊朗争端的核
心在于从亚美尼亚延伸到波斯湾的边境，而这部分地区由于多
为经常变换居所的游牧部落所居住，故成为奥、伊两国政府争
夺的焦点。永久解决和消除两国之间持续不断的争端的最有
效方式，就是由双方协议明确划定并由一系列堡垒所维持的边
界线"①。于是，奥斯曼帝国、伊朗、英国、俄国代表于1843年正
式成立负责解决奥斯曼帝国与伊朗边界争端的四方委员会②，
开启了划定奥斯曼帝国与伊朗边界线的历程。

　　1843—1844年，四方委员会围绕巴班公国的归属权、霍拉
姆沙赫尔及其周围地区的主权划分、祖哈布的领土划分三个主
要议题展开。除此之外，限制边疆部族的跨境活动及确定其归
属也是奥斯曼代表与伊朗代表争论的重点。但由于奥斯曼帝
国与伊朗的边疆分布着众多的游牧族群，无论是从历史归属③、
宗教身份④、效忠程度⑤，还是现实占领原则⑥来看，边界的具体
划分都异常纷繁复杂。⑦ 因而，在奥、伊代表各执一词又难解难

----

① Harari Maurice, *The Turco-Persian Boundary Question : A Case Study in the Politics of Boundary Making in the Near and Middle East*, The Ph. D. Dissertation, Columbia University, 1958, p. 34.
② 四方委员会(Quadripartite Boundary Commission)，又称"伊朗与奥斯曼帝国边界委员会"(Perso-Ottoman Boundary Commission)。
③ 部落的起源和变迁。
④ 主要是伊斯兰教逊尼派和什叶派。
⑤ 部落对奥斯曼帝国或者伊朗宗主权的承认。
⑥ 受气候影响他们通常在奥、伊两边都设有牧场以便进行季节性跨境放牧。
⑦ Sir Stratford Canning to the Earl of Aberdeen, April 27, 1844, Confidential Print: Middle East, 1839 – 1969, Turco-Persian Boundary Negotiations-Part Ⅱ, F. O. 424/7C, London: The National Archives, pp. 51 – 52.

分的情况下,调解委员会最终决定通过直接划定边界线来迫使跨境部落做出选择。

1844年9月,沙皇尼古拉一世访问英国,就奥斯曼帝国与伊朗的边界划定问题提出俄国方案,但俄国偏向伊朗的解决策略引发英国政府的不满。在英、俄代表进行了一系列的讨论之后,两个调解国达成妥协,并于1845年3月向伊朗政府和奥斯曼宫廷分别提交划界方案。根据草案内容,奥、伊两国被要求放弃与领土有关的经济赔偿;祖哈布西部的平原为奥斯曼帝国拥有,东部的山区属于伊朗;将霍拉姆沙赫尔交给伊朗,保留伊朗进入阿拉伯河航行的权利;两国需放弃除此之外的所有其他领土要求,并立即任命负责划定两国之间具体边界的专员;两国需在边境建立军事哨所,对游牧部落的行为进行监督;奥斯曼政府应给予伊朗朝圣者一定的豁免权,保证他们安全进入奥斯曼领土上的所有圣地。① 然而,英、俄的划界草案并未得到奥、伊代表的认可,伊朗政府甚至在向俄国和英国政府提交的回执中表达了对该解决方案的"极度失望"②。与此同时,对英、俄草案同样持不满态度的奥斯曼帝国果断拒绝了这一提案,并提出了自己的主张,"在领土划分上,奥斯曼苏丹同意将霍拉姆沙赫尔分给伊朗,但必须以奥斯曼帝国拥有整个祖哈布地区作

---

① Joint Memorandum from Canning and M. de Titow to the Porte and Court of Persia, March 24, 1845, F. O. 881/10038, Arabian Boundary Disputes (Volume 1): Iran-Iraq, 1639 - 1909, Section Ⅰ: Key Documents, 1639 - 1907, London: Archive Editions, 1992, p. 107.

② Sir Stratford Canning to Lord Aberdeen, April 2, 1845, Confidential Print: Middle East, 1839 - 1969, Turco-Persian Boundary Negotiations-Part Ⅲ, F. O. 424/7D, London: The National Archives, p. 1.

为交换条件；在宗教问题上，奥斯曼政府坚决反对此提案。"①奥斯曼政府代表的这种拒不退让的态度彻底激怒了英国政府，坎宁甚至威胁要召回英、俄调解员，退出四方委员会。②

1845 年 10—11 月，经过俄国代表的调和，四方代表再次举行联合会谈。在这次会议上，塔吉·汗表示，尽管囿于无力抵抗调解国，恺加王朝君主在早先的回执中表示会尊重英、俄两国政府的统一意见，③但这并不意味着伊朗会接受奥斯曼帝国关于霍拉姆沙赫尔换取祖哈布的建议。④ 对此，奥斯曼政府代表也表示绝不会退让。此番会谈再次无疾而终。奥斯曼政府的持续拖沓和拒不配合，严重消耗了调解国的耐心。但为了防止边界委员会近三年的努力破产，英、俄政府只好继续向奥斯曼宫廷和恺加王朝政府施压。在回顾了前期会议记录后，调解国发现奥斯曼帝国不同意条约草案的症结在于带有宗教性质的条款，在领土问题上奥斯曼政府代表的态度似乎并没有那么坚决。于是，调解国照会奥斯曼政府代表，指出，"英国和俄国

---

① Joint Note Communicated to Shaikh Ali Effendi, Ottoman Minister for Foreign Affairs, March 24, 1845, F. O. 881/10041, Arabian Boundary Disputes(Volume 1)：Iran-Iraq, 1639 – 1909, Section Ⅰ：Key Documents, 1639 – 1907, London：Archive Editions, 1992, p. 117.

② Sir Stratford Canning to Lord Aberdeen, September 17, 1845, Confidential Print：Middle East, 1839 – 1969, Turco-Persian Boundary Negotiations-Part Ⅲ, F. O. 424/7D, London：The National Archives, p. 7.

③ Justin Sheil to Aberdeen, June 3, 1845, F. O. 78/2713, Arabian Boundary Disputes(Volume 1)：Iran-Iraq, 1639 – 1909, Section Ⅰ：Key Documents, 1639 – 1907, London：Archive Editions, 1992, p. 121.

④ Justin Sheil to Aberdeen, December 16, 1845, F. O. 78/2713, Arabian Boundary Disputes(Volume 1)：Iran-Iraq, 1639 – 1909, Section Ⅱ：Shatt Al-Arab, 1843 – 1908, London：Archive Editions, 1992, p. 518.

都属于基督教国家,不会试图干预奥斯曼帝国和伊朗两个伊斯兰国家之间的宗教事务。两国之间的宗教问题应该留给双方直接讨论和谈判"。① 调解国在宗教问题上明确的回避态度,换取了奥斯曼政府代表同意将霍拉姆沙赫尔的主权交给伊朗。

然而,英、俄两国的调解取得成果后不久,埃尔祖鲁姆会议的进程就因针对伊朗代表团的暴力袭击事件而中断。为避免谈判最终无功收场,调解国背地里向奥斯曼帝国提供保证:将精准设定霍拉姆沙赫尔的锚地,以避免苏丹损失额外的领土和资源;伊朗无权要求获得除草案规定外的其他部落领土。② 于是,在调解国的敦促下,恩维里·埃芬迪和米尔扎·塔吉·汗于 1847 年 5 月签订了《埃尔祖鲁姆条约》。

(三) 实地勘界与边界的最终划定

根据《埃尔祖鲁姆条约》的方案,四方代表于 1848 年成立奥斯曼帝国与伊朗边界划定委员会(Turco-Persian Boundary Delimitation Commission),开始了奥斯曼帝国与伊朗边疆领土的勘察、制图和划界工作。其中,霍拉姆沙赫尔及阿拉伯河的界线是绘制两国边界线的主要症结所在。英、俄调解国结合奥斯曼帝国和伊朗的诉求提出了对该地区的划分方案,即威廉姆

---

① Nesselrode to Brunnow, February 10, 1846, F. O. 78/2714, Arabian Boundary Disputes(Volume 1): Iran-Iraq, 1639 – 1909, Section Ⅱ: Shatt Al-Arab, 1843 – 1908, London: Archive Editions, 1992, p. 530.

② Mr. Wellesley to Lord Palmerston, April 2, 1847; Enclosure in No. 10, Major Rawlinson, British Consul at Bagdad, to Mr. Wellesley, Confidential Print: Middle East, 1839 – 1969, Turco-Persian Boundary Negotiations-Part Ⅲ, F. O. 424/7D, London: The National Archives, pp. 45 – 46.

斯线（Williams Line）。

　　根据威廉姆斯线，奥斯曼帝国与伊朗的南段边界从哈维泽（Hawizeh）①向南延伸，穿过德维什所命名的塔到达阿拉伯河以南与吉耶德运河（Jiyedeh Canel）的交会处，并从那里沿着阿拉伯河的东岸到达波斯湾。调解国认为这种划界方式"不仅将奥斯曼帝国与阿拉伯河以东的领土、伊朗与阿拉伯河的岛屿分隔开来，还将霍拉姆沙赫尔和伊朗连接起来，让伊朗可以在卡伦河自由航行并安全进入霍拉姆沙赫尔。同时，还给予了奥斯曼帝国对阿拉伯河的全部通行权"②。随后，伊朗代表对此提案做出了积极的回应，不再强烈要求对阿拉伯河的主权，但仍坚持在划界时应将威廉姆斯线西北部的卡布部落居住着的土地③划给伊朗。然而，调解国为防止霍拉姆沙赫尔港以后威胁到巴士拉港口的繁荣，拒绝了这一提议，转而以同意将卡布部落移居到伊朗控制的领土为条件说服了伊朗代表接受威廉姆斯线。但是，伊朗代表的妥协并没有换来奥斯曼代表对威廉姆斯线的认同。德维什帕夏甚至趁调解国代表勘察其他地界之时将两艘奥斯曼军舰留在霍拉姆沙赫尔以示主权，贾法尔·汗随即派

---

① 哈维泽，即哈维泽沼泽地，由底格里斯河南段支流和喀尔赫河（Karkheh）支流供水。该地区居住着沼泽阿拉伯人（Ma'dān/Marsh Arabs）和哈维泽人。

② Enclosure 1 in No. 16, Colonel Williams to Sir Stratford Canning, February 4, 1850, Confidential Print: Middle East, 1839 – 1969, Turco-Persian Boundary Negotiations-Part Ⅲ, F. O. 424/7D, London: The National Archives, pp. 75 – 76.

③ 当时卡布部落效忠伊朗政府，甚至在听说奥斯曼帝国将要接管该地区时，准备拿起武器进行反抗。因而，恺加王朝坚定地认为他们的居住地是属于伊朗的领土。

出随行的伊朗军队就地驻扎以示警戒。①

随着紧张局势的加剧,调解国开始对奥、伊政府联合施压,勒令两国军队撤离边境。紧接着,英、俄代表提出根据威廉姆斯线绘制地图,同时以"如协约国一方随意破坏边界线,调解国会向受害方提供支持和援助"②作为保证,继续推动霍拉姆沙赫尔的划界工作。最终,奥斯曼帝国同意在维持现状(即不改变部落忠诚对象)的基础上接受威廉姆斯线。③ 由此,奥斯曼帝国与伊朗的南段边界线初步划定。

到1869年,调解国将奥斯曼帝国与伊朗疆域地图绘制成形,并于同年劝解奥斯曼帝国与伊朗双方,达成在划定最终边界前维持领土现状的协定。紧接着,委员会制定边界的计划因普法战争的爆发和英国与俄国在国际形势中的力量对比发生变化而陷入停滞。1878年柏林会议召开,奥斯曼帝国与伊朗的边界线首次作为附属议题被纳入欧洲大国协调的议程之中,但由于奥斯

---

① Sir Stratford Canning to Lord Palmerston, May 30, 1850, Confidential Print: Middle East, 1839 - 1969, Turco-Persian Boundary Negotiations-Part Ⅲ, F. O. 424/7D, London: The National Archives, pp. 99 - 100.

② Enclosure 1 in No. 21, Colonel Williams to Sir Stratford Canning, October 9, 1851, Confidential Print: Middle East, 1839 - 1969, Turco-Persian Boundary Negotiations-Part Ⅲ, F. O. 424/7D, London: The National Archives, p. 107.

③ Enclosure 8 in No. 21, Dervish Pasha, Turkish Commissioner, to the Mediating Commissioners Separately, November 27, 1851, Confidential Print: Middle East, 1839 - 1969, Turco-Persian Boundary Negotiations-Part Ⅲ, F. O. 424/7D, London: The National Archives, p. 113.

曼帝国在实地划界中的不配合,该问题仍旧悬而未决。① 尽管如此,此时的奥斯曼帝国与伊朗的边疆地带已在四方委员会的努力下逐步清晰化、线条化,两国边境地区也初步实现了领土主权化的转向。

1905 年,鉴于国际形势的混乱和恺加王朝的衰微,奥斯曼帝国无视先前的边界协定入侵伊朗西北部,试图征服其治下的逊尼派库尔德人。由于此时伊朗正忙于面对宪政革命造成的社会动荡无力抗击奥斯曼军队,恺加王朝君主穆扎法尔丁·沙赫(Mozaffar al-Din Shah,1896—1907 年在位)只好向英、俄政府寻求帮助,但当时的英国代办表示对此事仅持中立态度,不愿过多干预。② 然而,随着奥斯曼帝国入侵区域的不断扩大,害怕奥斯曼人的军事行动会导致库尔德人大规模骚乱从而威胁到波斯湾和高加索稳定,英、俄政府不得不对奥斯曼帝国发出警告,强迫其接受和谈。③ 而就在奥斯曼军队尚未撤出伊朗边境之时,英、俄政府已达成划分伊朗势力范围的协议。

1907 年,《英俄条约》签署,为调解国正式开启奥斯曼帝国与伊朗边界问题的最终解决进程奠定了基础。1908 年 3 月,奥

① Memorandum on the Turco-Persian Boundary Question by A B Kemball, April 2, 1875, F. O. 881/2585, Arabian Boundary Disputes(Volume 1): Iran-Iraq, 1639 - 1909, Section Ⅰ: Key Documents, 1639 - 1907, London: Archive Editions, 1992, p. 330.
② Sir Edward Gery to Mr. E. Grant Duff, January 5, 1906, Confidential Print: Middle East, 1839 - 1969, Affairs of Persia, Part V, F. O. 416/26, London: The National Archives, p. 27.
③ Sir Edward Gery to Mr. E. Grant Duff, January 5, 1906, Confidential Print: Middle East, 1839 - 1969, Affairs of Persia, Part V, F. O. 416/26, London: The National Archives, p. 29.

伊边界委员会再次召开。但随着国王派哥萨克旅炮击伊朗议
会和伊朗小专制时期①的到来,以及奥斯曼帝国也在统一与进
步协会(Committee of Union and Progress)发起的革命中,进入
了第二个宪政时代②。因而,划界委员会的工作在此番两国的
政治动荡中被迫停滞。

　　1908 年 8 月青年土耳其党(Young Turks)执政后,向英、俄
政府保证将撤回在伊朗的奥斯曼驻军,并同意配合调解国划定
令奥、伊双方都满意的边界。然而,还未等划界委员会继续商
议,青年土耳其党的统治就因波斯尼亚(Bosnia)事件被反对派
推翻。随后,统一与进步协会又一次推翻了奥斯曼苏丹的统
治。在统一与进步协会的主导下,奥斯曼帝国继续了哈米德二
世时期的领土扩张,继续增加在伊朗北境的军队。此时,将伊
朗作为势力范围的英、俄政府极力谴责奥斯曼帝国对伊朗库尔
德人的袭击,要求其必须保证伊朗的独立。但奥斯曼帝国以伊
朗尚缺乏之中央政府领导能力为由拒绝撤军。从 1910 年开始,奥
斯曼帝国境内的阿尔巴尼亚发动叛乱、也门爆发起义,对民族
政策不满的希腊人、保加利亚人、库尔德人也相继发动起义。
在帝国内部形势不断恶化的情况下,急于寻求英、俄支持的奥
斯曼政府宣布"对任何国家或地区都没有野心"③,并表示愿意
以 1847 年条约为基点组建一个联合划界委员会制定奥斯曼帝

----

① 小专制时期(Minor Tyranny)是指:1908 年 6 月 23 日穆罕默德·阿里·沙赫
　的军队炮击伊朗议会到 1909 年 7 月 13 日伊朗革命力量重新占领德黑兰。
② 第二个宪政时代(Second Constitutional Era),从 1908 年青年土耳其党恢复
　议会统治到 1920 年议会解散。
③ Kansu Aykut, *Politics in Post-Revolutionary Turkey*, 1908 - 1913, Boston:
　Brill, 2000, p. 179.

国与伊朗的边界。英、俄政府遂分别派遣哈蒙德·史密斯·希普利(Hammond Smith Shipley)和弗拉基米尔·费多洛维奇·米诺斯基(Vladimir Fedorovitch Minorsky)①担任联合专员考察阿塞拜疆西部边境的情况,以此为基础调解奥斯曼帝国与伊朗在该地区的领土争端。

1911 年 12 月 21 日,四方代表签署《德黑兰议定书》(Tehran Protocol),同意将为两国边界的最终划定召开会议。根据《德黑兰议定书》的规定,奥斯曼帝国与伊朗的边界的最终划定分两个步骤完成:一是由奥斯曼帝国、伊朗代表和英、俄代表组成的联合委员会在君士坦丁堡召开会议,各方代表以 1847 年条款为基础就自己的领土主张提交证据和说明,共同商议出一条两国领土的分界线;二是联合委员会达成边界共识后,设置一个技术委员会在地面上设立界标以明示最终的边界。② 1912 年 3 月 12 日至 8 月 9 日,联合委员会共举行了 18 次会议探讨划界问题。最终四方代表共同签署了《君士坦丁堡议定书》(Constantinople Protocol)作为边界划定的最终方案。

1913 年 12 月,技术委员会从霍拉姆沙赫尔出发,正式开启界标的实地设立工作。根据《君士坦丁堡议定书》的规定,1869 年绘制的疆域地图将作为奥斯曼帝国与伊朗划界的地形基础。

---

① 两人分别为英国驻大不里士总领事和俄国驻君士坦丁堡公使。
② Memorandum on Proposed Submission of Turco-Persian Frontier Dispute to Hague Tribunal by Alwyn Parker, February 23, 1912, Arabian Boundary Disputes(Volume 2): Iran-Iraq, 1909 – 1937, Section Ⅰ: Key Documents, 1910 – 1937, London: Archive Editions, 1992, pp. 15 – 21.

为保证工作效率,委员会商议在每次具体划界前,先在地图上将要设置边界的路线研究透彻,此外,委员会每周还要至少召开一次会议对现场划界的具体成果进行汇总。界碑的具体形式和性质由英、俄代表决定,而奥、伊两国政府平摊设立界碑的费用。在界碑设置全部完成后,委员会需将最终的地图交由四国政府以进行最后的确认。① 基于上述原则,技术委员会历时 10 个月,设置了 227 个界碑,最终完成了长达 1180 英里的边界线的划定工作,而奥斯曼帝国与伊朗的边疆地带也完成了向线性边界的转型。

结　语

奥斯曼帝国与伊朗(自萨法维王朝到恺加王朝)的边疆领土的现代转型,是近代以来奥斯曼帝国与伊朗错综复杂的交往史的核心之一,也是观察奥斯曼帝国和伊朗由传统王朝国家向现代主权国家转型进程的重要维度。一方面,从"边疆"与"边界"的具体形态及特征来看,经过数百年的边界纷争,奥斯曼帝国与伊朗之间实现了王朝权力边疆向主权国家边界的转型。就地理层面而言,通过对边疆地带的勘察与测绘,奥斯曼帝国与伊朗的条形边疆地带成功摆脱了最初的模糊性、不稳定性,

---

① Sir L Mallet, British Ambassador, Constantinople, to Sir Edward Grey, Secretary of State for Foreign Affairs, November 10, 1913, enclosing Mr Wratislaw's notes of meetings of Frontier Delegates at Constantinople, November, 1913, Arabian Boundary Disputes(Volume 2): Iran-Iraq, 1909 - 1937, Section Ⅰ: Key Documents, 1910 - 1937, London: Archive Editions, 1992, pp. 45 - 47.

转变为按照山、河等自然特征或具体经、纬度所划分出来的一条具有客观性、确定性的线性边界。就政治层面而言,由于奥斯曼帝国与伊朗的边疆远离帝国中枢且分布着各个游牧族群,两个帝国的管辖权大多依赖这些部落对帝国中央政府的忠诚度,因而对帝国来说边疆地区在更大程度上只是帝国权威的辐射地带,难以直接管控。20世纪初奥斯曼帝国与伊朗的边界最终划定,不仅成功将边境部落的活动限制在国家主权领土的范围内,同时也有利于中央政府对边疆地区的直接管辖。伴随着边境领土的主权化,"边疆"不再是中央政府无力管辖的"边缘地带",而是国家政治经济体系的重要组成部分。另一方面,就主权边界的形成过程而言,从奥斯曼帝国与伊朗的边疆争端产生一直到英、俄政府干预之前,奥、伊两国的边疆争端基本停留在"领土分配"阶段。随着四方委员会划界和勘界进程的展开,奥、伊两国才开始正式以书面形式确定国家之间的边界,并在地图上予以标示。1914年,四方代表完成了对界标的实地设立工作,以及奥、伊两国政府开始执行对边界的管理,标志着奥斯曼帝国与伊朗主权边界最终形成。此外,通过确立的领土主权划分,奥斯曼帝国与伊朗的边境族群对中央政府的政治忠诚也被确定下来,奥斯曼帝国与伊朗的行政管理权力也被具体界定,帝国疆域成为以主权领土为基础的政治单位。这种领土管辖权和主权观念的形成,有利于奥、伊两国由传统帝制王朝向现代主权国家转型。

尽管如此,欧洲大国主导的边界划分方案仍留下了很多隐患。奥斯曼帝国与伊朗的边界线划定后不久,第一次世界大战爆发,奥斯曼帝国最终走向解体。20世纪初在英、俄殖民列强主导下制定的奥斯曼帝国东部边界线,也为后来的土耳其和伊拉克所继承。而伴随着新兴主权国家的形成,奥斯曼帝国时期遗留下来的与伊朗边界的划分方案也随之产生新的问题。库尔德人问题和阿拉伯河问题便是奥斯曼帝国与伊朗划界所遗留下来的牵涉面最广、解决难度最大的问题。经过主权边界的划定,奥斯曼帝国解体后的库尔德人建国诉求受挫,被分散在土耳其、伊朗、伊拉克和叙利亚四个国家之中,形成库尔德人"一族四国"的局面。分散在各地的库尔德人为建立独立国家而不断斗争的行为和分裂主义倾向,不仅成为上述四国的民族国家构建过程的一大阻碍,而且也是影响其相互关系的重要因素。1930—1980年间,伊朗和伊拉克为争夺阿拉伯河的港口、航道和附近岛屿也多次发生摩擦,并于1980年达到高潮,直接触发了长达8年的两伊战争。此外,16—18世纪奥斯曼帝国与伊朗在高加索的角逐,以及18世纪俄国势力进入南高加索后奥、伊、俄三方在该地区的博弈,使得近代高加索地区在大多数时候处于一种被撕裂的状态。而帝国持续不断的势力争夺和在领土上的分崩离析,在给高加索族群带来民族意识觉醒的同时,也为现当代高加索地区的民族整合和国家构建埋下隐患。

作者简介:郭欣如,西北大学中东研究所2023级博士研究生。

帝国遗产与土耳其意识的形塑

帝国历史与民族记忆：征服伊斯坦布尔纪念仪式的变迁^①

赵馨宇

摘要：1453 年"征服者"苏丹穆罕默德攻克君士坦丁堡是奥斯曼帝国历史上具有标志性意义的事件,自民族主义思潮兴起以来,这一事件在奥斯曼帝国和新生的土耳其共和国的身份构建中发挥着重要的象征意义,并在不同时期被赋予不同解释。本文旨在梳理自奥斯曼帝国末期以来征服伊斯坦布尔纪念仪式的变迁,并讨论其背后折射出的"奥斯曼帝国"形象的变迁,试图探究土耳其共和国历史书写的路径依赖和民族深层的身份焦虑。

关键词：奥斯曼帝国　历史书写　纪念仪式　民族认同

自 4 世纪以来,君士坦丁堡一直是东罗马或拜占庭帝国的首都和基督教力量的象征,在伊斯兰教兴起后,更成为欧洲文明的堡垒。1453 年,奥斯曼军队在"征服者"苏丹穆罕默德二世（Fatih Sultan Mehmed Ⅱ）的带领下,在历时 53 天的围城后击败了拜占庭皇帝君士坦丁十一世领导的军队,攻陷了君士坦丁堡,将一个崛起

---

① 本文是思想文化青年英才项目"土耳其世俗主义的意识形态特征研究"的阶段性成果。

的苏丹国转变为一个成熟的帝国,开启了奥斯曼帝国的辉煌时代。这是奥斯曼帝国历史上浓墨重彩的一笔,也是世界历史的转折点之一,被历史学家广泛认为标志着欧洲中世纪的结束。在此后四个多世纪的时间里,君士坦丁堡一直作为奥斯曼帝国的首都发挥着重要作用。尽管 1923 年,新生的土耳其共和国定都于安卡拉,但这座城市依然是土耳其重要的经济和文化中心,即使在 1930 年正式更名为伊斯坦布尔之后也是如此。① 因此,征服伊斯坦布尔这一事件对土耳其民族来说具有极为重要的象征意义。

---

① 由于本文关注的事件主要发生在君士坦丁堡更名为伊斯坦布尔以后,因此,下文中将以"征服伊斯坦布尔"代称这一事件。历史学界对这一事件的研究由来已久,成果颇丰:20 世纪五六十年代出版了一批西方亲历者的见闻,如希腊人克里托沃洛斯为穆罕默德二世撰写的传记展现了 1453 年前后苏丹本人的所作所为,并且是西方世界中极少数从土耳其视角出发的作品(Kritovoulos, *History of Mehmed the Conqueror*, trans. by Charles T. Riggs, New Jersey: Princeton University Press, 1954.);威尼斯人尼科洛·巴巴罗的日记是对君士坦丁堡围城和陷落最详细、最准确的目击者记录之一(Nicolò Barbaro, *Diary of the siege of Constantinople*, *1453*, New York: Exposition Press, 1969.)。早期的学术作品主要关注事件本身的进程及其历史影响,弗兰兹·巴宾格、史蒂文·朗西曼等人的研究是该领域的权威性作品(Franz Babinger, *Mehmed the Conqueror and His Time*. trans. by Ralph Manheim, ed. by William C. Hickman, New Jersey: Princeton University Press, 1992; Steven Runciman, *The Fall of Constantinople*, *1453*, Cambridge: Cambridge University Press, 1990.)。近来也有许多研究成果关注到了不同国家、不同时期对于这一事件的历史叙述的变迁,如马里奥·菲力皮德斯和沃尔特·K.哈纳克总结了不同语言世界记录这一事件的原始文献并对这些叙述进行了批判性分析(Marios Philippides and Walter K Hanak, *The Siege and the Fall of Constantinople in 1453: Historiography, Topography, and Military Studies*, Taylor and Francis, 2017.)。土耳其学界也从不同学科的视角出发深入研究了这一事件,近年来,伊斯坦布尔市政府也支持了相关学术作品的出版,如 Ahmet Şimşek, Emel Akbaş, *Fetih ve Fatih: Tevarihten Tarihe Popülerden Kültür Endüstrisine*, İstanbul: İBB Kütüphane ve Müzeler Müdürlüğü, 2023. 等。

19 世纪以来,许多国家在政治体制的重大转型过程中都涌现出了"发明传统"的现象,希冀从历史中汲取精神性力量或合法性来源,以周年纪念日等定期活动的形式对过去的辉煌时刻发出官方声明,对公众记忆和历史书写产生了深远影响。① 对"黄金时代"和"伟大胜利"的纪念塑造了一种怀旧氛围并搭建起独特的"记忆之场",使得历史作为一种指导方针出现在群体身份的构建中,帮助人们理解自己是谁、从哪里来,以及应该去哪里。当政权面临统治困境时,往往更容易眷恋传统,从中寻求执政资源并使现在的行动合法化。

民族历史的书写是一个民族国家宣告自身存在,并将自己定位为该历史的作者和代理人的行为,关于这一主题的研究在学界经久不衰。新兴民族国家的历史书写通常要求与过去,尤其是它刚脱身于其中的晚近历史的切割。许多国家都曾通过夸大前政权的落后、不公与腐败来建立新政权的合法性,土耳其共和国也面临着同样的问题,这一问题在土耳其的官方节日设置中就有所体现。目前土耳其的官方节日有四个,它们是:为纪念 1920 年土耳其大国民议会第一次在安卡拉召开的"民族主权与儿童节"(Ulusal Egemenlik ve Çocuk Bayramı,4 月 23 日)、为纪念 1919 年国父凯末尔登陆萨姆松,发起民族解放运动的"阿塔图尔克纪念日"暨"青年与运动节"(Atatürk'ü Anma,

---

① 相关研究有:〔美〕本尼迪克特·安德森:《想象的共同体:民族主义的起源与散布》,吴叡人译,上海:上海人民出版社,2005 年;〔法〕皮埃尔·诺拉:《记忆之场:法国国民意识的文化社会史》,黄艳红等译,南京:南京大学出版社,2020 年;〔英〕欧内斯特·盖尔纳《民族与民族主义》,韩红译,上海:上海人民出版社,2021 年;〔英〕霍布斯鲍姆、兰格:《传统的发明》,顾杭、庞冠群译,南京:译林出版社,2022 年。

Gençlik ve Spor Bayramı,6 月 19 日）、为纪念 1922 年土耳其独
立战争最后一战的胜利的"胜利日"（Zafer Bayramı,8 月 30 日）
和为纪念 1923 年土耳其共和国成立的"共和国日"（Cumhuriyet
Bayramı,10 月 29 日）。这些官方节日庆祝的都是发生在 1919
年 5 月 19 日凯末尔开始组织抵抗运动至 1938 年 11 月 10 日凯
末尔去世之间的重要事件。征服伊斯坦布尔尽管有极其重要
的历史意义，却不是官方民族历史的组成元素，没有成为法定
节日。但这一事件一直被土耳其人民广泛纪念，政府也在某些
特殊年份主导或参与了其纪念仪式。

接下来，本文将按时间顺序梳理奥斯曼帝国末期和土耳其
共和国不同时期官方主导的"征服伊斯坦布尔"纪念仪式，并就
其中的关键性演讲进行深入分析。文章旨在讨论"征服伊斯坦
布尔"这一事件的官方定性及其象征性意义的变迁。对于这一
话题的研究有助于我们具象地理解自土耳其共和国成立以来
不同力量在奥斯曼帝国历史书写场域中的角逐，为探究土耳其
民族身份构建过程中深层的历史焦虑提供新的视角。

一、奥斯曼帝国末期的纪念——以 1914 年的仪式
为例

奥斯曼帝国末期首次庆祝征服伊斯坦布尔的活动于 1910
年举行，并于 1911 年、1912 年和 1913 年继续举办，但这几次庆
祝活动规模很小，甚至没有见诸媒体。① 第一次由官方资助的庆

---

① Bayram Akça, "İstanbul'un Fethi'nin 500. Yıldönümü Kutlamaları ve Muğla
Basınına Yansıması", *Tarih ve Gelecek Dergisi*, vol. 10, no. 1(2024), p. 62.

祝活动发生在巴尔干战争结束后、第一次世界大战爆发前的 1914
年 6 月 12 日（鲁米历 1330 年 5 月 30 日）。需要注意的是，此次周
年纪念仪式是以苏丹穆罕默德二世在征服伊斯坦布尔后将圣索菲
亚大教堂改建为清真寺并参加第一次主麻日祈祷这一事件为基
础，①并非于我们现在所熟知的 5 月 29 日，即奥斯曼军队进入伊斯
坦布尔的日期举行。这或许是为了激发帝国社会内部的宗教敏感
性，也是向希腊等巴尔干国家传递明确的宗教信息。

　　在内忧外患的压力下，奥斯曼帝国政府高度重视 1914 年征
服伊斯坦布尔的纪念仪式。在教育部第四处处长穆罕默
德·齐亚（Mehmed Ziya）贝伊的协调下，帝国成立了一个委员
会专门负责庆祝仪式举办事宜，并由统一与进步协会（İttihad
ve Terakki Cemiyeti）成员、海军事务部部长杰马尔（Cemal）帕
夏任主席。② 在仪式正式开始前，主流媒体如《思想先驱》
（Tasfir-i Efkâr）等已经开始用大量版面造势，向民众公布了
庆祝活动的详细安排，并动员政府机构、军队、学校、商人组织
等各界人士广泛参与。③ 5 月 30 日当天，游行队伍先在圣索

----

① 圣索菲亚大教堂（Hagia Sophia）始建于公元 532—537 年，最初是由拜占庭皇
　帝查士丁尼一世下令建造的基督教堂。其功能在不同时期曾历经多次转变：
　1453 年奥斯曼帝国征服君士坦丁堡后，苏丹穆罕默德二世下令将其改建为
　清真寺；1935 年，时任土耳其共和国总统凯末尔·阿塔图尔克出于世俗化政
　策需求将其改建为博物馆；2020 年，时任土耳其总统雷杰普·塔伊普·埃尔
　多安做出了一个颇有争议的决定——再次将其改回清真寺。下文将按照其
　在不同时期的官方定位来称呼。
② 关于 1914 年纪念仪式的史料均以奥斯曼语书写，此处参考当代土耳其学者
　的研究和转译。
③ Ali Şükrü Çoruk, "Bir Gelenek İcadı Olarak Ⅱ. Meşrutiyet Döneminde
　Gerçekleştirilen İstanbul'un Fethi Törenleri", FSM İlmî Araştırmalar
　İnsan ve Toplum Bilimleri Dergisi, no. 7(2016), p. 85.

菲亚清真寺集合祈祷,然后列队前往法蒂赫清真寺参观,接着
仪式委员会代表穆罕默德·齐亚贝伊、学生代表侯赛因·拉
吉普(Hüseyin Ragıp)贝伊、海军事务部部长杰马尔帕夏等人在
该清真寺发表演讲。这些演讲多以爱国主义为主题,号召人
们勇敢面对战场上的挫折,将征服者的精神发扬光大,再次创
造奇迹,激起了民众的复仇情绪和民族情感。接下来,伊斯坦
布尔中学监察拉斐特(Refet)埃芬迪朗诵了与征服者相关的诗
歌,与会众人祈祷后乐队进行了演奏,整场仪式以军队代表向
苏丹穆罕默德二世的灵魂致敬而结束。①

  在 5 月 30 日前后,当时流行的报纸和杂志都刊登了丰富的
评论文章,介绍苏丹穆罕默德二世的生平以及征服伊斯坦布尔
这一事件的历史重要性。许多文章还专门提到了这一事件对
土耳其民族的重要性,如《努力报》(*Ikdâm*)发表的一篇未署名
的文章中指出:

  征服伊斯坦布尔是一次神圣的征服,实现了伊斯兰教
先知和奥斯曼帝国创始人奥斯曼加齐的遗愿。征服者穆罕
默德以天才般的成功征服了一座据说不可被征服的城
市——"世界的掌上明珠"伊斯坦布尔。这次征服是土耳其
人克服困境的典范,也是修复被巴尔干战争破坏的国家和
社会的强大激励工具……这一天对土耳其人来说是民族的

---

① Ali Şükrü Çoruk, "Bir Gelenek İcadı Olarak Ⅱ. Meşrutiyet Döneminde Gerçekleştirilen İstanbul'un Fethi Törenleri", *FSM İlmî Araştırmalar Insan ve Toplum Bilimleri Dergisi*, no. 7(2016), pp. 85 - 87.

一天、重生的一天、觉醒的一天。①

历史委员会成员之一艾弗达勒丁贝伊(Efdaleddin)也在《塔宁报》(*Tanin*)撰文指出,穆罕默德二世热爱科学、重视教育、崇尚创新,其个性是土耳其国格(Türklük)的象征,并指出其政策中包含着宽容和自由主义的特点。② 这些评价显然都是根据当时的需要做出的。

对1914年纪念仪式的解读需要放在更广阔的历史背景下思考。法国大革命之后,政治家们普遍认识到需要以新的意识形态动员更广大的阶层并加强对人民的控制,民族主义思潮应运而生。19世纪以来,民族主义思潮的扩张对奥斯曼帝国的统治精英产生了深远的影响,他们开始寻找新的基础来定义日益被认为是"奥斯曼公民"的人。如果在发明传统的框架内评估这类实践,最早可以追溯到坦齐马特(Tanzimat)甚至苏丹马哈茂德二世(Mahmud Ⅱ,1808—1839年在位)时期庆祝苏丹诞生和登基的周年纪念日的活动,苏丹阿卜杜勒·哈米德二世(Abdül Hamid Ⅱ)在位时期(1876—1909)也曾在奥斯曼帝国的诞生地瑟于特(Söğüt)的埃尔图鲁尔加齐陵墓(Ertuğrul Gazi Türbesi)举行庆祝仪式。③ 塞利姆·代林吉

---

① "Türklerin Büyük Günü", İkdâm, 30 Mayıs 1330, 12 Haziran 1914, nr. 6217, s. 1. 转引自 Ali Şükrü Çoruk, "Bir Gelenek İcadı Olarak Ⅱ. Meşrutiyet Döneminde Gerçekleştirilen İstanbul'un Fethi Törenleri", *FSM İlmî Araştırmalar İnsan ve Toplum Bilimleri Dergisi*, no. 7(2016), p. 88.

② Efdaleddin, "Fatih ve İstanbul", Tanin, 30 Mayıs 1330, 12 Haziran 1914, nr. 1965, s. 1. 转引自 Ali Şükrü Çoruk, "Bir Gelenek İcadı Olarak Ⅱ. Meşrutiyet Döneminde Gerçekleştirilen İstanbul'un Fethi Törenleri", *FSM İlmî Araştırmalar İnsan ve Toplum Bilimleri Dergisi*, no. 7(2016), pp. 89 - 90.

③ Ali Şükrü Çoruk, "Bir Gelenek İcadı Olarak Ⅱ. Meşrutiyet Döneminde Gerçekleştirilen İstanbul'un Fethi Törenleri", *FSM İlmî Araştırmalar İnsan ve Toplum Bilimleri Dergisi*, no. 7(2016), p. 81.

尔(Selim Deringil)的文章也指出,从坦齐马特改革开始,奥斯曼帝国的国家精英就试图通过使用纹章、花押、菲兹帽①、国歌等象征符号来"发明"传统,强调奥斯曼帝国过去的辉煌。作为帝国鼎盛时期的代表人物,穆罕默德二世也常被提及,其姓名还被刻在1850年阿卜杜勒·迈吉德一世(Abdulmecid I)在位期间(1839—1861)铸造的纪念章背面。② 这些做法都深受西方思潮的影响,注重王朝的合法性和连续性,其目的是努力以现代的方式延续传统的统治者—被统治者关系。

确立君主立宪制后,强调"民族"(millet)和"国家与民族团结"(devlet-millet birlikteligi)的新的记忆场所也随之产生。统一与进步协会于1909年决定将7月23日,即第二立宪时期正式开始的日期设立为民族节日(ıyd-ı millî),也称自由节(Hürriyet Bayramı)。③ 但君主立宪制带来的乐观氛围很快被巴尔干战争等一系列内忧外患击碎,为唤醒民族意识、动员更多群众,新的"发明"应运而生。统一与进步协会在1913年的宣传中指出,祖国正处于危险之中,捍卫祖先、伊斯兰教和祖国传承下来的神圣遗产是每个人的神圣义务,每个奥斯曼人都应忽视个人关切,共

---

① 起源于摩洛哥,1832年马哈茂德二世在改革中让臣民都佩戴此物,以求消除穆斯林和非穆斯林之间在穿戴上的区别。
② Selim Deringil. "The Invention of Tradition as Public Image in the Late Ottoman Empire, 1808 to 1908." *Comparative Studies in Society and History*, vol. 35, no. 1(1993), p. 10.
③ Murat Yümlü, "23 Temmuz Hürriyet Bayramı Ve Türkiye Cumhuriyeti'nin İlk Yıllarındaki Yansımaları(1909 - 1935)", *19 Mayıs Sosyal Bilimler Dergisi*, vol. 3, no. 1(2022), p. 13.

同努力拯救祖国。① 由此可见,1914 年纪念征服伊斯坦布尔活动
的开展是以"国难"为背景,旨在通过追溯以征服者穆罕默德二世
为代表的辉煌历史来振奋民族精神、培育公民意识、凝聚斗争力
量,恢复战争对社会造成的破坏并为整个民族提供精神动力。

　　1915 年的征服纪念日活动恰逢加里波利战役进行期间,因
此,伊斯坦布尔人民特别重视这次纪念仪式,同样举行了游行、
祷告等活动,还展示了苏丹穆罕默德二世的佩剑和头盔。② 奥
斯曼帝国时期的最后一次庆祝活动于 1916 年举行,德国和奥地
利也派代表参加了这些庆祝活动。③ 此后很长一段时间里,纪
念仪式销声匿迹,直到 1939 年应时任总统伊斯迈特・伊诺努
(İsmet İnönü)的要求开始筹备征服伊斯坦布尔 500 周年纪念
仪式。

二、土耳其共和国初期的纪念——以 1953 年的仪式
　　为例

　　要理解庆祝仪式的漫长中断,就必须先讨论土耳其共和国

---

① Ali Şükrü Çoruk, "Bir Gelenek İcadı Olarak Ⅱ. Meşrutiyet Döneminde Gerçekleştirilen İstanbul'un Fethi Törenleri", *FSM İlmî Araştırmalar Insan ve Toplum Bilimleri Dergisi*, no. 7(2016),p. 82.

② Sabah, 30 Mayıs 1331, 12 Haziran 1915, nr. 9247, s. 2. 转引自 Ali Şükrü Çoruk, "Bir Gelenek İcadı Olarak Ⅱ. Meşrutiyet Döneminde Gerçekleştirilen İstanbul'un Fethi Törenleri", *FSM İlmî Araştırmalar Insan ve Toplum Bilimleri Dergisi*, no. 7(2016),p. 96.

③ Sabah, 4 Haziran 1332, 17 Haziran 1916, nr. 9551, s. 2. 转引自 Ali Şükrü Çoruk, "Bir Gelenek İcadı Olarak Ⅱ. Meşrutiyet Döneminde Gerçekleştirilen İstanbul'un Fethi Törenleri", *FSM İlmî Araştırmalar Insan ve Toplum Bilimleri Dergisi*, no. 7(2016),p. 96.

初期的历史书写问题,尤其是对奥斯曼帝国的定性问题。

1923 年后,新生的土耳其共和国亟须创造一个崭新的、抽离于奥斯曼帝国和伊斯兰遗产的民族身份。这种需求完全反映在了历史研究的主题上,其代表性作品就是《土耳其史纲》(*Türk Tarihinin Ana Hatları*),它将土耳其民族的历史追溯至公元前 9000 年的中亚地区。在这本长达 606 页的作品中,关于奥斯曼历史的章节只有 58 页,其中讲述奥斯曼帝国的建立(13 页)、停滞(6 页)、衰退(5 页)、崩溃(4 页)的部分总共只占 28 页。[1] 学界曾普遍认为,20 世纪土耳其的民族意识和历史书写是在强烈的反奥斯曼情绪中锻造的,关于奥斯曼帝国的历史研究在共和国初期被边缘化,奥斯曼帝国被贬低为一个腐败的甚至是非法的旧政权,这种反对奥斯曼帝国历史的激进立场持续到 1938 年凯末尔去世,只有在接下来的几十年里,土耳其才逐渐与其帝国遗产和解,奥斯曼历史才成为一个合法的研究领域。这种论点与 20 世纪 80 年代后流行于土耳其知识分子间的受害者叙事不无关系。[2]

但也有学者指出这种论断与事实不符,因为到 20 世纪 40 年代初期,已有数十种关于奥斯曼帝国历史的出版物。[3] 仔细

---

[1] Türk Tarihi Heyeti, *Türk Tarihinin Ana Hatları*, Istanbul: Devlet Matbaası, 1930.

[2] 土耳其的伊斯兰主义意识形态中一直存在着一种"受害者叙事",即认为穆斯林是土耳其现代化进程中真正的"受害者",凯末尔主义精英与西方势力勾结,压迫无辜、虔诚而真诚的安纳托利亚人。有学者认为,这种"永久的创伤"正是土耳其伊斯兰身份的内核。详见 Zafer Yilmaz, "The AKP and the Spirit of the 'New' Turkey: Imagined Victim, Reactionary Mood, and Resentful Sovereign", *Turkish Studies*, vol 18, no. 3(2017), pp. 482-513.

[3] Erdem Sönmez, "A Past to Be Forgotten? Writing Ottoman History in Early Republican Turkey", *British Journal of Middle Eastern Studies*, vol. 48, no. 4(2021), p. 6.

检视土耳其一党执政时期教育部民族教育与培训司（Maarif Vekâleti Millî Talim ve Terbiye Dairesi）下令编写的历史教科书以及 20 世纪 30 年代土耳其历史学会（Türk Tarih Kurumu）[①] 举办的两次土耳其历史大会（Türk Tarih Kongresi），就会发现奥斯曼帝国在这些官方学术讨论中占据了显著地位。土耳其政府组织编写的四卷本教科书《历史》（*Tarih*）的第三卷《新近时期的奥斯曼－土耳其历史》（*Yeni ve Yakın Zamanlarda Osmanlı-Türk Tarihi*）详细讲述了奥斯曼帝国从建立到发展、停滞、改革直至灭亡的历程。本卷的第二章简要讲述了穆罕默德二世征服伊斯坦布尔的经过，提到了修建鲁梅利堡（Rumeli Hisarı）、金角湾（Haliç）登陆、攻城战役等关键性细节，并明确指出了这一事件的历史意义：

> 土耳其人占领伊斯坦布尔，消灭了持续约 1000 年的东罗马帝国。当时土耳其人占领伊斯坦布尔是一个世界性

[①] 1930 年 4 月 28 日，在突厥之家（Türk Ocakları）第六届大会上，阿菲特·伊南（Âfet İnan）根据阿塔图尔克（即凯末尔）的指示提交了关于"成立一个特别常设委员会以科学地研究土耳其的历史和文明"的动议。大会通过了相关提案后，16 名专家组成了第一届土耳其历史研究委员会（Türk Tarihi Tedkik Heyeti），发布的第一份研究报告就是《土耳其历史纲要》。1931 年，突厥之家改组为土耳其历史研究委员会，并根据 1930 年的原则继续开展活动。1935 年，该机构改名为土耳其历史研究所（Türk Tarihi Araştırma Kurumu），后改制为土耳其历史学会（Türk Tarih Kurumu），并编写了四卷本高中历史教科书。凯末尔十分重视该机构的工作，多次制定了该机构的工作计划并出席了许多会议，更在遗嘱中将其在商业银行（İş Bankası）股份的一半收入捐赠给历史学会。阿塔图尔克之后，土耳其共和国所有总统都依照传统担任该机构的监护主席（koruyucu başkan）。1982 年后，土耳其历史学会作为法人实体并入阿塔图尔克文化、语言和历史高等研究所（Atatürk Kültür, Dil ve Tarih Yüksek Kurumu）。为避免混乱，本文将这一机构统称为"土耳其历史学会"。参见土耳其历史学会官网：https://ttk.gov.tr/ttk-tarihce/（上网时间：2024 年 6 月 10 日）。

的事件。这一事件被认为是中世纪的结束,并有助于开启文明和人类的新时代。攻占伊斯坦布尔后,鲁米利亚和安纳托利亚的突厥国家联合起来,奥斯曼帝国实力增强,也更容易在欧洲开疆拓土。土耳其人征服伊斯坦布尔也意味着整个基督教世界在奥斯曼帝国面前的失败。①

从这些叙述中不难看出,征服伊斯坦布尔被视为土耳其人的壮举,尽管提及了基督教世界和奥斯曼帝国的对抗,但帝国的伊斯兰色彩被刻意隐去了。这本教材在前言中就已经明确了这一教学目的:

> 直到最近几年,土耳其历史一直是我国最少被研究的问题之一。狂热的历史学家着迷于伊斯兰教与基督教长达1000多年的世仇所造成的敌对情绪,他们极力将几个世纪以来作为伊斯兰教先驱的土耳其人的历史描绘成血与火的冒险。土耳其和伊斯兰教的历史学家还将土耳其性和土耳其文明与伊斯兰教和伊斯兰文明结合起来,乌玛政策和宗教激情成功地让人们忘记了伊斯兰教之前的数千年历史。近代以来,奥斯曼主义思潮幻想从奥斯曼帝国的所有元素中创造出一个单一的民族,土耳其民族的历史不仅被忽视,甚至从书页上被抹去,作为第三要素被添加到其他元素中。这些负面思潮对于学校的课程和教科书也产生了影响……土耳其历史研究学会致力于揭示土耳其历史被否认、被遗忘的面貌和本质及其所有真相,并编写

---

① Türk Tarihi Tetkik Cemiyeti, *Tarih : Yeni ve Yakın Zamanlarda Osmanlı-Türk Tarihi. 3*, Istanbul: Devlet Metbaası, 1931, pp. 24 - 25.

一本可以填补历史教育空白的书。①

在两次历史大会中,虽然绝大多数报告的主题是安纳托利亚地区的史前史、塞尔柱史以及土耳其人对世界文明的贡献,但奥斯曼帝国也被置于土耳其民族历史的框架内,得到了一定的关注。在 1937 年 9 月 20 日至 25 日期间在伊斯坦布尔举行的第二届土耳其历史大会中,奥斯曼·谢弗克(Osman Şevki)介绍了奥斯曼帝国的医学发展史,阿菲特·伊南做了题为《土耳其-奥斯曼历史特征一览》的报告,欧麦尔·鲁特菲(Ömer Lütfi)则讨论了奥斯曼帝国初创时期的土地问题。②《土耳其历史学会杂志》(*Türk Tarih Encümeni Mecmuası*)、《突厥学杂志》(*Türkiyat Mecmuası*)、《历史文献》(*Tarih Vesikaları*)等学术期刊也是奥斯曼史学的重要平台,20 世纪二三十年代,土耳其教育部还主持了一些搜集、整理、翻译奥斯曼时期典籍的工作。③

尽管凯末尔主义精英对奥斯曼帝国末期的"腐败"阶段甚是反感,但奥斯曼帝国的早期和中期历史充满了军事和政治上的成功,可以被视作土耳其民族的辉煌时期之一,因此,凯末尔主义精英从一开始就没有完全摒弃奥斯曼帝国的过去,而是对

---

① Türk Tarihi Tetkik Cemiyeti, *Tarih : Yeni ve Yakın Zamanlarda Osmanlı-Türk Tarihi. 3*, p. V.

② 关于第二届土耳其历史大会记录,参见土耳其历史学会官网,https://ttk. gov. tr/ii-turk-tarih-kongresi‐20‐25-eylul‐1937-istanbul/(上网时间:2024 年 6 月 10 日)。

③ Erdem Sönmez, "A Past to Be Forgotten? Writing Ottoman History in Early Republican Turkey", *British Journal of Middle Eastern Studies*, vol. 48, no. 4(2021),pp. 6‐9.

此提出了所谓的"双重话语",即同时接受帝国的成功和拒绝帝国的失败。一党制时代出版的几乎所有关于奥斯曼历史的作品都在努力证明土耳其人创造了奥斯曼历史的辉煌部分:一直持续到苏丹苏莱曼一世(Suleiman Ⅰ,1520—1566 年在位)时期的"黄金时代"被归功于帝国保持了纯洁的土耳其特质,苏丹穆罕默德二世等伟大人物也被解释为世俗的、亲西方的革命者,而 18 世纪之后的漫长停滞和衰落则源于外国因素的涌入和反动的乌莱玛势力的增强,凯末尔主义则是治愈奥斯曼帝国末期以来这些痼疾的解药。① 由此,奥斯曼帝国早期的辉煌和晚期的衰败都变成了新生共和国进行国家建设的合法性来源。

土耳其共和国初期,民间会自发组织一些纪念征服伊斯坦布尔的活动,但较少见诸媒体报道。1949 年 5 月 30 日的《最新报道》(Son Posta)就曾记载了这样一次纪念活动。当时,土耳其文化之家(Türk Kültür Ocağı)主席法鲁克·卡德里·德米尔塔什(Faruk Kadrı Demırtaş)向听众讲述了这个日子的重要性;历史学家和教师拉夏特·艾克莱姆·科初(Reşat Ekrem Koçu)简短讲述了征服伊斯坦布尔的历史事件以及这一事件在世界历史上的重要性;退役将军夏哈贝庭·科嘉曼(Şahabettın Kocaman)和文学院哲学讲师努雷丁·特普初(Nurettın Topçu)分别从军人和世俗主义的角度分析了征服者穆罕默德二世;伊斯坦布尔的土耳其东正教主教也发表了讲话。文化协会部长

---

① Erdem Sönmez,"A Past to Be Forgotten? Writing Ottoman History in Early Republican Turkey", *British Journal of Middle Eastern Studies*, vol. 48, no. 4(2021), p. 4.

还向部里发电报称:"(穆罕默德二世的)陵墓仍然关闭着,让我们很忧虑,我们的协会相信民族意识觉醒的基础是历史和对祖先的爱……我们在等待这个伟大陵寝的开放。"安卡拉大学也组织了相关的演讲和朗诵活动。①

1953 年恰逢征服伊斯坦布尔 500 周年,官方和民间都赋予这一事件以重要性。早在 1938 年共和人民党执政期间,征服伊斯坦布尔 500 周年庆祝活动的准备工作就根据时任总统伊斯梅特·伊诺努的指示提前 15 年开始了。1941 年正值第二次世界大战期间,土耳其共和国政府成立了一个委员会负责相关工作,由时任国家教育部长哈桑·阿里·尤杰尔(Hasan Ali Yücel)担任主席,文物和博物馆总局、伊斯坦布尔市政府和土耳其历史学会分别派代表组成。1945 年 2 月 16 日,文物和博物馆第一届咨询委员会第一次会议上做出了将于 1953 年举行征服伊斯坦布尔 500 周年庆祝仪式的决定,准备工作分为三项:一是收集关于伊斯坦布尔的研究的出版活动,二是修复征服者穆罕默德二世统治时期的遗迹的重建活动,三是建立征服者苏丹穆罕默德二世纪念碑,以及一个纪念此次事件的博物馆。②

时任伊斯坦布尔市长和总督的吕特菲·科尔达尔(Lütfi Kırdar)在实施初始计划方面发挥了重要作用,伊斯坦布尔市政府出版了《庆祝征服伊斯坦布尔 500 周年》系列丛书,吕特菲于

---

① "Istanbul'un Fethinin 496ncı Yılı: Dün Fatih Meydanında Heyecanlı ve Manalı bir Tören Yapıldı", *Son Posta*, 30 Mayıs 1949, Nr. 5637 + 1128, S. 1 - 2.

② Bayram Akça, "İstanbul'un Fethi'nin 500. Yıldönümü Kutlamaları ve Muğla Basınına Yansıması", *Tarih ve Gelecek Dergisi*, vol. 10, no. 1(2024), p. 62.

1946 年为其中一本作序,向土耳其公众承诺将以"国际"仪式庆祝这一周年纪念日,但实际在其任职期间再未做出过其他重大努力。① 直至 1949 年 1 月,政治家兼历史学教授穆罕默德·山姆塞丁·古纳尔泰(Mehmet Şemsettin Günaltay)就任总理后,政府才重新启动了相关计划,成立相关委员会来协调纪念活动。

　　1950 年 2 月 28 日,共和人民党成立了"庆祝征服伊斯坦布尔 500 周年及随后的周年纪念协会"(İstanbul'un Fethinin 500. Yılı ve Müteakip Fetih Yıllarını Kutlama Derneği,以下简称"纪念协会"),该协会的宗旨是庆祝征服伊斯坦布尔 500 周年,在伊斯坦布尔寻找合适的地方竖立征服者苏丹穆罕默德二世的雕像,保护古迹和纪念碑,对征服事件进行科学研究,并与致力于上述问题的机构和组织合作。1950 年 5 月 14 日议会选举后,共和人民党失败,执政权移交民主党,庆祝征服伊斯坦布尔 500 周年的任务也随之转移至民主党。在此背景下,1950 年 7 月 28 日,民主党政府举行的部长会议决定将纪念协会认定为"有益协会"(yararlı dernekler),给予其一些官方支持。② 此后,由于面临着政府投入不足、协会管理不善以及物资匮乏等挑战,纪念协会经历了几次大的人事变动,但还是陆续举办了部分活动。

　　征服伊斯坦布尔 500 周年庆祝活动于 1953 年 5 月 29 日开

① Gözde Emen-Gökatalay, "Memorializing the Conquest of Constantinople and Strengthening the Turkish-Greek Alliance in the Context of the Early Cold War", *The Middle East Journal*, vol. 75, no. 4(2021), p. 541.

② Bayram Akça, "İstanbul'un Fethi'nin 500. Yıldönümü Kutlamaları ve Muğla Basınına Yansıması", *Tarih ve Gelecek Dergisi*, vol. 10, no. 1(2024), p. 63.

始至 6 月 7 日结束。5 月 29 日上午 10 点,继任伊斯坦布尔总督兼市长的法赫雷丁·克里姆·戈凯伊(Fahrettin Kerim Gökay)在托普卡帕宫附近搭建的纪念场上致辞,历史上的"征服者"围攻伊斯坦布尔期间曾在这里建立指挥部。鸣炮之后群众开始游行,并在乌鲁巴特勒·哈桑(Ulubatlı Hasan)殉难地竖立的碑文和横幅前默哀片刻。① 下午 1 点,代表团前往法蒂赫广场,在这里,伊斯坦布尔总督、陆军指挥官和纪念协会成员拜谒了征服者的陵墓,朗诵祷文并默哀。1953 年 5 月 29 日 16 时,伊斯坦布尔大学举行了专题会议,讨论了征服者苏丹穆罕默德二世在科学、军事和政治等方面的才干,安卡拉语言、历史和地理学院也举办了类似的活动。同日,由征服者苏丹穆罕默德二世于 1472 年建造的瓦亭(Çinili Köşk)以博物馆的形式开放,展出了苏丹穆罕默德二世颁布的法令以及其佩剑、长袍和书籍。应纪念协会邀请,国家歌剧院于 5 月 31 日在市政厅娱乐场所演奏了尤努斯·埃姆雷(Yunus Emre)的清唱剧,②公众通过广播收听了这场音乐会。6 月 6 日,土耳其国家学生联合会(Türk Milli Talebe Federasyonu)在展览中心举办了民俗节,同日,纪念协会在总统杰拉勒·巴亚尔(Celal Bayar)和伊斯坦布尔总督兼市长法赫雷丁·克里姆·戈凯伊的主持下,在多尔马巴赫切宫组织了一场有 600 余人参加的舞会。1953 年 6 月 7 日,庆祝

---

① 据称在攻占伊斯坦布尔期间,乌鲁巴特勒·哈桑是第一个将奥斯曼旗帜插在了伊斯坦布尔的城墙上的勇士,他也因此中箭牺牲,但其是否真实存在一直备受争议。
② 尤努斯·埃姆雷是一位生活在 13 世纪下半叶到 14 世纪初的土库曼苦行僧,他被认为是在安纳托利亚地区用土耳其语进行诗歌创作的先驱,对土耳其文学产生了深远的影响。

活动以少女塔附近的烟花表演结束。①

总理阿德南·曼德列斯(Adnan Menderes)当天因前往伦敦参加英国女王伊丽莎白的加冕典礼而未能出席庆祝活动,而总统杰拉勒·巴亚尔也与国防部长一起前往位于伊兹密尔的北约总部检阅即将参加朝鲜战争的新兵,未能来到庆祝仪式现场。当时的主流媒体,如《民族报》(Milliyet)、《国家报》(Ulus)和《祖国报》(Vatan),均对征服伊斯坦布尔500周年庆祝活动提出了批评,部分内容是指责总统和总理未能参加纪念仪式,没有分享人民的喜悦情绪,冒犯了民众的感情;另一部分则是指责庆祝活动的组织不够严谨,庆祝活动中不时发生群众踩踏事故。他们的结论是,纪念协会在庆祝活动的组织管理方面做得不够好,政府对该组织的支持力度也不够。②

民主党在野时曾严厉批评共和人民党忽视征服伊斯坦布尔500周年纪念日活动,但其掌权后,相关工作并没有得到足够的重视和资金支持。有研究指出,民主党政府刻意淡化纪念仪式的行为是由冷战的国际大环境决定的,在此背景下,为遏制苏联扩张,北约集团内部的凝聚力和稳定性变得至关重要,同为北约成员国的土耳其和希腊需要搁置自11世纪以来的历史恩怨并结成稳固的战略联盟。③

---

① Bayram Akça, "İstanbul'un Fethi'nin 500. Yıldönümü Kutlamaları ve Muğla Basınına Yansıması", *Tarih ve Gelecek Dergisi*, vol. 10, no. 1(2024), p. 64.

② Bayram Akça, "İstanbul'un Fethi'nin 500. Yıldönümü Kutlamaları ve Muğla Basınına Yansıması", *Tarih ve Gelecek Dergisi*, vol. 10, no. 1(2024), p. 65.

③ Gözde Emen-Gökatalay, "Memorializing the Conquest of Constantinople and Strengthening the Turkish-Greek Alliance in the Context of the Early Cold War", *The Middle East Journal*, vol. 75, no. 4(2021), p. 536.

在征服伊斯坦布尔 500 周年纪念活动的举办问题上,由于许多希腊人将拜占庭帝国视为其民族和宗教历史的一部分,君士坦丁堡的陷落至今仍被视为希腊史学和东正教神圣历史中的悲惨时刻,希腊报纸不断呼吁,要求土耳其不要举办"500 周年"的庆祝活动,并声称任何这类庆祝活动都会损害两国的战略伙伴关系。① 在地缘政治压力下,土耳其政府选择最大程度地缩小庆祝活动的规模,使其保持在一个非正式的框架内。在活动期间,政府没有举行由总统和总理出席的大型国家纪念仪式,而是在土耳其不同地区组织小型学术活动和艺术展览,以及一些"现代的"、世俗的纪念活动,如相关主题的时装秀、摔跤锦标赛、体操比赛等。② 这些活动的场面与长达 15 年的准备时间相比显得十分低调,土耳其的亲政府报纸也竭力将"500 周年"纪念视为一个普通的事件,在庆祝仪式前后刊登的文章大多颂扬穆罕默德二世及其历史性胜利,而不强调征服和拜占庭帝国的战败,还对希腊与土耳其的伙伴关系进行了大量正面报道。也就是说,民主党冒着引发民愤的风险,以尽量温和的方式纪念这场"500 周年"庆祝活动,它希望土耳其民众淡忘奥斯曼帝国从谁的手中夺取了君士坦丁堡,从而避免疏远希腊等战略盟友。

从民主党的角度来看,其淡化"500 周年"纪念的行动是成功的,希腊和美国的媒体都对土耳其此举给予肯定,称土耳其

---

① Gözde Emen-Gökatalay, "Memorializing the Conquest of Constantinople and Strengthening the Turkish-Greek Alliance in the Context of the Early Cold War", *The Middle East Journal*, vol. 75, no. 4(2021), p. 544.

② Nicholas Danforth, "Multi-Purpose Empire: Ottoman History in Republican Turkey", *Middle Eastern Studies*, vol. 50, no. 4(2014), p. 660.

是"美国最坚定的盟友之一"。① 然而,对于许多土耳其人来说,与承诺相比,这些安排并没有达到预期效果,民众曾多次通过向政府抗议等方式表达自己的不满。

三、20 世纪 80 年代以来的纪念

凯末尔主义改革在一定程度上伴随着对奥斯曼帝国历史及其伊斯兰属性的压抑,从 20 世纪 40 年代开始,尼哈尔·阿特瑟兹(Nihal Atsız)、奈吉普·法兹尔·吉萨库莱克(Necip Fazıl Kısakürek)等知识分子已经开始批判共和史学,倡导恢复奥斯曼遗产。② 这种思想随着 1946 年后的民主化进程得到了更为广泛的传播,并在 60 年代形成了一个紧密的圈层,他们普遍认为真正民主的土耳其人应该承认历史、文化和社会的连续性,解决土耳其当前的一些文化心理问题需要与奥斯曼过去和解。六七十年代,伴随着伊斯兰主义政治的兴起,越来越多的党派领导人公开以奥斯曼帝国历史作比,更将亲奥斯曼话语和对西方化和世俗国家架构的批评结合起来。如果说在共和国初期,奥斯曼史经历了一种"凯末尔主义的挪用",那不得不承认,这一时期它则经历了一种"伊斯兰主义的挪用",成为反对凯末尔主义的旗帜。

---

① Gözde Emen-Gökatalay, "Memorializing the Conquest of Constantinople and Strengthening the Turkish-Greek Alliance in the Context of the Early Cold War", *The Middle East Journal*, vol. 75, no. 4(2021), p. 550.

② Ali Erken, "Re-Imagining the Ottoman Past in Turkish Politics: Past and Present", *Insight Turkey*, vol. 15, no. 3(2013), pp. 173–176.

1980 年土耳其军事政变发生后,伊斯兰主义政党遭受了毁灭性的打击,新成立的政党不再挑战社会文化的西化,奥斯曼话语在政治中也很少出现。但在这一时期,政府还是对有关奥斯曼帝国的学术研究进行了一些扶持,如 1985 年,厄扎尔政府组织了一次学术会议,鼓励使用奥斯曼文件来研究奥斯曼历史,认为理解奥斯曼历史会更有益于认识当代土耳其,他还将总理府的档案重新分类,并向公众开放。在此期间,政府每年都会举行一次小型官方仪式,来自军方、伊斯坦布尔市议会和市政府的代表一起参观苏丹穆罕默德的陵墓,并向聚集于此的士兵们发表简短讲话。① 这些仪式通常不鼓励公众参加,直到 1994 年繁荣党在全国地方选举中成绩突出,赢得伊斯坦布尔等大城市的市长位置后,民众才开始大规模公开庆祝这一历史事件。自 1994 年以来,庆祝活动由伊斯坦布尔市政府和国家青年基金会(Milli Gençlik Vakfı)联合举办。鉴于这一天仍不是被官方承认的民族节日,国家在活动组织中不扮演任何角色。该基金会是一个伊斯兰非政府组织,在土耳其几乎每个主要城市都设有分支机构。伊斯兰教界还要求将 5 月 29 日定为法定假日,希望奥斯曼的历史在民族历史和国民身份的建构中起到关键性作用,将"帝国"带回民族历史的叙述中。

这一时期,5 月 29 日的庆祝仪式通常是以游行的方式展开的,众多男子装扮成奥斯曼士兵,拖拽象征着奥斯曼战舰的船

---

① Alev Çinar, "National History as a Contested Site: The Conquest of Istanbul and Islamist Negotiations of the Nation", *Comparative Studies in Society and History*, vol. 43, no. 2(2001), p. 366.

只在伊斯坦布尔的大街上游行。乐队穿着传统服饰演奏奥斯
曼军歌。晚上,游行群众聚集在伊诺努体育馆,管理部门的官
员扮成征服者苏丹穆罕默德的样子,骑马佩剑。① 在 1997 年的
纪念日庆祝仪式中,在重现拜占庭人投降的场景后,奥斯曼士
兵的扮演者将土耳其国旗插在了城墙上。一位身着白裙的女
子代表拜占庭城内的居住者,向苏丹跪地行礼并献花,随后进
行了音乐演奏、焰火表演和其他娱乐活动,参与者一起祷告。
在整个 90 年代,5 月 29 日的这些庆祝活动不仅颂扬了奥斯曼
帝国的历史,也将伊斯坦布尔的征服与先知穆罕默德的预言联
系起来,使这一事件成为伊斯兰历史的一部分。② 仪式的策划
者还通过将悬挂在城墙上的、象征着胜利的旗帜从奥斯曼旗改
为土耳其国旗,从而把这一时刻宣告为一个"民族时刻",将这
一奥斯曼帝国的历史事件纳入土耳其民族史中。通过"我们是
征服者的子孙"这句口号,完成了土耳其民族与奥斯曼帝国在
时间、空间与血缘关系上的联结。③ 这些伊斯兰主义的历史表
演旨在构建另一种奥斯曼和伊斯兰国家身份,唤起的是以伊斯

---

① Alev Çinar, "National History as a Contested Site: The Conquest of Istanbul
and Islamist Negotiations of the Nation", *Comparative Studies in Society
and History*, vol. 43, no. 2(2001), pp. 374 - 375.

② 据称先知穆罕默德曾预言:"君士坦丁堡必将被征服,它的指挥官多好,它的军
队多好。" (لتفتحن القسطنطينية فلنعم أميرها ولنعم الجيش ذلك الجيش قال النبي عليه السلام ;
Istanbul elbette fetholunacaktır; onu fetheden kumandan ne güzel
kumandan, onu fetheden asker ne güzel askerdir.)这段圣训刻文常见于法蒂
赫清真寺等伊斯坦布尔的奥斯曼帝国遗迹之中,但其真实性颇具争议,也有
经学家认为先知关于君士坦丁堡的话语中的征服者不是苏丹穆罕默德二世。

③ Alev Çinar, "National History as a Contested Site: The Conquest of Istanbul
and Islamist Negotiations of the Nation", *Comparative Studies in Society
and History*, vol. 43, no. 2(2001), pp. 376 - 377.

坦布尔为中心的奥斯曼-伊斯兰文明,而不是以首都安卡拉为中心的世俗现代土耳其共和国。自1935年官方假期设立以来,周年纪念所庆祝的重要事件原本只是集中在1919年至1938年的20年里,现在却回到了过去,将一个国家的"创立时刻"定格在了15世纪,极大地延伸了民族历史,让人们在几个世纪的跨度内思考自己的历史。

这种民族身份的重构还与政治宣传结合在一起。1994年在伊斯坦布尔市长选举中,福利党(Refah Partisi)的候选人埃尔多安赢得了市长职位,就被视为"伊斯坦布尔的新征服者",福利党"再次征服了伊斯坦布尔"。通过这种话语,福利党成为伊斯兰政治的代理人,担负着将伊斯兰文明从西方主义的破坏性影响中拯救出来的历史使命。

然而在1997年政变后,执政的福利党被取缔,新政府禁止在体育馆内举行任何带有政治内容的庆祝活动,时任伊斯坦布尔市长埃尔多安也被迫声明他不会参加此类活动。市议会宣布,他们只允许通过参加伊斯坦布尔市政府举办的官方仪式来纪念这一事件,而政府只会组织学术会议、出版相关书籍、举办音乐会和体育活动。从1998年至2003年,伊斯坦布尔市政府每年都会组织一次纪念征服日的官方仪式,但并未引起太多关注。①

---

① Büke Koyuncu, "Modernist Islamism and National Identity in Turkey: The Conquest of Istanbul and The Happy Birth Week Celebrations", paper presented at the workshop "The Condition of Laïcité and Secularization in the Contemporary World", Anadolu University of Eskisehir, April 27 - 29, 2011, p. 5.

四、正义与发展党时期的纪念

2002 年正义与发展党（以下简称"正发党"）上台后，政府最初在西化、世俗化等核心问题上采取修正主义立场，避免用奥斯曼帝国的历史记忆来动员群众。在第二届和第三届政府任期内，正发党逐渐巩固权力，并开始在公开场合频繁使用亲奥斯曼、亲伊斯兰话语吸引国内的保守派选民。自 2003 年以来，伊斯坦布尔市政府开始组织丰富的大型活动来庆祝征服伊斯坦布尔的胜利，这些活动一般包括民众悼念、军乐队演奏、游行、烟花表演等，近年来还加入了 3D 电影、灯光秀等高科技元素。[①]

2014 年前，正发党的时任伊斯坦布尔市长卡迪尔·托普巴什（Kadir Topbaş）在纪念征服伊斯坦布尔的活动讲话中用词较为中性，强调其历史悠久、文化多元、和平包容等特点。[②] 2014年开始，埃尔多安亲自参加仪式并向民众致辞。在庆祝征服伊斯坦布尔 561 周年的讲话中，埃尔多安强调了征服事件在世界历史上的重要意义，以及伊斯坦布尔在当代土耳其的文化、经济等领域的中心地位。[③] 2014 年后，正发党则热衷于重新审视

---

① "50. Yıl Kutlama Törenleri", Istanbul Pazarcılar odası, 1 Haziran 2003, http://www. istanbulpazarcilarodasi. com/icerik/pazarci-5-sayi/50-yil-kutlama-torenleri/146[访问时间：2024 年 6 月 13 日]

② "İstanbul'un Fethinin 558. Yıl Dönümü Kutlama Etkinlikleri", Son Dakika, 29 Mayıs 2011, https://www. sondakika. com/yerel/haber-istanbul-un-fethinin-558-yil-donumu-kutlama - 2759635/[访问时间：2024 年 6 月 13 日]

③ "Başbakan Erdoğan'ın fetih mesajı", En Son Haber, 29 Mayıs 2014, https://www. ensonhaber. com/ic-haber/basbakan-erdoganin-fetih-mesaji-2014 - 05 - 29[访问时间：2024 年 6 月 13 日]

土耳其的奥斯曼遗产，声称这是他们的光荣遗产，也是掌权的世俗主义共和派压制了数十年的遗产。作为对比，在 2015 年纪念仪式的长达 40 分钟的致辞讲话中，埃尔多安详细论述了"征服"（fetih）是什么。他将征服伊斯坦布尔置于穆斯林征服麦加、耶路撒冷、安达卢西亚、撒马尔罕、布哈拉等重要城市的序列中，并将其延伸至塞利姆一世、苏莱曼一世、穆拉德四世和阿卜杜勒·哈米德二世等奥斯曼帝国苏丹的文治武功之中，再将恰纳卡莱战役、库特之围（Kut'ül Ammare）、独立战争、1950 年共和国第一次民主选举等土耳其共和国的重要历史时刻纳入这一框架，并落脚至 2015 年 6 月举行的大选，为土耳其民族的历史构建起一种连续性叙事。埃尔多安在演讲中控诉了此前数十年政府对穆斯林的压迫和侮辱，以及《纽约时报》等西方媒体对土耳其的抹黑，并重申了一个民族、一面旗帜、一个祖国、一个国家的拉比亚（Rabia）原则。① 在 2019 年的讲话中，埃尔多安提到了不久前发生的针对穆斯林的恐怖主义袭击事件，回顾了伊斯坦布尔在正发党治下的发展，并为正发党的伊斯坦布尔市长候选人比纳利·耶尔德勒姆（Binali Yıldırım）造势。在这次讲话中，埃尔多安有如下表述："征服者苏丹穆罕默德为伊斯兰教打开了伊斯坦布尔的大门……有些人 566 年来都无法缓解失去伊斯坦布尔的痛苦……他们的目标是从这些土地上消灭我们以征服伊斯坦布尔为象征的文明价值观，以及赋予安纳托

---

① Türkiye Cumhuriyeti Cumhurbaşkanlığı, "Istanbul'un Fethi'nin 562. Yıl Dönümü Kutlamalarında Yaptıkları Konuşma", 30 Mayıs 2015, 参见：https://www. tccb. gov. tr/konusmalar/353/32584/istanbulun-fethinin-562-yil-donumu-kutlamalarinda-yaptiklari-konusma［访问时间：2024 年 6 月 13 日］

利亚真正身份的土耳其伊斯兰遗产。除非伊斯坦布尔上空的宣礼之声消失,否则他们的复仇不会结束。"①2020 年,埃尔多安以视频会议的形式参加了圣索菲亚大教堂的祈祷和诵经活动,并以解释《古兰经》的《征服章》开始自己的讲话,宗教色彩极为浓厚。② 2022 年埃尔多安的致辞则和缓许多,主要谈及建国百年的展望,并强调青年人是国家和民族的未来。③

可以看出,征服伊斯坦布尔纪念仪式逐渐成为另一个教化场所,传递着正发党内外政策的官方话语,奥斯曼帝国形象中的伊斯兰色彩也更加浓厚。这种纪念活动在一定程度上转化为埃尔多安的政治资本,巩固和加深了他在保守派群众中的支持,非穆斯林群体则通常以讽刺的方式表达对这种活动的冷漠和不屑一顾,他们认为这种大张旗鼓是为了补偿一种自卑感,即向帝国过去的辉煌和荣耀寻求庇护。批评人士指出,伊斯坦布尔几个世纪以来一直是奥斯曼帝国和土耳其共和国毫无争

① Türkiye Cumhuriyeti Cumhurbaşkanlığı, "İstanbul'a hizmet sadece Türkiye'ye değil dünyaya hizmet etmektir", 29 Mayıs 2019,参见:https://tccb. gov. tr/haberler/410/105554/-istanbul-a-hizmet-sadece-turkiye-ye-degil-dunyaya-hizmet-etmektir -[访问时间:2024 年 6 月 10 日]
② Türkiye Cumhuriyeti Cumhurbaşkanlığı, "Ayasofya'da Fetih Suresi Okunması Töreni'nde Yaptıkları Konuşma", 29 Mayıs 2020,参见:https://www. tccb. gov. tr/konusmalar/353/120333/ayasofya-da-fetih-suresi-okunmasi-toreni-nde-yaptiklari-konusma[访问时间:2024 年 6 月 12 日]
③ Türkiye Cumhuriyeti Cumhurbaşkanlığı, İstanbul'un Fethinin 569. Yılı Kutlamaları ve Atatürk Havalimanı Millet Bahçesi Ilk Fidan Dikim Töreni'nde Yaptıkları Konuşma, 30 Mayıs 2022,参见:https://www. tccb. gov. tr/konusmalar/353/138144/istanbul-un-fethinin-569-yili-kutlamalari-ve-ataturk-havalimani-millet-bahcesi-ilk-fidan-dikim-toreni-nde-yaptiklari-konusma[访问时间:2024 年 6 月 10 日]

议的领土,对"征服伊斯坦布尔"这一事件的反复强调表达了一
种对于历史遗产的存在性焦虑,这种历史遗产以异质性为特
征,对于追求一致性的"威权主义"国家而言是令人不安的。[1]
它向土耳其人暗示了"我们是谁"甚至"这片土地属于谁"的问
题,使土耳其人仍然处于不安的混沌中,土耳其仍没有与其过
去和解。5 月 29 日在伊斯坦布尔举行的盛大庆祝活动似乎确
实暴露了一种深层的焦虑,即"征服"仍然是一件未完成的
事情。

五、结论:帝国的"幽灵"

正如艾米·米尔斯等人所说,帝国的灭亡伴随着一种创造
性的分裂(creative rupture),这种分裂既包括每个继承国与其
帝国历史的戏剧性决裂,也包括通过不断论证"奥斯曼遗产可
能或应该意味着什么"的争论而不断重塑。[2] 最初,继承奥斯曼
帝国的凯末尔主义精英们立即否认了他们曾经服务的多民族
国家,政治领袖、教育家和政府将民族主义意识形态作为政治
合法性的新的现代来源。基于选择性记忆和大规模压制或遗
忘,奥斯曼的晚近过去被书写成一个政治压迫、文化停滞和军

---

[1] Halil Karaveli, "Turkey is Yet to 'Conquer' its History", The Turkey Analyst, 6 June 2016, http://www. turkeyanalyst. org/publications/turkey-analyst-articles/item/548-turkey-is-yet-to-conquer-its-history. html［访问时间:2024 年 6 月 10 日］

[2] Amy Mills, James A. Reilly, and Christine Philliou, 'The Ottoman Empire from Present to Past: Memory and Ideology in Turkey and the Arab World', *Comparative Studies of South Asia, Africa and the Middle East*, vol. 31, no. 1(2011), p. 133.

事衰落的时期,被塑造为民族主义叙事的陪衬,是国家的辉煌过去及其即将重新踏上的伟大征程的对立面。在国家危机之时,或者在内部激烈的权力斗争中,奥斯曼帝国的过去不再沉默,有时这种过去被消极地引述为困扰现在的"幽灵",而其他时候则作为历史经验的丰富工具库。无论如何,帝国及其遗产并没有像曾经想象的那样死去。

回顾百年来征服伊斯坦布尔纪念仪式的变迁,我们可以发现,土耳其公共文化领域实践的一个主线是,证明奥斯曼帝国的过去是土耳其民族的一个重要而自然的组成部分。这是通过选择性地继承奥斯曼帝国的过去并以其辉煌成就赋予新生的土耳其国家历史合法性来完成的。纪念征服伊斯坦布尔的仪式与土耳其内政外交的诸多因素息息相关,并随着总统的参与被官方化,伊斯兰色彩逐渐浓厚,逐渐成为一种政治动员的手段。这种官方化在一定程度上破坏了现代民族国家的世俗主义观念,对土耳其民族的"创建时刻"提出了质疑,并引出了通过公共生活的日常实践来塑造和争夺国家认同等更广泛的问题。

以征服伊斯坦布尔纪念仪式的变迁为例,我们也可以发现,任何被定义为"奥斯曼帝国"的东西都是不断演变的,是主观的,并且取决于在特定时刻是谁主导了这种对历史的理解。奥斯曼帝国的历史就像一个空白的屏幕,当代社会的问题、压力、矛盾和野心都投射在上面,奥斯曼遗产就是在这种充满权力的社会互动和过去与现在的相互作用中构建起来的。在当下,后殖民国家和民族国家如何与前民族国家联系起来,是作为神话、陪衬还是怀旧的对象？奥斯曼帝国并不像它曾经看起来的那样已经消亡,征服伊斯坦布尔纪念仪式也将继续变迁。

作者简介:赵馨宇,北京大学区域与国别研究院 2020 级博士研究生、土耳其研究中心助理。

文化记忆与身份认同：作为奥斯曼历史遗产的巴尔干与土耳其的"新奥斯曼主义式"认同书写[①]

尤诗昊

摘要：自 2002 年正义与发展党执政以来，土耳其欲利用其传统的历史渊源和影响力，在巴尔干地区发挥领导作用。本文通过梳理土耳其正发党的外交和文化政策，指出土耳其通过强调自身的巴尔干属性进行"新奥斯曼主义式"认同书写，以复兴奥斯曼帝国传统与开展周边地区外交为动机，将奥斯曼时期的文化记忆视为塑造其现代身份的关键要素。同时，土耳其企图运用宗教和语言的知识储存重构奥斯曼文化记忆，加强巴尔干各国对这一文化记忆的积极感知，强化其作为奥斯曼帝国历史遗产的身份意识。而巴尔干视野中的奥斯曼文化记忆存在恒定的感知因素，该地区对于土耳其认同书写的回应取决于当下的现实主义考量，并在欧洲一体化进程中表现出自我身份确证的矛盾性。

关键词：土耳其　巴尔干　文化记忆　身份认同　新奥斯曼主义

---

① 本文系作者主持的北京外国语大学学生科研创新项目一般项目"巴尔干多国视阈下的'新奥斯曼主义'政策研究"（项目批准号：2023JX060）的阶段性成果。

国际知名巴尔干专家玛莉亚·托多洛娃(Maria Todorova)在《想象巴尔干》(*Imaging the Balkans*)一书中提出,巴尔干是奥斯曼帝国的"历史遗产",奥斯曼帝国的统治使巴尔干为人"发现",成为欧洲内部被污名化的"他者"。① 从 19 世纪末 20 世纪初,巴尔干各民族国家建立、奥斯曼帝国逐步瓦解,到 21 世纪巴尔干各国踏上转型之路,奥斯曼时期的文化记忆对于巴尔干的影响始终存在。近年来,土耳其重新关注巴尔干对其自身的地缘价值变化,强调奥斯曼文化记忆的积极作用,在巴尔干地区实施独立外交战略和积极的外交政策,尤其是在文化领域进行软实力渗透,以此重塑巴尔干新格局。土耳其的全新外交战略目标不仅瞄准巴尔干地区,还指向高加索和中亚地区,其外交政策手段被西方学者称作"新奥斯曼主义"(neo-Ottomanism)。

土耳其为何又如何通过"新奥斯曼主义"政策重返巴尔干?巴尔干地区对此有何种反应、持何种态度? 事实上,土耳其在巴尔干地区实施的"新奥斯曼主义"外交政策是以身份认同的书写为基础的。亨廷顿曾把土耳其看作一个无所适从的国家。② 从地理位置来看,土耳其是一个横跨欧亚两洲的国家,国土包括西亚的安纳托利亚半岛,以及巴尔干半岛的东色雷斯地区;③从历史参与度来看,土耳其既是奥斯曼帝国最主要的继承

---

① 〔美〕玛莉亚·托多洛娃:《想象巴尔干》,李建军译,北京:世界知识出版社,2020 年,第 39 页。
② 〔美〕塞缪尔·亨廷顿:《文明的冲突与世界秩序的重建》,周琪等译,北京:新华出版社,2018 年,第 118 页。
③ 郭长刚、杨晨、李鑫均、张正涵:《列国志·土耳其》,北京:社会科学文献出版社,2015 年,第 1 页。

者,也是东南欧历史的主体性参与者。随着冷战结束后多极化时代的来临,奥斯曼帝国的遗产及其与巴尔干半岛难以割舍的历史关联,在土耳其的身份认同中扮演着复杂的角色。自2002年正义与发展党(Justice and Development Party,以下简称"正发党")执政以来,土耳其重新关注奥斯曼帝国遗产的积极作用,强调其身份认同中的巴尔干属性,希望通过集体认同的书写,助力其在巴尔干地区的周边外交。而奥斯曼时期的文化记忆作为现代巴尔干国家和地区与土耳其共和国共同持有的集体记忆,在土耳其的当代认同书写中发挥了建构与诠释的特性。

国内学界对涉及土耳其和巴尔干身份认同的研究尚不够充分,较少从文化领域分析土耳其针对巴尔干地区的外交政策,缺乏对于文化记忆与身份认同互构性的关注。系统研究这一问题既有助于理解土耳其在巴尔干地区开展周边外交的动机与路径,也有助于更加全面地理解巴尔干与奥斯曼帝国之间复杂的历史渊源以及现代巴尔干国家和地区与土耳其共和国之间的现实权力关系。

从国内学界来看,既有的研究主要围绕土耳其的"新奥斯曼主义"外交战略和政策方面,忽视了土耳其复杂的身份认同问题,也未探讨巴尔干各国的态度与反馈。整体来看,西非亚洲问题研究学者主要聚焦土耳其自身的战略目标,从土耳其的视角解析了促成国家对外战略转变的内外因素,并针对土耳其对巴尔干的政策及影响进行了分析和梳理。亦有学者从地区整体性的角度审视了土耳其的巴尔干政策,分析了土耳其重返巴尔干的深层原因及大致方法和手段,但对于巴尔干各国的响应和反馈的分析仅停留于表面。[1]

国外学界对于土耳其在巴尔干地区的"新奥斯曼主义"政策研究较为丰富,主要侧重于研究土耳其在巴尔干地区的政策动机。来自巴尔干国家和土耳其的学者,如杰顿(Jeton Mehmeti)、扎尔科(Žarko Petrovic)、埃尔汗(Erhan Türbedar)等深入分析了土耳其的经济、政治和宗教动机。[2] 但他们在研究中难免会代入一定的主观色彩,对土耳其外交政策做出的评价通常符合其国家和民族利益,在一定程度上缺乏理性评估。此

---

[1] 王泽胜在《土耳其对西巴尔干地区政策的新变化》(《西亚非洲》2011 年第 9 期,第 41—52 页)一文中,从土耳其自身的战略目标出发,针对 2010 年前土耳其对西巴尔干的政策及影响进行了分析和梳理。张向荣在《正义与发展党执政以来土耳其的巴尔干政策新变化》(《西亚非洲》2021 年第 6 期,第 84—114 页)一文中,从地区整体性的角度审视了土耳其的巴尔干政策,分析了土耳其重返巴尔干的深层原因,系统梳理了土耳其在巴尔干地区的政策工具、特殊影响、政策限度和政策前景,但对于巴尔干各国响应和反馈的分析仅停留于表面,没有进行深度案例分析。马细谱在《新奥斯曼主义与土耳其的战略布局》(《人民论坛・学术前沿》2016 年第 6 期,第 88—95 页)一文中则对土耳其的"新奥斯曼主义"政策进行了解读,同时扼要论述了土耳其在各领域重返巴尔干的大致方法和手段,但没有深入探讨该政策对巴尔干各国的现实影响。昝涛在《从历史角度看土耳其的多边主义战略》(《阿拉伯世界研究》2015 年第 1 期,第 52—66 页)一文中,梳理了正发党执政时期土耳其如何走向多边主义、强调全方位平衡的对外战略原则,同时从土耳其的视角,深入解析了促成国家对外战略转变的内外因素,但较少提及外部世界,尤其是巴尔干、高加索、中亚各国对于土耳其外交政策的评价。

[2] 参见 Jeton Mehmeti, "The Economic and Social Involvement of Turkey in Kosovo," *Adam Akademi*, 2012, pp. 97-106; Žarko Petrovic, "Turkish Interests and Involvement in the Western Balkans: A Score-Card," *Insight Turkey*, 2011, vol. 13, no. 3, pp. 159-172; Erhan Türbedar, "Turkey's New Activism in the Western Balkans: Ambitions and Obstacle," *Insight Turkey*, 2011, vol. 13, no. 3, pp. 139-158.

外,此类研究大多侧重于土耳其外交战略中经济和政治动机的驱动或国内政治因素,从身份认同和文化记忆出发的研究不占主流。

本文首先梳理巴尔干地区与奥斯曼帝国的历史关联,考察奥斯曼帝国传统对于土耳其身份认同的重要性,分析其进行"新奥斯曼主义式"认同书写的历史缘起和现实动机。其次运用文化记忆的概念,从建构主义理论视角出发,剖析土耳其进行认同书写和记忆重构的宗教和语言路径。最后考察巴尔干视野中的奥斯曼文化记忆,从现实主义理论视角出发,聚焦21世纪初土耳其与巴尔干各国的权力关系,探究身处欧洲一体化进程的巴尔干国家和地区对于土耳其认同书写的态度与回应。

为了便于理解本文的研究问题和研究对象,还需要对一些概念进行界定。首先是关于"巴尔干"的概念。"巴尔干"一词的含义与空间范围,多数学者接受并使用《不列颠百科全书》的说法,认为"巴尔干"一词源于土耳其语,意为"山脉"①。玛莉亚·托多洛娃对巴尔干一词做了比较全面的解释:其一是一个名称,15—19世纪指称山脉;其二是一种比喻,20世纪初成为一个贬义词(pejorative);其三是一个地理区域,与东南欧同义;其四是表示一种历史遗产,充分体现了该地区冲突与落后的特征。② 关于巴尔干的空间范围,中文学界一般认为,现在的巴尔

---

① *The New Encyclopaedia Britannica*, Vol. 14, Chicago: Encyclopaedia Britannica, Inc., 1988, p. 562.
② 〔美〕玛莉亚·托多洛娃:《想象巴尔干》,第296—297页。

干国家有 11 个,分别是阿尔巴尼亚、保加利亚、罗马尼亚、斯洛文尼亚、克罗地亚、波黑、北马其顿、塞尔维亚、黑山、土耳其和希腊。① 本文所讨论的巴尔干国家和地区是除了土耳其共和国之外的其他巴尔干国家和地区。

再者是关于"新奥斯曼主义"的概念。从历史上看,"新奥斯曼主义"的概念肇始于图尔古特·厄扎尔(Turgut Özal)政府时期(1983—1993)。在土耳其工作的新闻记者戴维德·巴查德(David Barchard)于 1985 年首次提出这一词汇,用以指代时任土耳其总理厄扎尔迥异于凯末尔主义的经济改革和外交理念。② 媒体和学术界广泛使用"新奥斯曼主义"这一概念是在 20 世纪 90 年代冷战结束后,特别是在 21 世纪初期土耳其正发党执政以后。③ 目前,"新奥斯曼主义"被西方学界用来特指土耳其正发党政府的外交理念和外交路线。但正发党从来没有自行提出名为"新奥斯曼主义"的外交战略或外交政策。另外,巴尔干国家的部分学者也将土耳其介入国外事务的政策称为"新奥斯曼主义"。④ 土耳其对于巴尔干地区实施的"新奥斯曼主义"政策,即 21 世纪初土耳其正发党对巴尔干国家实施的积极外交政策。该党借助"奥斯曼历史遗产"这一情感纽带,逐渐改变对

---

① 徐刚:《巴尔干地区合作与欧洲一体化》,北京:社科文献出版社,2016 年,第 17 页。

② David Barchard, *Turkey and West*, Boston and Henley: Routledge & Kegan Paul, 1985, p. 91.

③ 张向荣:《"新奥斯曼主义":历史嬗变与影响》,《新疆社会科学》2018 年第 2 期,第 108—118 页。

④ 张向荣:《"新奥斯曼主义":历史嬗变与影响》,《新疆社会科学》2018 年第 2 期,第 108—118 页。

巴尔干地区过度偏重西方、配合西方的战略取向,实行独立、积极、多维的外交政策,深化与巴尔干国家在各个领域的互动合作,通过综合运用政治对话、经济合作、文化交流、军事援助等多重手段,将土耳其打造为巴尔干地区具有特殊影响的重要力量。

一、土耳其"新奥斯曼主义式"认同书写的历史缘起与现实动机

从奥斯曼帝国与巴尔干地区的历史关系来看,14—20世纪的巴尔干被称为"鲁米利亚",曾是奥斯曼帝国的核心统治区。14世纪下半叶,奥斯曼-土耳其军队向西挺进,横扫巴尔干各地,先后夺取亚得里亚堡和君士坦丁堡。在此后的一个世纪里,奥斯曼帝国迎来黄金时代,帝国的疆界以巴尔干为中心向四周扩展,很快成为一个横跨欧亚非三大洲的大帝国。从17世纪中后期开始,奥斯曼帝国成为欧洲列强追逐的猎物,中欧的奥匈帝国试图借助日渐崛起的俄国、法国、英国,尝试达成遏制奥斯曼帝国的协议。[①] 18世纪开始,奥斯曼帝国的政治经济开始衰落,欧洲大国对"奥斯曼遗产"的争夺加剧。[②] 19世纪末20世纪初,巴尔干国家的民族解放运动全面高涨,巴尔干民族国家先后完成初步建立。直至一战结束后,奥斯曼帝国解体,土耳其共和国成为奥斯曼帝国最重要的继承者。

[①] 马细谱、余志和:《巴尔干百年简史》,北京:中国青年出版社,2018年,第9—12页。

[②] 马细谱:《巴尔干近现代史》(上卷),北京:中国社会科学出版社,2021年,第89页。

对于土耳其共和国而言，奥斯曼帝国的历史功绩和伟大遗产是身份认同的核心要素。在土耳其共和国进行现代化、世俗化改革的过程中，奥斯曼帝国一度被说成是传统且落后的。尤其是在 20 世纪 20 年代建国初期，土耳其共和国出于国家实力的不足以及周边外交的需求，不得不对奥斯曼帝国的伟大遗产和历史功绩采取一种实用主义和现实主义的态度。① 土耳其共和国不仅不再诉说奥斯曼帝国的伟大，而且一度排斥和批判奥斯曼帝国的遗产。由此，土耳其和奥斯曼帝国之间的硬剥离也导致奥斯曼帝国认同与土耳其民族及国家认同的断裂和纠葛。

土耳其共和国对奥斯曼帝国遗产重新评价的需求出现于冷战结束后的多极化时代。当世界越来越回归到多元权力中心并存的格局之际，土耳其共和国作为从帝国中心转型而来的主权国家面临着国家的重新构建。在国家身份认同上，土耳其不仅要接受现代国际关系的约束，也要与自己辉煌的帝国历史"和解"。② 土耳其前外交部长达武特奥卢（Ahmet Davutoğlu）曾引用心理学家莱恩（Ronald David Laing）的说法，即当一个人的身份中失去了连续性的元素时，他就会对自己感到陌生，并试图投射出一个虚假的自我，从而陷入危机的迷宫。③ 在此前提下，达武特奥卢指出，冷战后土耳其面临的问题与历史或空间维度的缺失有关，而这一历史或空间维度就是奥斯曼帝国；

---

① 昝涛：《奥斯曼-土耳其的发现——历史与叙事》，北京：北京大学出版社，2022年，第 177—179 页。

② 孙兴杰：《"东方问题"与巴尔干化的历史根源》，北京：中央编译出版社，2021年，第 346—347 页。

③ Ergys Mërtiri, "Neo-osmanizmi, alam i rremë", https://www.zeriislam.com/artikulli.php? id=2247［访问时间：2023 年 8 月 15 日］

奥斯曼帝国的过往是现代土耳其身份建立的基础,也是传统复兴的前提,它必须回到那里寻根。[1] 他由此提出"战略纵深主义"(Strategic depth),强调利用土耳其的地理、历史和文化纵深开展周边外交,以丰富西方现代性。[2] 该外交理念表明了土耳其对于欧亚大国地位的追求,即土耳其已不仅是冷战结束初期沟通东西方的"桥梁国家",而是已成为拥有多重地区身份的"枢纽国家"。[3]

埃尔多安(Recep Tayyip Erdoğan)领导的正发党从 2002 年开始上台并长期执政,把"战略纵深主义"作为内政外交政策的主要指导思想。从历史角度看,正发党的崛起是土耳其欧洲化、现代化、民主化进程中的产物,也是土耳其政治、经济、社会长期变迁的结果。[4] 作为伊斯兰主义政党,正发党具有保守中右政党和全能型政党的混合特征,它必须谨慎处理土耳其现代化进程中的各种遗产,如凯末尔主义遗产、新自由主义遗产(厄扎尔遗产)、伊斯兰主义遗产和奥斯曼遗产。[5] 从正发党的国家治理理念与手段来看,该党在全国的城市规划项目中再现了奥斯曼帝国的文化符号,这主要集中在清真寺、宫殿和公共建筑等方面。同时,正发党还支持和资助制作以奥斯曼帝国辉煌历

---

[1] Ergys Mërtiri, "Neo-osmanizmi, alam i rremë", https://www. zeriislam. com/artikulli. php? id=2247[访问时间:2023 年 8 月 15 日]
[2] 朱传忠:《土耳其正义与发展党研究》,北京:社会科学文献出版社,2018 年,第 336—339 页。
[3] 沈莎莉、昝涛:《"百年土耳其"将在全球扮演什么角色》,《世界知识》2023 年第 13 期,第 18—23 页。
[4] 朱传忠:《土耳其正义与发展党研究》,第 1 页。
[5] 朱传忠:《土耳其正义与发展党研究》,第 2 页。

史为核心主题的电影和电视节目,规定将奥斯曼-土耳其语课程纳入全国高中课程,试图以奥斯曼语言带动奥斯曼文化的复兴。①

在外交方面,正发党也延续了其国家治理的传统复兴理念,强调继承奥斯曼帝国的历史遗产和地理遗产,同时吸纳了"泛伊斯兰主义"和"泛突厥主义",试图将土耳其打造为积极的行动体参与全球化进程。② 西方学界将土耳其正发党的外交理念和路线称为"新奥斯曼主义"。现代巴尔干国家和地区作为奥斯曼帝国遗产的持有者,特别是西巴尔干③在血缘和族群上与土耳其的联系十分紧密,成为土耳其正发党开展周边外交的重心。

身份认同的书写是土耳其在巴尔干地区开展外交的基础,只有先书写巴尔干认同,强调自身的巴尔干属性,才能够名正言顺地"介入"巴尔干事务,在该地区发挥领导作用。土耳其的巴尔干身份源于土耳其与巴尔干的历史联系、地缘关系与社会交往的需求。土耳其共和国外交部官网中写道:"土耳其本身就是巴尔干国家,高度重视与(其他)巴尔干国家的双边关系,

---

① 刘中民、曾卓:《土耳其政治发展与对外战略中的身份政治困境》,《外交评论》2023 年第 1 期,第 109—133 页。
② 刘中民、曾卓:《土耳其政治发展与对外战略中的身份政治困境》,《外交评论》2023 年第 1 期,第 109—133 页。
③ 西巴尔干(The Western Balkans)是一个政治地理概念,原指除斯洛文尼亚以外的南斯拉夫继承国——波黑、克罗地亚、北马其顿、塞尔维亚和黑山,加上阿尔巴尼亚等国家构成的地区。该概念最早由欧盟在 1996 年提出。克罗地亚于 2013 年 7 月 1 日加入欧盟后不再属于西巴尔干国家。科索沃于 2008 年 2 月单方面宣布脱离塞尔维亚独立,中国政府尚未承认其独立地位,但不排除将其作为一个研究对象。

与各国都保持着良好关系。巴尔干地区是土耳其的优先发展对象,不仅从政治、经济和地理角度来看,而且还因为它与该地区的历史、文化和人文联系。巴尔干地区是土耳其与欧洲其他地区的地理纽带,在塑造土耳其民族的历史进程中具有特殊地位。"①可见,正发党诉诸身份政治和认同叙事,试图书写土耳其的巴尔干认同,以强化该地区的整体性,服务于土耳其现代化进程中传统复兴的理想。

二、"新奥斯曼主义式"认同书写的路径:土耳其对于奥斯曼文化记忆的重新建构

从认同书写的性质来讲,土耳其的巴尔干认同书写是服务于其外交目标的集体认同书写,而集体认同需要建立在群体对共享的过去和历史的选择性记忆之基础上。② 法国社会学家莫里斯·哈布瓦赫(Maurice Halbwachs)于 20 世纪 20 年代提出"集体记忆"(mémoire collective)的概念,指集体成员们共享的过去的所有有形和无形的经验与知识的总和。他认为记忆不仅局限于心理层面,而是在社会交往的过程中一些既定的社会框架共同作用的结果,认为集体也是有记忆的,每一个大大小小的集体都有其集体记忆。③ 德国学者扬·阿斯曼(Jan

① 土耳其共和国外交部官网,https://www. mfa. gov. tr/relations-with-the-balkan-region. en. mfa. z[访问时间:2023 年 8 月 15 日]
② 赵静蓉:《文化记忆与身份认同》,北京:生活·读书·新知三联书店,2015 年,第 36 页。
③ 〔德〕扬·阿斯曼:《文化记忆:早期高级文化中的文字、回忆和政治身份》,金寿福、黄晓晨译,北京:北京大学出版社,2015 年,第 27—30 页。

Assmann)在集体记忆的基础上又进一步发展出了"文化记忆"(das kulturelle Gedächtnis)的概念。文化记忆可以说是每种文化中的凝聚性结构,这种凝聚性结构不仅将不同个体联系在一起,而且将昨天和今天连接在一起,将过去的经验和回忆不断地带入当下,服务于现在和未来,从而形成一个持续前进的稳定的集体。① 对于土耳其的认同书写而言,奥斯曼时期的文化记忆无疑是土耳其共和国与巴尔干国家和地区在文化领域的凝聚性结构,该时期文化记忆的延续性将服务于土耳其认同书写的目标,将土耳其打造为巴尔干地区具有特殊影响的重要力量。

基于奥斯曼时期共同的文化记忆,土耳其首先宣传巴尔干国家和土耳其属于"同一伟大民族",它们之间具有"文化亲缘"关系。② 2009年年底,时任土耳其总统阿卜杜拉·居尔(Abdullah Gül)访问阿尔巴尼亚时说,"我们大家一起,统统是同一伟大民族的组成部分"③。2011年9月22日,时任土耳其总理埃尔多安在纽约举行的巴尔干国家首脑论坛上强调,"巴尔干国家拥有共同的未来"。他说,土耳其与巴尔干国家有着传统的文化和历史联系,各国应该克服历史上的成见,加强合作和一体化,共创美好的未来。他还说,"巴尔干的所有问题都直接作用于土耳其,因为历史上我们有着兄弟般的联系"④。

① 〔德〕扬·阿斯曼:《文化记忆:早期高级文化中的文字、回忆和政治身份》,第10—17页。
② 马细谱:《土耳其:历史与现实》,北京:中国社会科学出版社,2023年,第331页。
③ 马细谱:《土耳其:历史与现实》,第331页。
④ 马细谱:《土耳其:历史与现实》,第331页。

其次,奥斯曼文化记忆的知识储存成了土耳其认同书写的重要工具。在扬·阿斯曼看来,文化记忆的第一个重要特征就是"身份固化"或"群体关系",文化记忆保存知识的储存,一个群体从这种知识储存中获得关于自己的整体性和独特性的意识。[①] 土耳其正发党试图运用文化记忆的知识储存,在与巴尔干国家的互动中着重强调历史文化的"共享性",利用特定社会群体对文化记忆不断演变的感知,将自我和其他巴尔干国家的界限模糊化,以完成集体身份的建构。在此过程中,宗教和语言的知识储存发挥了重要的功能,最晚脱离奥斯曼统治的那些巴尔干穆斯林国家和地区[②]成了土耳其主要拉拢的对象。

(一) 宗教与记忆重构

达武特奥卢曾明确指出:"从西北的比哈奇开始,沿着波斯尼亚中部——东波斯尼亚——桑贾克——科索沃——阿尔巴尼亚——马其顿——克尔贾利——西色雷斯直达东色雷斯,在土耳其看来这条线路是巴尔干地缘政治和地缘文化的生命线。"[③]达武特奥卢所强调的生命线实则是巴尔干穆斯林聚居的区域,他们要么是相关国家的少数民族,要么是穆斯林占多数的国家和地区。

在巴尔干"复兴伊斯兰教"是土耳其进行认同书写的重要步骤。土耳其在宗教方面全力支持巴尔干的穆斯林群众,宣称

① 赵静蓉:《文化记忆与身份认同》,第36—37页。
② 此指阿尔巴尼亚、波黑、科索沃(地区)和桑贾克(地区)。
③ 马细谱:《土耳其:历史与现实》,第441—442页。

是他们权利和自由的捍卫者,竭力宣扬土耳其的伊斯兰教派,并安排土耳其的伊斯兰组织领导巴尔干的穆斯林社团。而巴尔干地区的伊斯兰教人士也是以各种方式与土耳其保持着密切联系。他们大都毕业于土耳其或中东、北非的高等宗教学院,并获得土耳其的财政资助。①

　　为了重新建构奥斯曼时期的文化记忆,土耳其需要借助承载过去的实体性符号来书写巴尔干集体认同。奥斯曼-土耳其人的建筑艺术对巴尔干各地产生了深刻的影响,星罗棋布的清真寺曾出现在巴尔干各地的城镇,其中有极少数清真寺保留至今。此外,在巴尔干地区今天还能见到一些奥斯曼时期的非宗教建筑,如军事城堡、贸易市场、桥梁等,它们见证了那个时代奥斯曼帝国的文化遗风。② 对于奥斯曼时期的宗教文化记忆而言,清真寺是重要的实体性符号。土耳其共和国以宗教为抓手,帮助巴尔干地区重建和修复奥斯曼帝国时期的宗教场所、纪念碑和桥梁等古建筑。以成立于 1992 年的土耳其合作与协调局(TIKA)③为例,保护奥斯曼时期的文化遗产是这个机构在巴尔干地区的优先工作事项。④ 巴尔干地区最早的协调办公室

① 马细谱:《土耳其:历史与现实》,第 441 页。
② 马细谱:《巴尔干近现代史》(下卷),第 1032 页。
③ 该机构最初旨在给予冷战后的新兴中亚突厥语国家以社会、经济、文化发展等方面的支持,2000 年起逐渐将其业务范围拓展至中东、非洲和巴尔干地区。
④ 信息来源于土耳其合作与协调局官网,https://www.tika.gov.tr/en[访问时间:2023 年 8 月 15 日]。该机构参与修复的奥斯曼时期宗教建筑包括:(1) 波黑,国王清真寺(建于 15 世纪)、马格拉伊库尔顺卢清真寺(建于 16 世纪)、费尔哈特帕夏清真寺(建于 16 世纪);(2) 阿尔巴尼亚,克鲁亚的穆拉德贝伊清真寺(建于 1533 年)、普雷萨萨堡清真寺(建于奥斯曼攻陷克鲁亚时期)、爱尔巴桑的纳齐雷沙清真寺(建于 1599 年)、科尔察的伊利亚 (转下页)

位于波黑,成立于 1995 年波黑战争结束后。2002 年正发党上台后,阿尔巴尼亚、科索沃(地区)、马其顿、塞尔维亚和黑山也逐步开设相应的办公室。

　　伊斯兰教在奥斯曼帝国的对内对外政策之中,特别是在征服巴尔干半岛的"圣战"期间起了巨大作用。宗教成为帝国统治非穆斯林居民的法律基础。在巴尔干基督教地区推行伊斯兰化,是奥斯曼帝国的一项基本国策。而就伊斯兰化的结果而言,巴尔干地区的大部分城乡居民,尤其是巴尔干西部的阿尔巴尼亚、科索沃、西马其顿和波斯尼亚等地的居民最后皈依了伊斯兰教,接受了这种宗教同化政策。② 因此,以伊斯兰教为代表的宗教具备了对于奥斯曼时期文化记忆的"储存功能",而清真寺等宗教场所的重建则是文化记忆的"重现"。土耳其不仅让当代巴尔干民族由在场的建筑重新回到不在场的"过去",通过创造一个共享的过去来确证当下的文化身份,由此改变巴尔干对于奥斯曼文化记忆的印象,在现代巴尔干国家和地区与土耳其共和国之间建构了一种共同的身份价值。

　　(接上页)兹贝伊清真寺(建于 1496 年)、培拉特的普伦比清真寺(建于 1773 年)、吉诺卡斯特的帕扎尔清真寺(建于 1757 年)、培拉特的巴耶济德二世清真寺(建于 15 世纪)、培拉特的单身汉清真寺(建于 1828 年)、培拉特的哈尔维特贝克塔什修道院(建于 1782 年)、地拉那的哈吉清真寺(建成于 1823 年);(3) 科索沃(地区),马哈茂德苏丹清真寺(建于 15 世纪)、希南帕夏清真寺(建于 1615 年)、雅沙尔帕夏清真寺(建于 1834 年)、埃明帕夏清真寺(建于 19 世纪)、穆拉德贝伊清真寺;(4) 黑山,奥斯曼纳吉奇清真寺(建于 17 世纪);(5) 北马其顿,穆斯塔法帕夏清真寺(建于 1492 年)、伊沙克·瑟勒比清真寺、库鲁巴巴小屋清真寺(建于 1560 年)。

② 马细谱:《巴尔干近现代史》(上卷),第 82—83 页。

(二) 语言与记忆重构

语言和交流是一种"交往记忆"(das kommunikative Gedächtnis),语言以及与他人交往的能力,是在人与他人的交往中、在人内部与外部的循环反馈的合作中才形成的。[①] 土耳其语是土耳其共和国与现代巴尔干国家及地区交往记忆的重要组成部分。尽管土耳其语的形态和语法与巴尔干语言截然不同,但在奥斯曼时期,土耳其语是丰富巴尔干语言词汇的来源,几乎所有巴尔干语言都借用了大量的土耳其语词缀。巴尔干语言中的部分词汇源自土耳其语或是土耳其语的变体,例如:土耳其语和阿尔巴尼亚语的同源词为 perde(perde)、kasap(ksap)、pamuk(pambuku)、fincan(filxhan)、mahalle(mëhallë)、dolap(dollap)、yastık(jastëk),nargile(nargjile);土耳其语和塞尔维亚语的同源词为:bakır(bakar)、pamuk、nar、sabun(sapun)、alet(alat)、tepsi(tepsija)、boğaz(bogaz);土耳其语和克罗地亚语的同源词为:karanfil(karanfilĕ)、çırak(cirak)、balta、çorap(čarape)。[②]

对于巴尔干民族来说,土耳其语是奥斯曼帝国内部的交流语言,不仅被纳入巴尔干地区的口语中,而且在文学、宗教语言、行政文件和其他书面文本中取得了运用与发展。奥斯曼-土耳其人的民间文化和风俗也给巴尔干人民的精神文化生活留

---

① 〔德〕扬·阿斯曼:《文化记忆:早期高级文化中的文字、回忆和政治身份》,第 11 页。

② Fatma Bölükbas, "The Effects of Language Similarities on Turkish Learning Processes of Students from the Balkan Countries," *Çukurova University Faculty of Education Journal*, Vol. 41, No. 1, 2012, pp. 133 – 140.

下了深深的烙印。例如,土耳其人、保加利亚人、塞尔维亚人、阿尔巴尼亚人、希腊人和罗马尼亚人经常使用的一些成语和谚语就非常相近或雷同,这说明不同民族的人民朝夕相处,民间的口头文学相互借鉴,互相融合。①

土耳其正发党利用了语言的文化符号属性,在巴尔干地区大量传播土耳其语,发挥语言的同化作用和身份建构功能。尽管巴尔干各国在过去的一个世纪中曾不同程度地净化自己的语言和地名,进行积极的"去奥斯曼化"行动,但土耳其的语言传播政策重新将奥斯曼元素以现代土耳其语学习的形式带回到巴尔干的语言环境中。土耳其语的传播主要通过教育领域来实施,传播形式主要集中在高等教育项目上:一是以学习一年土耳其语为条件,为巴尔干各国学生提供"学生奖学金项目",该项目主要由海外土耳其人及相关团体委员会(YTB)提供。② 二是由政府组织开设语言教学中心等机构来推进土耳其语在巴尔干的传播。其中,尤努斯·埃姆雷学院(Yunus Emre Institute)既是重要的语言中心,也是举办文化活动的关键机构。该机构肩负着传播土耳其语言文化的职责,在巴尔干地区共开设了 14 所分支机构。③

---

① 马细谱:《巴尔干近现代史》(下卷),第 1032 页。
② Deniz Memedi, "The Western Balkans in Turkish Foreign Policy in the Post Cold War Period (1990 - 2021)," http://dspace. yildiz. edu. tr/xmlui/bitstream/handle/1/12748/6187. pdf? sequence=1[访问时间:2023 年 8 月 15 日]
③ 尤努斯·埃姆雷学院在全球的分支机构共有 41 所,巴尔干地区共有 14 所,其中,在波黑和科索沃(地区)各有 3 所,在阿尔巴尼亚和罗马尼亚各有 2 所,在塞尔维亚、北马其顿、黑山、克罗地亚各有 1 所。

就目前来看,波黑是推广土耳其语课程最为成功的典型案例。尤努斯·埃姆雷学院在波黑特别开设了"我的选择是土耳其语"(My Choice is Turkish)的语言培训计划,旨在为当地中小学生开设土耳其语选修课。2020 年的数据显示,波黑全国 153 所学校的 8000 多名波什尼亚克族儿童将土耳其语作为第二外语。① 截至目前,在全球范围内推行该计划的 9 个国家中,波黑学习土耳其语的人数最多,74%的土耳其语选修课学生来自波黑。②

除了在巴尔干国家及地区开设土耳其语课程外,尤努斯·埃姆雷学院还举办了一系列与奥斯曼-土耳其文化相关的活动,具体包括:译介奥斯曼档案中的巴尔干国家系列丛书、展出奥斯曼时期巴尔干收藏家关于帝国记忆的藏品、展览《古兰经》经文书法作品、纪念奥斯曼时期的巴尔干民族英雄、带领巴尔干的学生参观奥斯曼历史文化遗址,以及举办"土耳其日"活动宣传文化、艺术、音乐和美食等。③

三、巴尔干视野中的奥斯曼文化记忆及其对土耳其认同书写的回应

土耳其正发党借助奥斯曼时期文化记忆的情感纽带进行

---

① Jahja Muhasilovic,"Bosnian-Turkish Relations," in *Tirana Observatory*, vol. 4, no. 1(winter 2022), pp. 74 - 85.

② Jahja Muhasilovic,"Bosnian-Turkish Relations," in *Tirana Observatory*, vol. 4, no. 1(winter 2022), pp. 74 - 85.

③ 此信息来源于尤努斯·埃姆雷学院官网,https://www. yee. org. tr/en[访问时间:2023 年 8 月 15 日]

"新奥斯曼主义式"的认同书写,通过软实力手段逐渐改变对巴尔干地区过度偏重西方、配合西方的战略取向,实行独立、积极、多维的外交政策,深化与巴尔干国家在各个领域的互动合作。虽然奥斯曼时期的文化记忆在土耳其正发党的干预下被不断重构和定义,但奥斯曼帝国的"他者性"与"巴尔干主义"(balkanism)①话语是巴尔干视野中奥斯曼时期文化记忆的恒定因素。

对于巴尔干国家及地区而言,它们在东方主义的话语体系中被贴上奥斯曼帝国遗产的身份标签,奥斯曼帝国的统治使巴尔干为人"发现",成为欧洲内部被污名化的"他者"。打破西方对其"东方主义"的偏见,证明自己的"欧洲性"和"西方性"是其身份认同中的重要任务。为了实现这一目标,巴尔干只能继续服从充满偏见的东方主义话语体系,通过寻找比自己更"东方"的民族来论证自己的"西方性",而土耳其无疑是"东方性"的重要比较对象。

在土耳其正发党强调其巴尔干身份叙事的过程中,巴尔干的回应和态度不仅受到其奥斯曼帝国遗产身份标签的影响,还取决于当下的地缘政治利益和现实主义考量。巴尔干国家将自我认同重新投射到对于奥斯曼帝国和土耳其共和国的评价中,伴随着冷战后实用主义的考量和东西方元素的角逐,最终表现

① 美籍保加利亚学者玛莉亚·托多洛娃(Maria Todorova)在1997年出版的《想象巴尔干》(*Imagining the Balkans*)一书中提出了这一概念。她将"巴尔干主义"与爱德华·萨义德(Edward Said)诠释的东方主义(orientalism)进行了区分,认为前者不是后者的亚类别,即巴尔干主义不是东方主义在巴尔干的变种。与东方主义不同,巴尔干主义有明确的历史与地理边界,没有殖民主义历史,有着确定的叙事本体而不仅仅具有隐喻功能。在此基础上,托多洛娃试图找到一个独特的巴尔干叙事逻辑与框架。

出身份抉择的矛盾性。该地区(尤其是尚未加入欧盟的西巴尔干)在欧洲一体化进程中的自我认知受到土耳其认同书写的干扰。

(一)巴尔干视野中的奥斯曼文化记忆

奥斯曼帝国是以巴尔干半岛大国的身份成长起来的,从 16 世纪到 1913 年巴尔干战争结束为止,巴尔干各民族成为奥斯曼帝国的"被征服者",而奥斯曼帝国也实现了巴尔干的"奥斯曼化"。在巴尔干各民族看来,奥斯曼帝国是由各级官僚机构组织起来的多民族帝国,在实际治理中难以形成高度的社会融合。他们始终认为本土的与外国的(即奥斯曼帝国的)领域中存在着不相容的地方,人为地将"本土的"制度和影响与"奥斯曼的"制度和影响分离开来。[1]

19 世纪末期和 20 世纪初期,在浪漫主义和实证主义思潮的影响下,巴尔干史学强调奥斯曼帝国的"他者性"和"外来性",突出"异己"的概念。对于尚未巩固民族国家纽带并要解决认同问题的巴尔干国家而言,塑造民族意识,将民族国家合法化是其历史书写的主要任务。[2] 巴尔干民族把奥斯曼帝国统治的五个世纪描述为"黑暗时期",认为它破坏了东南欧社会参与欧洲人文主义和文艺复兴的重要进程,使得半岛完全孤立于欧洲的发展之外,并进一步带来了文化倒退和野蛮化。[3] 几乎

---

[1] 〔美〕玛莉亚·托多洛娃:《想象巴尔干》,第 248 页。
[2] 〔美〕玛莉亚·托多洛娃:《想象巴尔干》,第 278—279 页。
[3] 〔美〕玛莉亚·托多洛娃:《想象巴尔干》,第 278—279 页。

每个巴尔干民族都对奥斯曼帝国抱有根深蒂固的负面印象。例如,1389 年的科索沃平原战役导致了塞尔维亚人的失败,但这场战役却演变为塞尔维亚民族主义的神话叙事。在保加利亚民族主义话语中,巴塔克大屠杀(Batak Massacre),即 1876 年四月起义(April Uprising)开始时,被称为"巴什博祖克"(Bashi Bozuk)的非正规奥斯曼民兵在罗多彼山脉(Rhodopes)的巴塔克镇(Batak)屠杀了许多基督徒,也是作为奥斯曼帝国负面印象的来源及保加利亚民族建构的基础。[①]

　　20 世纪初期帝国的解体并没有消解奥斯曼帝国对于巴尔干的"他者性"。这一时期见证了奥斯曼帝国遗产在巴尔干地区的衰落,刚刚脱离帝国统治的现代巴尔干民族在建国过程中亟需实现多领域的"去奥斯曼化"。例如,巴尔干国家试图从"突厥主义"中净化自己的语言和地名,在物质领域(如城市、建筑和服装的整体外观上)抹去奥斯曼元素。而在此过程中,奥斯曼遗产作为一个负面的符号,在外部世界东方主义的视角下成为了巴尔干刻板印象中最常被提及的元素,并进一步催生了西方的"巴尔干主义"话语——"到了 20 世纪初,巴尔干变为一个贬义词,这是伴随着奥斯曼帝国的瓦解和弱小、经济落后的独立民族国家的建立,以及这些国家在努力推进现代化的实践中所引发的。这一现代化进程的困难和随之而来的民族主义的泛滥造成了一种情况,即巴尔干开始成为侵略、不宽容、未开化、半发达、半

[①] Hakan Yavuz, *Nostalgia for the empire：The politics of neo-ottomanism*, London：Oxford University Press，2020，pp. 203 - 235.

文盲和半东方的象征"①。西方通过"巴尔干主义"话语以一种简单划一的方式看待巴尔干国家,由此将巴尔干污名化为欧洲内部的"他者",认为极端暴力倾向是巴尔干心态的固有特征。②

在过去的一个世纪中,巴尔干国家力图阻断奥斯曼帝国遗产的延续影响,以此远离他们的巴尔干性,并进一步在自身和旧统治者之间划定界限。巴尔干国家不仅否认自己的"奥斯曼帝国后裔"的身份,还将自身的结构性问题根源指向帝国统治,宣扬作为奥斯曼受害者的论调。他们视土耳其共和国为奥斯曼帝国的合法继承人,同时也将现代土耳其民族主义等问题归因于其帝国主义的野心。③

(二) 巴尔干对于土耳其认同书写的回应

奥斯曼帝国的历史遗产与文化记忆塑造了现代巴尔干国家与地区的显著特征,奥斯曼帝国历史遗产这一身份标签的消解后,巴尔干国家与地区才可能顺利回归欧洲。自东欧国家政局变动以来,巴尔干国家走上了"欧洲化"的转型道路,在此进程中依然作为东部欧洲的一个独特次区域而存在。尽力消除自身的巴尔干性,即"去巴尔干化"逐渐成为巴尔干国家和地区的一种共识,也成为国家构建的重要内容。④ 当巴尔干国家和地区进行了将近一个世纪的"去奥斯曼化"之后,土耳其正发党

---

① 〔美〕玛莉亚・托多洛娃:《想象巴尔干》,第 296 页。
② 李建军:《"巴尔干战争"的他者叙事与巴尔干主义话语——以〈卡内基报告〉为中心的考察》,《全球史评论》2021 年第 2 期,第 125—142 页。
③ 〔美〕玛莉亚・托多洛娃:《想象巴尔干》,第 272 页。
④ 徐刚:《巴尔干地区合作与欧洲一体化》,第 216 页。

的认同书写将奥斯曼属性再度带回到巴尔干文化中。在巴尔干接受欧盟的帮助和向西的拉力时,土耳其抱持着一种与西方既合作又竞争的态度,借助奥斯曼帝国遗产施加了向东的力量,加入了巴尔干与欧盟之间的非对称关系中,利用自身的历史文化优势挤压西方的活动空间。

在"欧洲化"的过程中,巴尔干对自己民族或国家文化记忆的理解,进而成为其身份认同的重要内容,①尤其是对于奥斯曼帝国遗产的认同,影响着他们对自我的界定以及对欧洲的看法。对于巴尔干(尤其是尚未入盟的西巴尔干的部分穆斯林国家和地区)而言,奥斯曼文化属性和欧洲政治属性的身份认同皆具塑造力,东方和西方元素在巴尔干身份认同中持续"竞赛"。巴尔干国家自身的独特文化属性因此变得更难界定,它们依旧需要通过他者来反观自身。

在巴尔干国家及地区的官方层面,尤其是阿尔巴尼亚、科索沃和波黑等穆斯林国家和地区,选择较为配合地自愿服从土耳其正发党"新奥斯曼主义式"的"文化引导"。从实用主义的角度来看,在土耳其利用奥斯曼文化记忆进行认同书写的过程中,巴尔干国家是"被建构"的受益者,尽管巴尔干国家折损了自身的文化主体性,但由此能够换来更具实用价值的经济和军事利益。巴尔干地区已经成为奥斯曼文化的输出地,土耳其已经在该地区建立了大量清真寺、伊斯兰文化中心和土耳其语学校。此外,在经济领域,土耳其的投资在巴尔干市场站稳了脚跟,土耳其是巴

---

① 徐刚:《巴尔干地区合作与欧洲一体化》,第 218 页。

尔干地区的重要贸易伙伴和外资来源地。① 在军事领域,土耳其作为北约成员国和地区军事大国,为巴尔干提供军事援助,培训军事人才。② 冷战结束后,正发党领导下的土耳其已然成长为连接欧洲和亚洲、东方和西方的一支重要新兴力量,巴尔干国家需要在同土耳其发展双边关系的实际需求与"去奥斯曼化"之间做出平衡。出于现代化国家构建的现实考量,巴尔干重新把合作的目光投向具有一定军事和经济实力的地理邻国,愿意与之维系良好的外交关系。同时,大多数巴尔干穆斯林政治精英都对正发党采取积极态度,他们几乎都认为,土耳其和巴尔干的关系是否能够维持取决于土耳其的国内政治以及土耳其和巴尔干对于欧洲一体化的态度。2010 年起,土耳其在国内层面全面实施"去欧洲化"并转向高度安全化后,其在巴尔干地区的软实力手段的接受度受到了直接影响。2018 年,一位阿尔巴尼亚前政府部长在采访中表示:"在埃尔多安执政的最初几年,土耳其更民主也更亲欧洲。但如今,土耳其与西方没有建立良好关系,也更具压迫性。不过,土耳其仍然是我们(巴尔干)的一部分,我们与之存在许多经济、文化和政治关系。我们希望看到的不是这样的(不亲欧洲的)土耳其,而是一个作为地区伙伴的土耳其。"③

在巴尔干知识分子层面,尽管他们懂得政治制度和经济发展更易塑造国家的政治文化,并且共同的种族、语言和历史文

---

① 马细谱:《土耳其:历史与现实》,第 330 页。

② 马细谱:《土耳其:历史与现实》,第 330 页。

③ Başak Alpan and Ahmet Erdi Öztürk, "Turkish foreign policy in the Balkans amidst 'soft power' and 'de-Europeanisation'," *Southeast European and Black Sea Studies*, vol. 22, no. 1 (February 2022), pp. 45 – 63.

化对于国家间分享共同的政治文化只起到有限的作用,但他们依然担忧巴尔干国家和地区完全认同土耳其正发党提出的规范和要求,在真正意义上被土耳其的政治文化所建构。阿尔巴尼亚学者阿尔贝特·拉基皮(Albert Rakipi)曾提出三点疑虑,这代表了主流看法:第一,阿尔巴尼亚是否会在外交事务上日益失去独立性;第二,阿尔巴尼亚是否正在逐渐陷入土耳其的"轨道",自己的欧洲属性被腐蚀;第三,阿尔巴尼亚是否已经沦为土耳其向欧洲扩张的"跳板"。[1] 部分塞尔维亚知识分子则将正发党当前的外交政策定义为"在寻求社会伊斯兰化的同时完整保留凯末尔主义的现代化国家",他们还将土耳其对于波黑和科索沃地区穆斯林的支持视作一种挑衅。[2]

在巴尔干民众层面,由于文化观念的变迁往往需要好几代人,在当下难免存在"认同逻辑"大于"理性逻辑"的声音。围绕民族英雄和国家纪念碑等奥斯曼帝国文化符号的民族主义争端依旧存在。例如,2016 年土耳其历史学家塔尔哈·乌古鲁埃尔(Talha Uğurluel)在阿尔巴尼亚斯库台诋毁阿尔巴尼亚民族英雄斯坎德培的形象,将之与库尔德恐怖分子相提并论。[3] 作为回应,位于斯库台市中心的土耳其将军哈桑·里扎帕夏

---

[1] Albert Rakipi, "Albanian Turkish Relations—The Perils of Change," https://tiranaobservatory. com/2022/03/09/albanian-turkish-relations-the-perils-of-change/[访问时间:2023 年 8 月 15 日]

[2] Hakan Yavuz, *Nostalgia for the empire : The politics of neo-ottomanism*, pp. 203 - 235.

[3] Top-channel. tv, "Historiani turk fyen Skënderbeun, reagime të forta kundër tij," https://top-channel. tv/2016/07/05/historiani-turk-fyen-skenderbeun-reagime-te-forta-kunder-tij/[访问时间:2023 年 8 月 15 日]

（Hasan Rıza Pasha）的纪念碑遭到阿尔巴尼亚人的破坏，周围墙上的一些牌匾和土耳其共和国国旗也被移除。①

四、结论

奥斯曼帝国和巴尔干有着复杂的历史渊源，奥斯曼帝国时期的文化记忆作为现代巴尔干国家和地区与土耳其共和国的共享文化结构，根据现实需求不断被确认、筛选与改造，以服务于土耳其"新奥斯曼主义式"的认同书写和周边外交目标。随着冷战结束后多极化时代的来临，土耳其的现代身份认同建立在对过去和历史的选择性记忆之基础上，正发党利用奥斯曼文化记忆与巴尔干国家的历史文化纽带，在土耳其的身份认同书写中强调巴尔干属性，作为在巴尔干地区开展积极的周边外交的首要条件。

以巴尔干国家和地区为对象，土耳其建构积极的奥斯曼文化记忆需要运用宗教和语言的知识储存，发挥二者的文化符号属性和建构功能。土耳其利用巴尔干对奥斯曼文化记忆不断演变的感知，使得奥斯曼时期的过往重现当下，将自我和其他巴尔干国家的界限模糊化，以完成集体身份的建构。

随着奥斯曼文化记忆被土耳其重构和定义，巴尔干对于文化记忆的认同也表现出流变的特性。巴尔干国家和地区需要在现代国家建构的现实需求与"去奥斯曼化"之间做出取舍。

---

① Top-channel. tv，"Shkodër, dëmtohet memoriali i Riza Pashës. Hiqet flamuri turk，" https://top-channel. tv/2016/07/07/shkoder-demtohet-memoriali-i-riza-pashes-hiqet-flamuri-turk/［访问时间：2023 年 8 月 15 日］

巴尔干的回应和态度不仅受到其奥斯曼帝国遗产身份标签的影响,还取决于当下的地缘政治利益和现实主义考量。在巴尔干"欧洲化"的进程中,依旧需要借助奥斯曼时期的文化记忆和欧洲政治文化来确证自己的身份认同。

作者简介:尤诗昊,北京外国语大学欧洲语言文化学院2024级博士研究生。

医学、体育与现代土耳其

奥斯曼帝国现代医学的早期缘起、发展特点及政治影响论析

杨冰冰

摘要:诞生于欧洲的现代医学与奥斯曼帝国的传统医学存在明显不同。近代早期,奥斯曼帝国现代医学的早期缘起集中表现为欧洲现代医学著作与欧洲医学人员的有限传播与交流,此时欧洲与奥斯曼帝国的医学交往处于相对平等的地位。随着奥斯曼帝国的衰落及其与欧洲历史发展落差的愈渐增大,自19世纪始,奥斯曼帝国开始主动且大量地引进现代医学。随着医学教育领域从依附到独立,奥斯曼帝国现代医学的发展呈现出从浅显到逐渐深入、从中心延伸到边缘的基本特征。现代医学在晚期奥斯曼帝国的渗透导致传统医学结构受创,新旧医学群体势力的此消彼长加剧了社会矛盾,进而在一定程度上影响了奥斯曼帝国的政治命运走向。

关键词:奥斯曼帝国　土耳其共和国　现代医学　传统医学

土耳其共和国建立于奥斯曼帝国的废墟之上。时至今日,尽管国内外中东学界对晚期奥斯曼帝国至新生土耳其共和国这

段历史时期的研究已经十分丰富,但是学者们对这段历史时期的研究兴趣依然未减,仍很活跃。近年来,随着作为新史学分支之一的医疗社会史的兴起,这也影响了中东学界对奥斯曼帝国衰落与土耳其共和国建立研究的视角转型。越来越多的学者从疾病、人口、医疗等角度重新阐述奥斯曼帝国衰落的历史原因。①然而,尝试从医学发展的角度深入分析晚期奥斯曼帝国政治变革的研究成果尚不多见。其原因在于,医疗社会史的多数研究成果似乎更热衷于强调疾病带来的破坏与医疗系统的建设而未将注意力放在医学史视角与传统的政治史、军事史等视角的对话之上。② 正如土耳其学者尼尔·萨里在伊斯坦布尔 2002 年第

---

① 参见,Birsen Bulmuş, *Plague*, *Quarantine and Geopolitics in the Ottoman Empire*, Edinburgh: Edinburgh University Press, 2005; Hikmet Ozdemir, *The Ottoman Army 1914 – 1918: Disease and Death on the Battlefield*, Salt Lake City: University of Utah Press, 2008; Nükhet Varlık, *Plague and Empire in the Early Modern Mediterranean World : The Ottoman Experience*, 1347 – 1600, New York: Cambridge University Press, 2017.

② 目前大多数研究成果集中在奥斯曼医学的单方面发现,尤其是土耳其学界的研究较为细致,比如 Anadolu Klin, "1893 – 1895 Istanbul Kolera Salgınında Avrupalı Uzmanlar ve Osmanlı Devleti'nde Sağlık Modernizasyonuna Katkıları," *Anadolu Kliniği Tıp Bilimleri Dergisi*, cilt 25, özel sayı 1(Ocak 2020); İdris Yücel, *Anadolu'daki Amerikan Hastaneleri ve Tıbbi Misyonerlik 1880 – 1930*, Doktora Tezi, Hacettepe Üniversitesi, 2011; Adem Ölmez, "İkinci Abdülhamid Döneminde Koruyucu Hekimlik ve Bazı Vesikalar," *Türk Tarih Belgeleri Dergisi*,(2013);英文学界的研究成果有:Miri Shefer Mossensohn, "Medicine in the Ottoman Empire," *Encyclopaedia of the History of Science*, *Technology*, *and Medicine in Non-Western Cultures*,(Aralık 2014); Miri Shefer Mossensohn, *Ottoman Medicine : Healing and Medical Institutions*, 1500 – 1700, Albany: State University of New York Press, 2010; Salim Ayduz, "The Role of Translations in the Eighteenth(转下页)

38 届国际医学史大会上提到,要鼓励人们更多地去思考医学史领域的国际关系。[①] 从奥斯曼帝国现代医学的早期缘起、基本特点出发,探讨现代医学的发展对晚期奥斯曼帝国政治集团的形成与政治命运走向的影响,可谓系从长时段的视角出发,探讨医学史与政治史、军事史等学科视角交叉研究的一次尝试。

现代医学是一个笼统的概念。所谓医学,是为了解决社会中最基本且最发人深省的问题,包括健康与疾病、出生与死亡、衰老与苦难等。[②] 因此,对医学的研究,就是综合运用多学科的知识与技术,从人体与外界环境的辩证关系出发,研究人体生命运动与外界环境的相互关系、相互影响,探讨人类疾病发生机制、变化规律以及预防手段等内容。[③] 实际上,医学不仅知识系统庞大,而且种类繁多。意大利医学研究者卡斯蒂廖尼在《医学史》中,按照地域对医学进行了分类,它们包括美索不达米亚医学、古代埃及医学、以色列医学、古代波斯医学、印度医

(接上页) Century: Transfer of Modern Science and Technology to the Ottoman State," *Foundation for Science Technology and Civilisation*, (December 2006); Gürsel Ortuǧ and Ferruh Yücel and Hakan Ay, "The Role of Austrian Physicians and Prof. Joseph Hyrtl (1810 – 1894) on Modernization of Ottoman-Turkish Medicine," *Annals of Anatomy-Anatomischer Anzeiger*, vol. 185, no. 6(2003).

① Nil Sari, "Turkey and Its International Relations in the History of Medicine," *Vesalius*, vol. 8, no. 2, 2001, p. 86.

② 〔美〕洛伊斯·N. 玛格纳:《医学史》(第二版),刘学礼译,上海:上海人民出版社,2009 年,序言第 2 页。

③ 谢储生、苏光荣主编:《现代医学学科辞典》,北京:军事医学科学出版社,2007 年,第 1 页。

学、古代希腊医学、罗马医学、阿拉伯医学等。谢储生与苏光荣等学者则在《现代医学科学辞典》中根据知识与技术类型对医学进行了划分,它们包括行为医学、艺术医学、身心医学、生物医学、化学医学等。

从中文的字面意思上看,现代医学并不是一个专业术语。现代医学与传统医学是一对互为参照系的概念,两者都共同突出了医学的时代性。威廉·拜纳姆在《19世纪医学科学史》中认为,现代医学是19世纪社会的产物,是名副其实的"我们的医学"。[1] 因此,要了解它们的真正内涵,势必要将其置于对应的社会、历史及政治的网络之中。由于现代医学发端于欧洲,从欧洲现代医学的历史发展来看,本文认为,现代医学其实就是由现代技术、现代观念以及现代实践共同主导下的医学。现代医学与现代社会的诸多要素密切相关。医学知识的权威化、医学行业的专业化与职业化、医学场所与医学教育的独立化、医学管理规范的标准化构成了现代医学的重要内容。本文对奥斯曼帝国现代医学发展轨迹的研究,就是从医学史的视角出发,以奥斯曼帝国从传统社会向现代社会的历史变迁为背景,探讨医学知识的权威化、医学行业的专业化与职业化、医学场所与医学教育的独立化、医学管理规范的标准化等诸多医学要素的转变,进而分析奥斯曼帝国现代医学的发展产生的政治影响。

---

① 〔英〕威廉·F.拜纳姆:《19世纪医学科学史》,曹珍芬译,上海:复旦大学出版社,2000年,前言第1页。

一、奥斯曼帝国传统医学与现代医学之别

奥斯曼帝国传统医学主要承袭自希腊罗马医学、阿拉伯伊斯兰医学与民俗医学三种体系。在奥斯曼帝国漫长的医学史上，三种医学体系并非泾渭分明地独立发展，而是相互交织与彼此借鉴。希腊罗马医学作为古代医学的集大成者，其理论基础与治疗原则是体液学说。据传，体液学说最初可能起源于古埃及医学或是古代美索不达米亚医学，一直到公元前 400 年左右，才被古希腊哲学家体系化，成为后来的体液学说。在此过程中，希波克拉底的《医学原本》的完成与传播发挥了重要作用。希波克拉底在该书中首次对体液学说做了相关说明，他总结指出，火、土、空气与水四种元素组成了自然中的一切事物，在人体中与这四种元素相对应的是四种体液——黑胆汁、黄胆汁、血液和黏液汁。四种体液的平衡造就了人体的健康，而失衡则会导致病痛。因此，医师的任务不仅要对病人施以准确的病因判断，而且也要帮助其摆脱多余的、错位的体液。从病理学的角度而言，体液学说具有明显的自然哲学的倾向，代表着古代医学发展的高峰。[①]

在阿拉伯伊斯兰医学发展成熟的过程中，希腊罗马医学的影响无疑是举足轻重的。阿拉伯伊斯兰医学源起于伊斯兰文明早期的"先知医学"。所谓"先知医学"，笼统而言，指的是《古

---

① Bujalkova M. and Straka S. and Jureckova A. , "Hippocrates' Humoral Pathology in Nowaday's Reflections," *Bratisl Lek Listy*, vol. 102, no. 10 (2001), pp. 489 – 490.

兰经》与《圣训》中记载的先知穆罕默德的医疗、健康意见及具
体做法。① 根据资料显示,早在先知医学时期,希腊罗马医学的
影响已经渗透至阿拉伯半岛。② 倭马亚王朝时期,哈立德·伊
本·亚齐德王子(Khālid ibn Yazīd)出于对医学与炼金术的热
情,组织一批在埃及的希腊学者将希腊语的医学经典著作翻译
成阿拉伯语。阿拔斯王朝时期,在哈里发哈伦·拉希德(Harun
al-Rashid,786—809 年在位)的授意与支持下,于名城巴格达建
成了智慧宫,通过网罗世界知识之瑰宝,召集各地语言之人才,
将希腊语、波斯语、梵语等医学经典著作翻译成阿拉伯语。该
次翻译运动影响之深远,使阿拉伯伊斯兰医学能够吸收其他医
学体系的优秀传统,加速了阿拉伯伊斯兰医学的发展。

阿拉伯伊斯兰医学体系纷繁复杂,包括诸多的病症类型与
药理知识。从整体观之,浓厚的宗教色彩是阿拉伯伊斯兰医学
区别于希腊罗马医学最重要的特征。该理论学说视人为安拉
在世间的作品,人的身体成为安拉的律法能够得以彰显的象
征,人体的患病与康复皆是安拉意志的体现。③ 与此同时,安拉
又是善恶的最终审判者,因此,通过将医学的身体与道德的身
体等同起来,个人的健康取决于道德的表现,任何医学问题都
释放着更大的道德或宗教危机的信号。正是在这样的医学与

---

① Husain F. Nagamia, "Islamic Medicine History and Current Practice," *Journal of the Internetional Society for the History of Islamic Medicine*, vol. 2, no. 4 (2003), p. 19.

② Peter Pormann and Emilie Savage Smith, *Medieval Islamic Medicine*, Washington: Georgetown University Press, 2007, pp. 8 - 9.

③ Muhammad Salim Khan, *Islamic Medicine*, New York: Routledge, 2008, p. 27.

宗教紧密结合的视野中,阿拉伯伊斯兰医学体系的独特性尽显。比如,《古兰经》(34:46)中曾提到"你们的同乡,绝无疯病,在严厉的刑罚来临之前,祂对你们只是一个警告者"。① 在《圣训》中,先知穆罕默德也多次谈论忍耐的美德,因为病痛只是真主对穆斯林的考验。不过,尽管整个阿拉伯伊斯兰医学是在"安拉创世"的框架下展开的,但是很显然,宗教元素对阿拉伯伊斯兰医学的影响并不会导致其停滞不前。医学观点的讨论、技术的改良与进步是阿拉伯伊斯兰医学持续更新的体现。直至公元 10 世纪,阿拉伯伊斯兰医学才逐渐自成体系。近代以前,阿拉伯伊斯兰医学体系一直是充满活力的学科领域,并且促进了欧洲现代医学的发展。②

所谓民俗医学,是在关键特征上与希腊罗马医学、阿拉伯伊斯兰医学相区别的、流行于奥斯曼帝国民间的各种医学的总称。它包括突厥民俗医学传统、巴尔干民俗医学传统以及阿拉伯民俗医学传统三个部分。③ 其中,突厥民俗医学传统是伴随着奥斯曼-土耳其人西迁的历史而流传下来的医学。概括来说,奥斯曼帝国民俗医学的主体是萨满医学,核心理念是万物有灵,并且同时具备自然哲学的底色与超自然因素两个特征。萨满医师虽然不信仰唯一神,但是却相信存在神秘力量,这些力量寓于万物之中,并且会演化为鬼神、精灵等形态。邪恶力量

---

① 《古兰经》,马坚译,北京:中国社会科学出版社,1996 年,第 343 页。

② Peter Porman and Emilie Savage Smith, *Medieval Islamic Medicine*, p. 1.

③ Miri Shefer Mossensohn, "Medicine in the Ottoman Empire, Encyclopaedia of the History of Science," *Technology, and Medicine in Non-Western Cultures*, (Aralık 2014), p. 3048.

会伤害人体,这时便需要用另一种自然力量将其击败。因此,巫师和法师都擅长于将自然的植物制成草药,并辅助以魔法、巫术等超自然理念来治疗大部分疾病。佩戴动物骨头的饰品、在门前贴符咒、摆弄仪式进行祈祷与祭拜都是常见的萨满医学的形式。[1] 近代以前,民俗医学在奥斯曼帝国的乡村地区普遍存在。至 19 世纪,奥斯曼帝国开始推行现代医学改革,严格按照欧洲的标准考查医师的能力与规范行医资格,巫师与法师被视为迷信与封建落后的势力,受到打击。[2]

总的来说,虽然奥斯曼帝国的传统医学源于三个有区别的医学体系,但是区别之中又存在共性,并在此基础上相互补充及竞争性共存,在奥斯曼社会,寻求何种医学治疗途径完全取决于患者本人的选择。奥斯曼帝国传统医学的共性集中表现为两个方面。其一,在具体的治疗理念与治疗方法层面相互借鉴与分享。如,源于希腊罗马医学的放血疗法就同时存在于阿拉伯伊斯兰医学与奥斯曼帝国民俗医学之中。而奥斯曼帝国民俗医学认为水具有治疗、清洁与净化的作用,在希腊罗马医学与阿拉伯伊斯兰医学典籍之中也发现了相关记载。祈祷的水或者宗教场所的水被认为是圣水,维持体液平衡的重点在于水的平衡。在巫师制药的过程中,水的量与浓度被认为是药品效用的关键。而且,水疗法一直在奥斯曼帝国的城市与乡村中颇为盛行,悦耳的水之声被用来治疗精神疾病,温暖的水浴被

---

[1] Serdar Uğurlu, "Traditional Folk Medicine in the Turkish Folk Culture," *Turkish Studies*, Volume 6 Issue 4, 2011, pp. 321 - 323.

[2] Zekeriya Işık, "Sufism in the Sense of Folk Medicine in Ottoman Society," *Hitit İlahiyat Dergisi*, vol. 21, no. 2(2022), p. 922.

用来治疗皮肤病。① 其二,在抽象的病理观、人体观与宇宙观层面的相互统一。比如希腊罗马医学、阿拉伯伊斯兰医学与奥斯曼帝国民俗医学都是从外部以及高处审视人体,认为人体是自然的受物,生长于自然,消亡于自然,受宇宙运行规律的影响。因此,太阳的东升西落,季节的春夏秋冬,天空的斗转星移都牵动着人体生命力周期的循环。人的健康取决于其所处的环境,通过外部的调整能够达成内部修复的目的。

现代医学发端于欧洲。与奥斯曼帝国传统医学的发展情境类似,欧洲传统医学的来源也是复杂多样的。在漫长的历史进程中,欧洲传统医学通过不断吸收、创新及反思,在多种因素杂糅、多股势力作用的情况下实现了从传统医学向现代医学的转变。欧洲传统医学起源于希腊罗马医学。受周边地区文化交流的影响,希腊罗马时期的医学已经高度发展,不仅分成了不同的医学流派,出现了公共医学教育,而且拥有许多较为成熟的医学类型,诸如解剖学、神经学、生理学,等等。② 公元 5 世纪,随着日耳曼人的不断入侵,罗马帝国的衰亡令古老的医学体系被破坏殆尽,唯有教会得以幸免。欧洲医学由此进入基督教医学或者修道院医学的时代。在神权极度膨胀的情况下,医学无法独立,只能依附于神学之下,在不违背神的意志的基础上提供简单的疗愈功能,发展空间很小。文艺复兴时期,大量希腊罗马的医学巨著从阿拉伯人手中重新回到欧洲,一些著名

---

① Zekeriya Işık,"Sufism in the Sense of Folk Medicine in Ottoman Society," *Hitit İlahiyat Dergisi*, vol. 21, no. 2(2022), p. 323.
② 高燕:《欧洲中世纪大学医学教育专业化研究(11 - 14 世纪)》,博士学位论文,河北医科大学,2022 年,第 46—53 页。

的阿拉伯医学著作也被翻译成欧洲语言。与此同时,12世纪大学的兴起提供了医学思想研究与讨论的平台。① 随着大学制度的完善,无论是在读的医学生还是工作的医师们都逐渐表现出专业化、职业化以及规范化的特征。各地医学协会的出现标志着医学已经不再是神学的婢女,医生们的话语权日益提高。正是在对外交流热火朝天、对内发展蒸蒸日上的氛围下,现代医学诞生的环境已经成熟。

欧洲现代医学区别于传统医学的重要特征是解剖学的复兴与临床医学的发展,以及由新技术与新思想带来的医生权威体系的建立、医学准入制度与医学教育体系的发展等一系列后发行为。一般而言,人体解剖学是医学的基础。古希腊的希罗菲卢斯(Herophilos)被认为是欧洲解剖学的创始人。② 文艺复兴时期,阿拉伯医学著作传入欧洲,阿拉伯人的评注丰富了欧洲医生的视野,在此基础上引发欧洲的进一步反思,促进了对解剖学理论的多维探索。萨莱诺大学与博洛尼亚大学都是解剖学研究的中心。博洛尼亚大学的蒙迪诺·迪·卢兹(Mondino de Luzzi)于1316年完成了《解剖学》(La "Anatomia"),这本书被认为是自古希腊时代以来第一部以解剖学为基础的医学作品。直到15世纪,这本书还被广泛应用于解剖教学之中。③ 不过,解剖学的理论虽然日臻成熟,但是当时经院式教学重理论轻实

① 何珊珊:《欧洲中世纪大学医学院的设置与发展》,硕士学位论文,辽宁大学,2015年,第14—38页。
② 〔意〕阿尔图罗·卡斯蒂缪尼:《医学史》(上),程之范、甄橙译,桂林:广西师范大学出版社,2003年,第131页。
③ 〔意〕阿尔图罗·卡斯蒂缪尼:《医学史》(上),第343页。

践,导致解剖学的实践久久得不到重视。直到 17 世纪临床医学的兴起以及相关医学器械的发明与改进,从理论到实践的解剖学才真正成为现代医学的象征。如,19 世纪听诊器的发明与改良、温度计被纳入医疗测量之列、伦琴发现 X 射线以及显微镜的完善等。① 对人体的愈发了解使得原先传统医学中相对神秘或神圣的一面逐渐淡去,人体不再被视为不可分割的自然生物或者宇宙中的一分子。摆在医师面前的尸体只是一台可拆卸的机器,由各个部位组装而成。对人体的凝视从由外而内、由高至低转变成由内而外、由低至高。正是在这一层面上,集中体现了传统医学向现代医学转变过程中的差异与矛盾。

二、奥斯曼帝国与欧洲现代医学的早期交往

奥斯曼帝国传统医学与欧洲现代医学的初遇,主要是通过医学著作的传播以及医学人员的流动促成的。目前已知最早被翻译成奥斯曼语的欧洲医学文本,是 1500 年奥斯曼帝国征服威尼斯的莫东期间缴获的希腊语资料,由外科医生易卜拉欣·伊本·阿卜杜拉(Cerrah İbrahim ibn Abdullah)翻译。② 在 17 世纪以前,奥斯曼帝国与欧洲之间的医学交流是相对有限的,只有少数从欧洲来到奥斯曼帝国的游医扮演了媒介的角色。随着奥斯曼帝国迎来"郁金香时代"③,奥斯曼的医生们才更多

---

① 〔法〕阿兰·科尔班主编:《身体的历史(卷二):从法国大革命到第一次世界大战》,杨剑译,上海:华东师范大学出版社,2013 年,第 11—13 页。
② Ebru Boyar, "Medicine in Practice: European Influences on the Ottoman Medical Habitat," *Tukish Historical Review*, Vol. 9(2018), p. 214.
③ "郁金香时代"指的是奥斯曼帝国历史上的早期西化时期。

了解拉丁语、法语和意大利语等知识，双方的接触才有了更明确的特征。如宫廷首席医师、基督教皈依者萨利赫·伊本·纳斯鲁拉（Salih ibn Nasrullah）在自己的著作中就大篇幅翻译与引用了德国医生帕拉塞苏斯（Paracelsus）的作品内容。帕拉塞苏斯大胆挑战了盖伦的理论，认为"通过旅行与观察可以学到比任何图书馆都多的医学知识，希波克拉底与盖伦的书籍应该被烧毁"①。虽然帕拉塞苏斯的观点没有改变当时奥斯曼帝国对欧洲医学的普遍认识，但是作为现代医学的火种，经过萨利赫·伊本·纳斯鲁拉的翻译与介绍，至 18 世纪其观点已经在奥斯曼帝国的医生群体内十分流行。而最经常来往于西欧与奥斯曼帝国两地、从事翻译工作的群体，当数从伊比利亚半岛逃往伊斯坦布尔的犹太难民。他们中的一些人受雇于奥斯曼宫廷，为皇室服务。比如为巴耶济德二世（Bayezid Ⅱ，1481—1512 年在位）服务的犹太医生穆萨·卡利努斯·以色莱（Musa Calinus el-İsraili）受命编纂一部关于药物特性的作品，他提交的最终样本中包括大量翻译的相关的欧洲资料。犹太医生唐·曼努埃尔·布鲁多（Don Manuel Brudo）曾经长期在英国行医，来到伊斯坦布尔之后，凭借多年在欧洲的行医经验与对当地习俗的了解，为苏莱曼大帝（Süleyman Ⅰ，1520—1566 年在位）献上了用奥斯曼语写就的《老者之杖》（*Asa-i Piran*）一书，主要讲

---

① Roger French, *Medicine before Science : The Business of Medicine from the Middle Ages to the Enlightenment*, Cambridge: Cambridge University Press, 2003, p. 148.

述老年人遇到的疾病与挑战以及他们应该如何生活。① 除了犹太医生对奥斯曼帝国的医学贡献,还有少数在欧洲接受医学教育的奥斯曼臣民,尤其是来自希腊米勒特的人居多。如生活在17世纪的帕纳吉奥蒂斯·尼库西奥斯(Panagiotis Nikousios)与亚历山大·马夫罗科达托斯(Alexander Mavrokordatos)都曾经在意大利学习,而意大利是当时文艺复兴运动的中心。②

在早期西化思潮的影响下,奥斯曼帝国开始了军事改革。在大维齐尔的主导下,创办军事学校、翻译西方军事著作、改良军舰与武器、按照西方的模式培训新兵团等举措被多次讨论。与此同时,奥斯曼帝国的考察团经常访问欧洲的医疗机构,最早描述奥地利医疗机构的奥斯曼帝国官方文献可以追溯至17世纪。不过,随着欧洲人员的更替与外部战火的延宕,这些军事改革措施并未成功,关于推进现代医学的想法也被保守派阻止,但是一些军事技术、作战方法以及医学文本却被遗留下来。③

总的来说,奥斯曼帝国传统医学与欧洲现代医学的初次相遇是建立在一种互相开放的社会氛围之中。在这种氛围中,双方的医学知识、技术和信息得以流通。不仅犹太难民可以在奥斯曼帝国谋求医职,而且来自欧洲的医生也可以在奥

---

① Ebru Boyar, "Medicine in Practice: European Influences on the Ottoman Medical Habitat," *Tukish Historical Review*, Vol. 9(2018), p. 228.

② Ebru Boyar, "Medicine in Practice: European Influences on the Ottoman Medical Habitat," *Tukish Historical Review*, Vol. 9(2018), p. 228.

③〔美〕伯纳德·刘易斯:《现代土耳其的兴起》,范中廉译,北京:商务印书馆,1982年,第52—56页。

斯曼帝国的疆域内自由行医。这些医师来自法国、荷兰、意大利等，他们背井离乡，长途跋涉，希图在他国之中获取权力、声望或财富。奥斯曼帝国不仅能够给予这些欧洲医师极大的宽容，而且还有很高的尊重与威望。对于当时的奥斯曼人而言，欧洲的医学知识并不构成对自身医学体系的威胁，而是作为现有奥斯曼医学体系的补充。因此，他们大多数时候对欧洲医学的态度都是放任自流。16 世纪与 17 世纪托普卡帕宫的财务记录表明，奥斯曼官员认为雇用欧洲医生并不是一件值得特别注意的事情。① 不过，当双方在某些原则上发生抵触，奥斯曼人也会十分强硬地拒绝欧洲医学的做法。1703 年，3 位在埃迪尔内执业的欧洲医师因行医方法引起当地村民的不满，最终被实施驱逐令。②

　　1789 年塞利姆三世（Salim Ⅲ，1789—1807 年在位）即位后，决心发起"新秩序改革"，新军改革系其中的重要一环。塞利姆三世仿照法国模式组建新军，士兵身穿欧式军服，采用西方战术，聘请欧洲军官主持训练。同期，1805 年，塞利姆三世颁布了《海军法规》，其中明确提及所有战舰必须配备两名医护人员。③ 1807 年，塞利姆三世又派遣医学考察团前往维也纳的外科医学院进行学习，进而将该医学院的教学模式引入伊斯坦布

---

① Ebru Boyar, "Medicine in Practice: European Influences on the Ottoman Medical Habitat," *Tukish Historical Review*, Vol. 9(2018), p. 214.
② Ebru Boyar, "Medicine in Practice: European Influences on the Ottoman Medical Habitat," *Tukish Historical Review*, Vol. 9(2018), p. 214.
③ Miri Shefer Mossensohn, "Medical Treatment in the Ottoman Navy in the Early Modern Period," *Journal of the Economic and Social History of the Orient*, vol. 50, no. 4(2007), p. 562.

尔的一所海军外科医生学校。① 然而,塞利姆三世的新军改革因遭到耶尼切里军团的反对,最后以苏丹退位而匆匆结束。马哈茂德二世(Mahmud Ⅱ,1808—1839 年在位)延续塞利姆三世的精神继续推行改革,用计谋彻底肃清了耶尼切里的力量,并成功将军事改革进一步延伸至非军事方面。自此,长达一个世纪的新旧军之争落下帷幕,而以军事改革的转变为背景,奥斯曼帝国的西化改革也由此进入大刀阔斧的新历史阶段。

为了满足新军的医疗需求,培养新式医生团队,1827 年 3 月 14 日,在苏丹马哈茂德二世的批准下,帝国医学院于伊斯坦布尔成立。该医学院同等招募各族学生,提供三至四年的医学课程,法语授课,由帝国金库统一发放薪资。毕业之后,学员被分配至皇宫、军队以及各地区医院从事相应岗位服务。② 在医学院成立的最初几年,除了欧洲的专家,大部分教员与学生都是非穆斯林,包括亚美尼亚人、保加利亚人、希腊人,等等。1838 年,帝国医学院在加拉塔萨雷进行重组。为了表示支持,苏丹派人从欧洲购买了许多医学设备。譬如,为该学校添置了化学实验工具、解剖学模型以及大量医学书籍。俄国医生曾评价,医学院的环境整洁、优美,光线明亮,地面上

---

① Marcel Chahrour, "'A Civilizing Mission'? Austrian Medicine and the Reform of Redical Structures in the Ottoman Empire, 1838 - 1850," *Studies in History and Philosophy of Biological and Biomedical Sciences*, vol. 38, no. 4(2007), p. 692.

② Ilikan Rasimoğlu, "Boundaries, Education and Licence: The Nineteenth Century Ottoman Standardization of Medical Professions," *Trakya Üniversitesi Sosyal Bilimler Dergisi*, (2017), p. 230.

铺满了大理石。①

　　1838 年帝国医学院成立之时,苏丹马哈茂德二世在揭牌仪式的演说中就已经透露出其在日后的意图。

> "我优先考虑成立这所医学院,因为它致力于一项神圣的职责——保护民众的健康。我们一方面需要为军队与民众培养优秀的医生,一方面又需要将那些优秀的医学技术引进来。目前你们可能会问我,为什么教学语言使用的是法语。我作出的回答是,让你们学习法语的目的不是仅仅学习法语,而是通过法语去学习医学,并且将学习到的优秀技能回馈到我们自身的文化之中。只有通过学习法语,日后才能用奥斯曼语教学,出现用奥斯曼语写就的优秀医学著作。"②

三、奥斯曼帝国现代医学演进的历史背景及其发展特点

　　作为 19 世纪的新事物,奥斯曼帝国现代医学院的建立,无论是在医学教育的内容,还是在形式以及性质方面,都与早期中东地区其他文明的做法有所不同。奥斯曼帝国的传统医学

---

① Marcel Chahrour, "'A Civilizing Mission'? Austrian Medicine and the Reform of Medical Structures in the Ottoman Empire, 1838 - 1850," *Studies in History and Philosophy of Biological and Biomedical Sciences*, vol. 38, no. 4(2007), p. 693.

② Nıyazı Berkes, *The Development of Secularism in Turkey*, London: Hurst & Company, 1998, p. 113.

教育承袭了中东地区其他文明的相关做法,如医学教育体系不是孤立地存在,而是与宗教、国家的慈善理念,社会的护理场所,以及流动人口的职业网络相互联系。中东地区提供集体护理的历史可以追溯到 4 世纪中期的拜占庭帝国。① 当时涌现了一些私人护理院,比如安条克的圣莱昂蒂乌斯、锡瓦斯的尤斯塔修斯修建的护理院。② 从这些人的身份来看,他们都是教会人士。而从字面上看,这些护理院仅是为一些特殊人士如乞丐等提供照护的地方,附带一些免费的基础医疗服务,配有几名医护人员。这些护理院主要坐落于城市地区,由私人或教会提供资金赞助。到了 7 世纪,黎凡特地区与埃及的主要城市分布着大量的护理院,为穷人、病人、行旅者以及朝圣者提供服务。③

公元 8 世纪初,结合拜占庭帝国的医护经验,倭马亚王朝的哈里发瓦利德一世(Walid I,705—715 年在位)在大马士革建造了第一所阿拉伯国家的护理院,该护理院延续了拜占庭帝国的护理院风格,仅提供基础水平的温饱与照护,缺乏医疗设备、专业的医务人员。④ 至 10 世纪,这种护理院已经遍布阿拉伯国家。十字军东征时期,欧洲骑士团在西亚建立的慈善医院也是中东

---

① 高燕:《欧洲中世纪大学医学教育专业化研究(11 - 14 世纪)》,第 63 页。

② Ahmed Ragab, *The Medieval Islamic Hospital : Medicine, Religion, and Charity*, New York: Cambridge University Press, 2015, p. 12.

③ Ahmed Ragab, *The Medieval Islamic Hospital : Medicine, Religion, and Charity*, p. 14.

④ Andrew C Miller, "Jundi-Shapur, Bimaristans, and the Rise of Academicmedical Centres," *Journal of the Royal Society of Medicine*, Vol. 99(2006), p. 616.

地区医院历史发展的重要组成部分。区别于护理院,慈善医院整体规模更大,照护水平更高,且在医学教育与培训方面表现出更加成熟的发展特征。在行旅者的描述中,耶路撒冷的慈善医院的床位超过一千张,病人总数达到了两千人。然而,与数以千计的病患相比,这所医院的医师仅有 4 名。[1]

慈善医院也是开展医学教育的中心。生活在中世纪的民众可以通过两种途径学习医学知识。第一种是通过公共医学教育。慈善医院的医师经常公开举办医学讲座,答疑解惑,不拒来者,任何人都可以参加。第二种是通过私下传授的学徒式教育。学徒平时在医院里给师傅打下手,学习具体的医疗实践经验,工作闲暇之余师傅给学徒讲授医学理论。13 世纪的叙利亚医生伊本·阿比·乌塞比亚(Ibn Abī Uṣaybiʿah)在自己的著作中就经常回忆起自己在大马士革的慈善医院中进行培训的细节,师傅行医时在旁边观看,工作结束后一起围读医学文本。[2]

随着奥斯曼帝国的崛起以及征服了广大的阿拉伯地区,慈善医院并没有消失,而是继续发挥部分的政治与社会功能。除此之外,奥斯曼帝国还创造了自己的慈善体系,许多“施汤厨房”与“休息小屋”得以建立起来。至 16 世纪中叶,大型慈善机构,如清真寺、休息小屋、施汤厨房、学校与医院等组成的建筑群开始出现。这些具有慈善性质的机构由苏丹、达官贵人与宗

---

① Ahmed Ragab, *The Medieval Islamic Hospital : Medicine, Religion, and Charity*, New York: Cambridge University Press, 2015, p. 61, p. 66.

② Ahmed Ragab, *The Medieval Islamic Hospital : Medicine, Religion, and Charity*, pp. 6 - 7.

教学者赞助,归于瓦克夫名下,由宗教基金会运行管理。17 世纪晚期的行旅者洛朗·达维厄(Laurent d'Arvieux)指出,土耳其的慈善事业不分宗教、年龄与性别,它平等地向所有人提供,也向所有人开放。①

总体而言,在现代医学院成立之前,奥斯曼帝国的医学教育体系是多元且分散的。医学教育与大型的医学活动依附于慈善机构,抑或作为军队的后勤部门而存在。由于没有明确的职业等级制度与晋升渠道,从事医疗事业的人员缺乏固定的职业标准、职业道德,更没有如欧洲那样的基于共同利益基础的职业协会。除了少数的医生利用了学徒继承制,大多数的医师与药剂师都是靠旁听公共医学讲座或者研究医典自学成才。他们来自各行各业,可以是理发师、巫师、产婆与宗教人士,甚至奴隶与俘虏都有可能通过卖弄医学知识而获得报酬。这些民间医生并非专擅此道,而是身兼数职,长期游走于城市与乡村之间,偶尔坐诊。即使是在宫廷中服务的医生也没有专门的供职部门,而是根据短期需求临时调配。而且,传统医学教育深深嵌于社会之中,与清真寺、学校、施汤厨房与休息小屋等结成网络自成一体。凭借着救助与照护,带有慈善色彩的传统医学教育不仅符合伊斯兰教的理想,而且弘扬了造福社会的理念,是苏丹及达官贵人彰显自身威信与政治影响力的载体,具有广泛的政治与社会功能。

---

① Yaron Ayalon, *Natural Disasters in the Ottoman Empire*, *Plague*, *Famine*, *And Other Misfortnues*, New York: Cambridge University Press, 2015, p. 120.

正是考虑到以上方面,现代医学院的成立以及现代医学的引进才具有重要意义。1805年塞利姆三世颁布的《海军法规》,要求所有战舰必须配备两名医护人员。塞利姆三世的《海军法规》最大的变化是对军事医疗人员的固定化,医护人员不再只是根据临时需要被随意调配,而是服务于特定的医疗单位。而现代医学院的成立,摆脱了以往的依附状态,在规模与性质上都是耳目一新的。它不仅是第一个大型且独立的,也是真正被落实、得到官方运营以及能够产生持续影响的工程。帝国医学院成立之前,伊斯坦布尔已经存在几所培养现代医生的学校。这些学校都随着帝国医学院的成立而变得更有价值。在坦齐马特运动时期,帝国医学院与其他几所医生学校共同成为西方现代医学知识与实践模式传播的重要基地。医学教育从依附到独立是奥斯曼帝国在此后继续推行现代医学改革的重要条件。

1867年,奥斯曼帝国的第一家民间医学院成立,奥斯曼帝国的现代医学开始在教学方向上进行调整。民间医学院以奥斯曼语为教学语言,在招生范围与教学内容方面与帝国医学院有所不同。大维齐尔表示,这所民间医学院将致力于培养大量的优秀医师,并将其派往基层的乡镇,以满足各地方的医疗需求。[1] 民间医学院每年招生200人,分为5个班,教育年限最初为5年,后来改为6年。[2] 相比帝国医学院,穆斯林学生的比例有所提高。民间医学院日常课程包括有机化学、解剖学、制药学、植物学,等

---

[1] Erdem Aydın, *Türkiye'de Sağlık Teşkilatlanması Tarihi*, Ankara: Naturel Yayıncılık, 2002, s. 15.

[2] Aslı Taşpınar, *Osmanlı Devleti'nde Sağlık Teşkilatı 1827 – 1914*, Yüksek Lisans Tezi, Süleyman Demirel Üniversitesi, 2011, ss. 56 – 57.

等。这家民间医学院最初设在帝国医学院内部,随着学生人数的增多,1874年搬至伊斯坦布尔的阿希尔卡皮街区。随后,由于学校各部门的发展与建筑扩容的需要,民间医学院又搬至卡迪尔加街区,在那里,眼科、皮肤科、梅毒科、妇产科、制药科、细菌学都得到了一定的发展。1909年,民间医学院又搬至海达尔巴夏街区,旧址被用作牙医与药剂师学校。1874年,第一批学生从民间医学院毕业,至1909年,共有725名学生从该校毕业。① 1871年,奥斯曼帝国政府颁布规定,民间医学院毕业的学生将以"国家医生"的名义前往地方乡镇,参与基层医疗建设。② 奥斯曼帝国现代医学教学方向的调整是奥斯曼帝国将欧洲现代医学本土化的开端,系欧洲现代医学在奥斯曼帝国境内发展传播的重要转折。1876年阿卜杜勒·哈米德二世即位之后,奥斯曼帝国推进现代医学改革的程度愈渐加深。

(一) 现代医学改革从浅显到逐渐深入

在颁布医学条例方面,奥斯曼帝国颁布了诸多法令条文,包括增加对市政卫生的要求及建立中央与地方的医学管理机构,等等。在1877年新颁布的《行省市政法》中,奥斯曼帝国增加了市政当局管理公共卫生的要求,城市议会的职能包括安排

---

① Nil Sarı, *Osmanlı Hekimliği ve Tıp Bilimi*, Osmanlı Devleti'nde Sağlık Hizmetleri Sempozyumu, s. 55.
② Mustafa Sülkü, "Memleket tabipliğinden aile hekimliği sistemine birinci basamak sağlık hizmetleri—Mustafa Sülkü," https://www. istabip. org. tr/ 6741-memleket-tabipliginden-aile-hekimligi-sistemine-birinci-basamak-saglik-hizmetleri-mustafa-sulku. html, 2023 - 12 - 07.

清除街道垃圾、建立干净适宜的公共场所、加强市场的卫生监督等。① 1881 年，中央卫生总局成立，负责全国范围内的医疗卫生事务。② 中央卫生总局还需要为政府提供预防传染病的建议，并对食品、饮品及药品的生产、销售与进出口行使管辖权。③ 1913 年，奥斯曼政府又颁布了《行省政府卫生条例》，在行省级及以下行政单位成立医学大会，由行省级医学大会负责全行省的医疗卫生事务，尤其是改善环境与提供医疗服务。④ 行省级医学大会由中央卫生总局委派的卫生总长管辖。卫生总长及其下属卫生员的职责范围很广，如他们应该每年两次检查其所在行省的居民健康状况，并于每年 2 月之前将健康报告上呈至中央卫生总局。他们负责监督全行省医药法律条例的执行遵守情况，确保疫苗的接种、民众的健康、学校和工厂没有违背卫生管理规定。他们还被要求对医生、药剂师、助产士以及牙医的执业情况进行监督，核查相关从业者持证上岗的情况。各级医学大会每周定时召开一次，并层层上报有关医疗卫生信息。在瘟疫流行的特殊时期，如有必要，应由行省总督、行省卫生总

① "Vilayet Municipal Law,"27 Ramazan 1294，5 October，1877，Translations of the Ottoman Constitutional Laws，https://curiosity. lib. harvard. edu/islamic-heritage-project/catalog/40 - 990041168950203941，2023 - 12 - 07.

② Nuran Yıldırım，"Tanzimat'tan Cumhuriyet'e koruyucu sağlık uygulamaları," *Tanzimat'tan Cumhuriyet'e Türkiye Ansiklo pedisi*，vol. 5(1985)，s. 1320.

③ Layla Aksakal,*The Sick Man and His Medicine：Public Health Reform in the Ottoman Empire and Egypt*，https://dash. harvard. edu/bitstream/handle/1/10015270/Aksakal. pdf? sequence＝1，2023 - 12 - 07.

④ Aslı Taşpınar，*Osmanlı Devleti'nde Sağlık Teşkilatı 1827 - 1914*，Yüksek Lisans Tezi，Süleyman Demirel Universitesi，2011，ss. 24 - 25.

长、州长或县长邀请,更频繁地召开医学大会。[1]

在对医师群体及其提供医疗服务的管理方面,直到 19 世纪,奥斯曼帝国对药品的生产者都还没有明确的规定。除了宫廷药房之外,药品定价权掌握在行会手中,药品来源不透明,一般由民间药剂师或药商小贩提供。因此药价高昂,过失用药的现象时常发生。在伊斯坦布尔,大多数的药剂师都集中在一处被称为"埃及集市"的地方,药剂师也受行会的控制。人们可以在集市上或者向药品推销员购买所需药品。在某些情况下,也可以在慈善医院获得免费药品。倘若人们想要获得疗效更好的药品,那就得托关系向宫廷药房购买,在宫廷药房,药品的生产受到了严格的管理与监督。1839 年,帝国医学院首次开设了药学培训课程,意图培养专业的现代药剂师群体。[2] 1861 年颁布的《关于市药房工业的执行决议》,对药剂师的职业资格与用药服务做了详细的规定。其中提到,只有从帝国医学院毕业的药剂师才有资格配药;配药与开药都要按照流程进行严格的名簿登记;严禁没有资格证书的药剂师直接配药或者给出医疗建议;药品的使用也需要以有颜色的标签向患者详细说明;组织检查小组每年定期对药房进行至少一次检查,严禁售卖不符合卫生标准的药品;严厉打击非法经营的药房,设立严格的惩罚措施,等等。1879 年,奥斯曼帝国的第一个药剂师协会在伊斯

① Erdem Aydın, "19. Yüzyılda Osmanlı Sağlık Teşkilatlanması," *Ankara Üniversitesi Osmanlı Tarihi Araştırma ve Uygulama Merkezi Dergisi*, Cilt 15, Sayı 15(2004), ss. 202 - 204.

② Halil Tekiner, "One Hundred Years of the History of Pharmacy Studies in Turkey," *Pharmazie*, vol. 70(2014), p. 139.

坦布尔成立,该协会积极推动制定药剂师专业化的相关法律规定,如制定药品价格表、限制药店数量、禁止在药店外销售药品等。1908 年,第一个由穆斯林药剂师组成的专业协会成立。①

药品售卖的规范化与药剂师的职业化同样也发生在医疗卫生领域。奥斯曼帝国政府规定,在奥斯曼帝国行医的人员必须拥有在帝国医学院或国外医学院获得的资格证书。在该条例颁布后,已经获得资格证书的医师应该到帝国医学院进行登记,以便对全国的医师进行统一管理。登记在册的医生名录副本在报纸上公布,送往各个药房。医生进行手术需要按程序严格执行,先向上级请示获得许可证,再根据医生的职称与能力匹配相应级别的手术。② 为了推进现代医学在乡村地区的扩展与加强医疗体系的快速反应能力,自 1871 年开始,奥斯曼政府设立了"国家医生"。1882 年,又新增了"事故医生"的职位。国家医生是为基层服务的医生,由市政当局发放工资,带有一定的慈善性质,每周有两天时间在市政府安排的地点免费为公众看病。事故医生则是具有应急性质的医生。在流行病期间,负责协助政府完成健康调查,同时记录相关信息,也兼职照顾病人、接种疫苗、上门治疗、提供卫生指导以及事故平息后的回访。③

基于伊斯兰教的文化习俗,在现代医学向奥斯曼帝国传播

---

① Layla Aksakal,"The Sick Man and His Medicine：Public Health Reform in the Ottoman Empire and Egypt," https：//dash. harvard. edu/bitstream/handle/1/10015270/Aksakal. pdf? sequence＝1, 2023 - 12 - 07.
② Erdem Aydın, "19. Yüzyılda Osmanlı Sağlık Teşkilatlanması, "ss. 202 - 204.
③ Erdem Aydın, "19. Yüzyılda Osmanlı Sağlık Teşkilatlanması, "ss. 202 - 204.

与发展的过程中,作为特殊群体的女性一直处于比较尴尬的位置。为了解决文化与性别隔阂的问题,奥斯曼政府决意培养一批能为女性看病的医师。直到19世纪中叶,奥斯曼社会的助产士群体一直从事的是女性分娩和护理工作。她们大多数依靠着母系代代相传的技能与经验进行治疗。[①] 随着帝国医学院的成立,助产士也受到同样的重视。早前,宫廷医师穆斯塔法・贝切特・阿芬迪(Mustafa Behçet Efendi,1774-1834)就极力强调按照现代方法培养助产士的必要性。1843年,帝国医学院开设了助产士班,学制为2年,学习的课程包括解剖学、生理学、细菌学、卫生学、护理学、助产学,等等。第一届助产士班的毕业生中有10名穆斯林和26名亚美尼亚人,通过班级考试后,她们获得了助产士资格证。1909年,民间医学院从伊斯坦布尔的卡迪尔加街区搬至海达尔巴夏街区以后,在卡迪尔加旧址上创办了一所独立的助产士学校与妇产科诊所。[②] 对医师群体及其提供服务的管理为奥斯曼帝国现代医学改革的推行培养了许多专业的人才,这些专业的医师群体区别于传统且分散的医生群体,是奥斯曼帝国新兴的知识精英。

(二) 现代医学内容逐渐从中心延伸到边缘

奥斯曼帝国现代医学改革的内容逐渐从中心延伸到边缘,促成这一转变的是西方传教士的医学贡献。西方传教士很早

---

① Nursel Gümüş, *XX. Yüzyılın İlk Yarısında Türkiye'de Hastabakıcılık Müessesesi*, Sosyal Bilimler Enstitüsü, Tarih Anabilim Dalı Yüksek lisans Tezi, Muğla Üniversitesi, 2002, s. 17.

② Aslı Taşpınar, *Osmanlı Devleti'nde Sağlık Teşkilatı 1827-1914*, ss. 61-62.

就在奥斯曼帝国境内展开了活动。[1] 他们开办宗教学校,致力于传播"福音",以此为目的,又在学校周边发展了许多相关的经济活动,如经营工厂、成立医疗护理机构。这些教育与医疗机构往往受到西方国家的保护,主要服务对象是奥斯曼帝国的非穆斯林群体。西方传教士作为外来人士兼文化传播的媒介,奥斯曼政府对待该群体的态度一直秉持着相对宽容的原则,这也取决于他们本身的作为。随着后期西方传教士的行动更多地转向医疗服务,奥斯曼政府也随之更多地采取了默认的态度,甚至试图将西方传教士的医疗机构也纳入官方体系的监管之下。

自 19 世纪中叶起,西方传教士在奥斯曼帝国境内的活动日益增多。1845 年,在获得最高波尔特的许可之后,斯特拉福德·坎宁在耶路撒冷建立了第一所新教教堂。英国传教士也在黎巴嫩、安纳托利亚和伊斯坦布尔建立了学校。[2] 1891 年,英国在希伯伦建立了一所传教医院,这是当地唯一的医院,并且持续到英国委任统治的结束。1860 年,法国的耶稣会在贝鲁特的比克法亚建立了一座男童孤儿院。随后,仁爱修女会也在贝鲁特成立了相似的孤儿帮扶机构,并雇用了织布工、裁缝、补鞋匠和木匠。除此之外,为了帮助当地基督徒摆脱贫困,仁爱修女会还在的黎波里的孤儿院附近建立了一家丝绸厂,通过给予贫苦大众工作的方式向当地传教。[3]

---

[1] 彭树智主编:《中东史》,北京:人民出版社,2010 年,第 183 页。
[2] Sedat Kanat,"In the 19th Century the Relations of the Foreign Ambassadors and Missioners with the Ottoman Empire Management," *Tarih ve Gelecek Dergisi*, cilt 5, sayı 1(Nisan 2019), pp. 18 - 19.
[3] Léon Buskens and Nathal Dessing and Petra Sijpesteijn eds., *Christian Missions and Humanitarianism in the Middle East*, *1850 - 1950*, *Ideologies*, *Rhetoric*, *and Practices*, Leiden: Brill, 2020, pp. 24 - 25.

美国传教士的医疗服务建设是奥斯曼帝国现代医学从中心到边缘的发展史上不可忽略的存在。美国海外传道委员会于1810年正式成立。第一批美国传教士在19世纪30年代到达奥斯曼帝国。他们之中的阿萨·道奇、阿萨赫尔·格兰特①、亨利·洛布德尔、亚撒利亚·史密斯与亨利·韦斯特被分配在锡瓦斯、安泰普、贝鲁特、马尔丁、迪亚巴克尔与摩苏尔进行考察,并对当地的医疗状况作了详细的报告,这些报告构成下一阶段开展医疗传教活动的基础。② 1870年,美国海外传道委员会在贝鲁特开设了第一家教会医院,这所医院兼有教学的职能。正是通过医学教育,教会医院得以不断向外拓展。1879年,安泰普的教会医院也顺利建成。1880年以后,美国在小亚细亚半岛的中部与东部地区,建立了更多的教会医院,如,1885年马尔丁的教会医院、1887年开塞利的教会医院、1897年梅尔济丰的教会医院、1899年凡城的教会医院、1903年哈尔普特的教会医院、1903年锡瓦斯的教会医院、1904年阿达纳的教会医院、1904年埃尔祖鲁姆的教会医院、1908年迪亚巴克尔的教会医院,以及1911年科尼亚的教会医院。③ 据相关数据统计,1875年安纳托利亚的美国教会医院数量为244所,到1890年,

---

① Annie Ryder Gracey, *Medical Work of the Woman's Foreign Missionary Society*, Boston: Published by Methodist Episcopal Church, 1888, p. 16.

② İdris Yücel, "An Overview of Religious Medicine in the Near East: Mission Hospitals of the American Board in Asia Minor(1880 – 1923)," *Journal for the Study of Religions and Ideologies*, vol. 14, no. 40(2015), p. 49.

③ İdris Yücel, "An Overview of Religious Medicine in the Near East: Mission Hospitals of the American Board in Asia Minor(1880 – 1923)," *Journal for the Study of Religions and Ideologies*, vol. 14, no. 40(2015), p. 52.

这一数字上升至 464 所。①

　　教会医院每年接诊的患者人数很多,除了服务来教会医院就诊的病人,传教士还会像"赤脚医生"四处行医,尤其是前往乡村地区或更为偏僻的地方。此外,教会医院所接触到的病患在民族与信仰方面也是多元的,最初非穆斯林人数较多,亚美尼亚人是教会医院接触到的主要族群,不过希腊人与保加利亚人也是教会医院的常客。后来穆斯林的人数也在逐年增加。据相关数据统计,在 20 世纪第一个十年中,美国在小亚细亚的传教医院平均每年大约接诊 5000 名患者,其中一些医院的患者人数甚至达到了 10 000 名。克拉伦斯·厄舍尔(Clarence Ussher)在一篇报告中写道:"这个国家的任何医疗工作记录都必然是不完整的,因为无论医生走到哪里,病患都会把路堵得水泄不通。就算医生只是打算去拜访一户人家,但是如果不去拜访主人家的侄子、侄女、兄弟的妻妹等亲戚,都会被认为是失礼的。因此,我无法记录在办公室之外所接触到的病人。"②

　　总的来说,奥斯曼帝国推进现代医学改革的步伐是渐进的,由改革初期医学教育从依附到独立的发展,到医学改革从浅显到深入的转变,包括颁布了诸多的医学条令整治城市卫生、规范医师群体及其提供的服务等,再到医学内容从中心到

① Sedat Kanat,"In the 19th Century the Relations of the Foreign Ambassadors and Missioners with the Ottoman Empire Management," *Tarih ve Gelecek Dergisi*, cilt 5, sayı 1(Nisan 2019), p. 18.
② İdris Yücel,"An Overview of Religious Medicine in the Near East: Mission Hospitals of the American Board in Asia Minor(1880－1923)," *Journal for the Study of Religions and Ideologies*, vol. 14, no. 40(2015), p. 54.

边缘的延伸,奥斯曼帝国现代医学改革的发展呈现出多线并进的历史特点。

四、奥斯曼帝国现代医学发展的政治影响

随着奥斯曼帝国现代医学的发展,新式的医生、药剂师和助产士群体成为奥斯曼政府推进现代化改革的重要支持力量,构成奥斯曼帝国医学发展史上的现代势力,自然无可避免地挤压了传统医生群体的生存空间,排斥着后者的医学权威。传统医生群体权威的不断弱化,集中体现为市场主导权的丧失、对医疗领域控制的减弱以及传统医生群体的分化等相关领域的转变。

随着医疗卫生规范制度化进程的深入,至 19 世纪末,在帝国医学院建立之前就存在于帝国境内且依赖民间医学经验的传统医师和药剂师群体,逐渐沦为了整个医疗卫生体系的边缘,传统医生群体发生了较大的分化。奥斯曼帝国颁布了新的医学标准以后,少数人选择努力向官方的医学标准靠拢,大多数医师则选择了转业,如草药师变成了香料销售商,以售卖香料、糖果、茶或咖啡闻名。① 原先,医疗服务的提供依赖于宗教基金的支持,行医场所一般寓于宗教场所之中,行医理念与宗教理念相互交织,呈现出宗教与医学相互渗透的局面。而纵观 19 世纪现代医学在奥斯曼帝国的发展轨迹,随着医学领域的不

---

① Layla Aksakal,"*The Sick Man and His Medicine : Public Health Reform in the Ottoman Empire and Egypt* ," https://dash. harvard. edu/bitstream/handle/1/10015270/Aksakal. pdf? sequence=1,2023 - 12 - 07.

断扩展,医学服务也发展出诸多不同的形式,比如军事医学、边境医学、检疫医学与传教士医学。医学的不同形式打破了原先的医学边界,宗教对医学的控制逐渐减弱。此外,1850—1875年,帝国医学院的毕业生人数为465名,其中穆斯林人数为214名,占总数的47%。1876—1899年,帝国医学院的毕业生人数增加至1203名,其中穆斯林人数为1010名,占总数的84%。[1]帝国医学院教授了新思想,随着医学院毕业生人数与穆斯林人数的增加,这些新兴的知识精英群体逐渐开始挑战奥斯曼帝国的政治体制。

1908年,青年土耳其党在马其顿发动兵变,迫使阿卜杜勒·哈米德二世恢复中断30年之久的议会选举。经过几番博弈,最终,阿卜杜勒·哈米德二世被废黜,其胞弟穆罕默德·雷沙德(Mehmed Reşâd,1908—1918年在位)成为新苏丹。这场轰轰烈烈的运动结束了阿卜杜勒·哈米德二世的专制统治,开启了青年土耳其党的掌权时代。青年土耳其党掌权期间,奥斯曼帝国的传统政治秩序遭受重创,现代政治势力与政党政治逐渐崭露头角。然而,奥斯曼帝国也在加速解体。1914年,奥斯曼帝国卷入第一次世界大战。1918年,战败的奥斯曼帝国面临着严峻的国际危机,青年土耳其党政府也因此垮台。之后,穆罕默德六世(Mehmed Ⅵ,1918—1922年在位)被匆匆推上苏丹之位,其在位期间,充当与协约国签订和约的工具。直至1923

[1] Oya Gözel Durmaz,"The Rise of the Ottoman Military Medical School as the Center of Anti—Hamidian Opposition," *Current Debates in History & Politics*, vol. 6(2018), p. 13.

年凯末尔革命的胜利,以哈里发制度的废除为标志,名存实亡的奥斯曼帝国才终于画下了历史的句号。

从晚期奥斯曼帝国的政治发展轨迹来看,青年土耳其革命的胜利,无疑代表着现代政治势力对奥斯曼帝国传统政治秩序的否定,促成土耳其共和国成立之前民族精英对政治现代化道路的艰难探索阶段的开启。其实,奥斯曼帝国现代政治势力经历了从萌芽到兴起的过程。它不仅源于对 1876 年第一次立宪运动中青年奥斯曼党群体的继承,而且亦源于自坦齐马特运动以来,诸多现代因素在奥斯曼帝国的成长。其中,现代医学的传播与发展也影响了大多数医学生的政治理念。青年土耳其党的前身统一与进步协会的创始人就是来自帝国医学院的 6 名学生。当时,帝国医学院与民间医学院作为奥斯曼帝国现代化改革的基地之一,这里的学生能够最早接触到先进的医学知识与技术,他们从病人的身体出发,也关注人的精神境界,热衷于讨论政治事务。

苏格兰作家查尔斯·麦克法兰(Charles MacFarlane)曾在 1840 年前往奥斯曼帝国旅行,在其著作《土耳其及其命运》(*Turkey and Its Destiny*)中提到,帝国医学院的图书馆陈列着大量唯物主义内容的书籍。① 而当他被邀请参观斯库塔里的军队医院时,他在读书室里随手翻开一本关于"无神论"的书籍,发现里面的段落被作满了标记。② 此外,帝国医学院的教学机

---

① Charles MacFarlane, *Turkey and Its Destiny*, vol. 1, London: John Murry & Company, 1850, pp. 270 - 271.
② Charles MacFarlane, *Turkey and Its Destiny*, vol. 1, p. 301.

制使其招生的范围不仅局限于奥斯曼帝国的疆域,来自俄国与伊朗的学生带来了 1905 年的俄国革命与 1906 年伊朗立宪革命的消息,①这些消息在学生宿舍里被反复讨论。医学院的学生宿舍还成为医学生准备小册子与组织秘密会议的重要场所。在统一与进步协会的关键人物阿卜杜拉·杰夫代特(Abudllah Cevdet)的房间会定期举行政治、文学或历史的辩论,而几乎所有的学生都或多或少地参加过这种类型的会议。此外,尽管帝国医学院是一所军事医学院,但是其最高管理者却是医生。因此,帝国医学院没有严格的军纪管理,这为学生们的政治化提供了合适的土壤。1889 年,统一与进步协会宣布成立。两年内,其成员就已经超过一百人。②

总的来看,经历过现代医学教育的知识精英们,打破了传统医学知识观中的病理观、人体观与宇宙观之间的相互紧密联系的平衡结构。现代医学知识观中的人体原子化与机械化令他们除了重新审视病人的身体,也开始去审视传统医学知识观中政治医学伦理与社会意识形态的合理性与正当性。既然人体患病更多源于内部肌理的堵塞,那么要想达到治愈的效果,就必须从内部的治疗开始。统一与进步协会的政治精英们选择的立场与他们医学生的身份有着极为重要的联系。在此层面,奥斯曼帝国现代医学发展的政治影响颇为深远。

---

① Oya Gözel Durmaz,"The Rise of the Ottoman Military Medical School as the Center of Anti—Hamidian Opposition," *Current Debates in History & Politics*, vol. 6(2018), p. 11.
② Oya Gözel Durmaz,"The Rise of the Ottoman Military Medical School as the Center of Anti—Hamidian Opposition," *Current Debates in History & Politics*, vol. 6(2018), pp. 15 - 16.

结　语

　　回首过往，奥斯曼帝国现代医学的发展经历了漫长的历史过程。传统的奥斯曼帝国医学，包括希腊罗马医学、阿拉伯伊斯兰医学与突厥民俗医学的医学体系，不仅代表着医学知识与技术的综合体，而且早已与奥斯曼社会的宗教、意识形态、政治与经济网络相互嵌入，构成了奥斯曼社会得以运转的基层逻辑之一。因此，奥斯曼帝国传统医学结构分布的状态不仅是奥斯曼帝国经济社会形态的集中体现，而且也是衡量奥斯曼帝国政治权力的重要标准。在奥斯曼帝国国力鼎盛的时期，欧洲尚不为惧，因此诞生于欧洲的现代医学在奥斯曼社会的早期传播仅产生了有限的影响。欧洲医学书籍与医学人士的流动并不足以引起奥斯曼政府的注意，奥斯曼政府可随意地驱逐相关人员以及禁止其医疗活动。现代医学尚不足以撼动奥斯曼传统医学的结构平衡，奥斯曼帝国的医学话语权尚未流失。

　　但随着历史天平的倾斜与奥斯曼帝国的相对衰落，欧洲国家国力的增长使现代医学在奥斯曼社会逐渐取得了高于传统医学的地位。医学话语权的流失与增强国力的政治需求促使奥斯曼帝国走上了现代医学改革之路。"郁金香时代"，在西化思潮的影响下，奥斯曼帝国考察团被派往欧洲的医疗机构学习。塞利姆三世即位后，奥斯曼政府通过颁布法条，对军队的医护人员做出调整。马哈茂德二世在位时期，由政府出资创建了帝国医学院。在坦齐马特的口号下，奥斯曼政府开始大量引进欧洲的现代医学技术与人员，聘请外国医生，开办现代医学教育、建立医院、购买医学器械、颁布医学法令、对传教医院采取宽容态度,等等。从19世纪奥斯曼帝国政府推进现代医学改革的轨迹来看,奥斯曼帝国现代医学的发展大致呈现出医学教育从依附到独立、医学改革从浅显到逐渐深入、医学内容从中心延伸到边缘的基本特点。

然而,奥斯曼帝国现代医学的发展是一把双刃剑。自上而下的现代医学改革导致了奥斯曼帝国传统医学体系结构的破坏,现代医学集团的培养与现代医学技能的引进构成了对传统医生群体生存环境与知识经验的否定。现代医学知识与技术的权威化、现代医学场所与医学教育的独立化、现代医学行业的专业化与职业化以下医学管理规范的标准化无不排斥着奥斯曼社会传统医学结构的分散状态。从医学院毕业的新式医生、药剂师和助产士构成的现代医学群体挤压了传统医生集团的生存空间,这些人只能被迫转业或进入医学院取得资格证书后再被纳入新型的官方体制之中。奥斯曼帝国现代医学与传统医学两者长期不对等的社会地位导致传统医生集团内部趋向于分化,现代医学知识最终成为撬动政治意识觉醒的有力杠杆,医学领域的发展变革逐渐扩展至政治领域产生了震动,接受现代医学教育的政治精英率先走上了政党政治与民主政治的探索之路。

作者简介:杨冰冰,浙江大学历史学院2023级博士研究生。

西方舶来品的内化：土耳其足球运动的百年发展之路[①]

阿　迪

摘要： 现代足球运动是西方产物，于 1875 年传入奥斯曼帝国。作为西方的文化符号，历经曲折，现代足球运动在奥斯曼帝国落地生根。土耳其共和国建立后，在凯末尔政府的积极推动下，1938 年出台《体育教育法》，组建国家体育总局，足球运动归国家管理，就此成为国家管理下的一项现代体育运动。二战后，土耳其外交战略出现重大转变，加入西方阵营。在此背景下，国家积极支持土耳其足球加入欧足联，土耳其足球运动也由此完成向西转，1962 年正式加入欧足联，成为欧洲足球地缘的一部分。在国家体育总局的管理下，土耳其成功组建全国足球联赛，国际足球赛事日趋频繁，足球运动逐步向全国普及开来，实现了从"小众"到"大众"的跨越式发展并取得了较好的成绩。足球运动作为西方舶来品，在国家管理足球发展方式下，土耳其最终完成了对其的内化。土耳其足球的百年发展之路表明，想要发展好

---

① 本文是马克思主义理论研究和建设工程重大项目（批准号为 2021MZD013）的阶段性成果。

足球运动,并不一定完全照搬西方足球运动发展方式,国家管理下的足球运动发展模式被证明是行得通的。

关键词:土耳其　足球运动　国家管理

土耳其是中东地区大国,面积 78 万多平方千米,现有人口约 8200 万人。[①] 从地缘政治的角度来看,土耳其地处欧亚大陆结合部,北邻俄罗斯,向东为高加索、中亚地区,向西面向欧洲,其南部与东南部则毗邻北非、中东地区,尤其是扼守黑海通往地中海的海峡,拥有独特的地缘优势,战略地位极为重要。[②] 从经济方面来看,土耳其是二十国集团(G20)成员,根据最新统计,现为世界第 19 大经济体(近几年其世界排名在 17—19 名之间,时有波动)。提到土耳其,人们往往较为关注其特殊的地理位置、国际政治中的灵活外交、特色的历史文化遗产等。除上述之外,在现代体育运动“三大球”领域中,土耳其男足、女排及男篮表现强劲。足球运动是土耳其国内第一大球类运动,其足球运动的发展与实力在当今世界足坛可谓独树一帜。土耳其作为中东国家却是欧足联成员,在国际足联的官方排名中,土耳其国家男子足球队常年位居世界前 30 强,在亚非国家里其综合足球实力名列前茅。土耳其足球市场的规模位居世界第六位。[③] 土耳其女子足球运动及青少年足球也取得了较好的进步与成绩。2002 年土耳其获得日韩世界杯季军,不仅创造了中东国家在世界杯中

---

① 关于土耳其人口的统计近几年都有新的变化。由于土耳其接纳了数量较多的难民,以及自身人口增长等因素,目前相关研究对土耳其的人口估算在 8200 万至 8500 万之间。

② 昝涛、易鹏、李玲飞等:《重新发现土耳其》,成都:西南财经大学出版社,2016 年,第 3 页。

③ Younghan Cho, *Football History, Culture and Business*, London: Routledge, 2015, p. 63.

最好的成绩,也是亚非国家在世界杯中的最佳战绩之一。

土耳其作为一个非西方国家,在西方国家主导的现代足球运动中能够取得上述种种成绩,离不开其独特的足球运动发展之路。这为当下体育史研究提供了较为有益的非西方视角。本文通过梳理土耳其足球运动百年发展之路,选取土耳其足球运动发展史中的几个关键节点而非其整个发展过程,尝试探讨其足球运动获得较好发展的原因。

一、现代足球运动传入奥斯曼帝国及其落地生根

自古以来,足球运动是人类体育运动历史进程的一部分。如中国古代的蹴鞠、古希腊的球类运动等。① 工业革命以来,现代足球运动开始形成并得到了较为迅速的发展。英国被公认为是现代足球运动的发源地。19 世纪初,在英国以伊顿公学(Eton College)为代表的学校中足球运动开始流行。② 刚开始,足球运动并没有什么规则,几乎是一种野地游戏,更多的目的是培养身心强健、肌肉发达的基督教绅士。③ 在 1846 年,关于

---

① 〔英〕大卫·戈德布拉特、〔英〕约翰尼·阿克顿:《足球百科》,刘晶捷等译,北京:中国地图出版社,2016 年,第 15—16 页;关于中国古代蹴鞠运动详见国际足联官网:https://www.fifamuseum.com/en/blog-stories/editorial/origins-cuju-in-china/,最后访问日期:2024 年 5 月 9 日。关于古希腊球类运动详见国际足联官网:https://www.fifamuseum.com/en/blog-stories/editorial/origins-greco-roman-ball-games/,最后访问日期:2024 年 4 月 28 日。
② 伊顿公学由亨利六世于 1440 年创办于距伦敦 20 英里的温莎小镇,地处白金汉郡泰晤士河河畔,与温莎宫隔岸相望。伊顿公学以"精英摇篮""绅士文化"闻名世界,也素以军事化的严格管理著称,学生成绩大都优异,被公认是英国最好的中学,是英国王室、政界、经济界精英的专属公学。
③ 〔英〕大卫·戈德布拉特、〔英〕约翰尼·阿克顿:《足球百科》,第 16 页。

足球运动规则的《剑桥规则》在剑桥大学起草。① 1863 年英足总成立后,致力于推广足球运动,于 1872 年在格拉斯哥(Glasgow)举办了真正意义上的国际比赛,英格兰 0 - 0 战平苏格兰,首场足总杯决赛中,流浪者 1 - 0 击败皇家工兵团。1885年英格兰职业足球合法化。② 1886 年,英格兰、苏格兰、威尔士及爱尔兰 4 个足球协会发起成立国际足球理事会(International Football Association Board),并统一了比赛规则。由此,英国不仅成为现代足球运动创始国,更是成为现代足球运动规则的制定国。

19 世纪下半叶,英国的势力遍布全球,从事烟草和棉花贸易的英国商人来到奥斯曼帝国,并在奥斯曼帝国主要商业港口的城市定居。③ 在当时,奥斯曼帝国的塞萨洛尼基(Thessaloniki)和伊兹密尔(Izmir)④是贸易型港口城市。随着时间的推移,这些商人的家眷也随之而来,同时带来了他们沉迷的足球运动,以及烟斗和威士忌。1875 年,在奥斯曼帝国从事贸易活动的英国人在塞萨洛尼基组织了帝国历史上第一场真正意义上的足球比赛。⑤ 1877 年,足球运动再次随着英国人传入伊兹密尔,周末或夏季晚上最大的娱乐活动就是在当

---

① 1863 年的《剑桥规则》详细规定了足球比赛的场地、足球比赛的硬件设施、足球比赛的场上规则,等等,为现代足球的规范化做出了重要的贡献。详见:〔英〕大卫·戈德布拉特、〔英〕约翰尼·阿克顿:《足球百科》,第 17 页。

② 〔英〕大卫·戈德布拉特、〔英〕约翰尼·阿克顿:《足球百科》,第 17 页。

③ TFF Yayinlari, *Türk Futbol Tarihi* (cilt 1), Istanbul: Grafik Sanatlar Matbaacılık A. ş, 1992, p. 10.

④ 伊兹密尔当时的名字为:Smyrna。当时的英国人、希腊人把伊兹密尔称呼为:士麦那。

⑤ TFF Yayinlari, *Türk Futbol Tarihi* (cilt 1), p. 10.

地的草地上英国人与奥斯曼希腊人之间进行的足球比赛。此后，当地的年轻人对足球比赛产生了浓厚兴趣，开始在比赛场地旁围观。这种足球氛围也开始对当地的穆斯林青年产生影响。然而，尽管塞萨洛尼基和伊兹密尔的穆斯林青年对足球比赛表现出极大的兴趣与热情，但在家庭压力和社会上普遍存在的偏见影响下，他们却不敢踢足球。[①] 乌莱玛(Ulama')[②] 反对穆斯林青年从事这项运动，因为踢足球需要穿短裤，从而会裸露身体。这不符合伊斯兰教教义。同时，当时的苏丹政府对足球运动持有怀疑的立场，不希望年轻人聚集在一起踢球。[③] 苏丹阿卜杜勒·哈米德二世(Abdül Hamid Ⅱ,1876—1909 年在位)对足球运动持有怀疑的态度，甚至要求未经政府审核不得开展球类运动。[④]

　　随着时间的推移，1890 年，塞萨洛尼基的足球运动达到了较大的规模。居住在这座城市的英国人、奥斯曼希腊人和意大利人组成的球队之间经常举行足球比赛，赛事也较为激烈。此后，足球运动开始席卷帝国的各个城市。1890 年前后，足球运动进一步传入帝国的心脏——伊斯坦布尔。在这座古老城市的凯迪柯伊(Kadıköy)和莫达(Moda)两地的草坪上，足球运动

---

① TFF Yayinlari，*Türk Futbol Tarihi*(cilt 1)，p. 10.
② 乌莱玛(Ulama')是伊斯兰学者的统称。一译"乌里玛"。阿拉伯语阿林(Alim)复数的音译，指精通古兰经注学、圣训学、教义学、教法学并有系统的宗教知识的学者。泛指伊斯兰知识阶层，包括毛拉、阿訇、大毛拉(毛拉维)、伊玛目(掌教)、卡迪、大卡迪、穆夫提、总穆夫提、穆智泰希德、阿亚图拉、大阿亚图拉、苏菲导师(谢赫)、传教士、诵经学家等。
③ TFF Yayinlari，*Türk Futbol Tarihi*(cilt 1)，p. 11.
④ 王三义：《奥斯曼帝国晚期研究(1792—1918)》，北京：中国社会科学出版社，2015 年，第 239 页。

开始登场。对此,当时美国驻伊斯坦布尔大使馆关于土耳其足球运动的调查报告中指出:"土耳其的足球运动规则与欧洲国家的一致,英国人早在1900年前后便已经开始在伊斯坦布尔的莫达地区进行了足球比赛。"①一些从伊兹密尔移居到伊斯坦布尔的英国家庭在该运动的流行过程中起到了主导作用。与此同时,住在这一地区的奥斯曼希腊青年很快就与英国人打成一片,并加入了英国人的足球运动行列。此后,足球运动在帝国首都伊斯坦布尔开始快速传播与发展。② 1894年,在离塞萨洛尼基不远的伊兹密尔,第一家足球俱乐部由英国人以"伊兹密尔(士麦那)足球俱乐部(Football Club Smyrna)"为名而创立。足球俱乐部的出现说明足球运动规模在不断发展。

1897年,伊兹密尔的一支混合球队(Izmir Mix)来到伊斯坦布尔,迎战伊斯坦布尔混合球队(Istanbul Mix),这是奥斯曼帝国足球史上的又一个重要转折点。③ 足球运动开始出现跨城比赛局面。这些由外国人组成的混合球队甚至在1906年参加了在希腊举办的届间奥运会。④ 在这届奥运会比赛中,丹麦队获

---

① Central File: Decimal File 867. 406, Internal Affairs Of States, Social Matters. , Turkey, Amusements. Sports. Recreation. Where A Grcup Of Amusements Occur In A Subdivision The Name Of The Particular Subject Will Be Placed After The Case Number. , October 1, 1931 – November 25, 1931, p. 66.
② TFF Yayinlari, *Türk Futbol Tarihi*(cilt 1), p. 11.
③ TFF Yayinlari, *Türk Futbol Tarihi*(cilt 1), p. 11.
④ 1906年夏季奥林匹克运动会,于1906年4月22日至5月2日在希腊雅典举行,这次运动会是在第三届与第四届的国际奥林匹克运动会之间所举办的,故称"届间奥运会"(Intercalated Games),由于没有冠上"国际奥林匹克运动会"的名称,因此在比赛期间所颁发的奖牌,也没有被国际奥林匹克委员会所正式承认。

得冠军、伊兹密尔混合足球队获得亚军，塞萨洛尼基混合足球队获得季军。① 伊兹密尔足球队几乎由英国人组成，而塞萨洛尼基足球队则由希腊人组成。

由此可知，在 20 世纪初，奥斯曼帝国的几个大城市中，足球运动得到了初步的发展。然而，此时的足球运动基本上是由英国等外国人所主导。其间，虽然发生了 1901 年的"黑色球袜队"事件（Siyah Çoraplılar）②，但这起事件尚未能推动真正意义上的足球运动本土化。

1908 年，奥斯曼帝国长期积累的诸多矛盾集中爆发出来，先是发生全国性的反对提高赋税运动，同年 7 月，马其顿地区奥斯曼军队中的青年土耳其党人（Young Turks）发起叛乱。身为统一与进步协会（İttihad ve Terakki Cemiyeti/Committee of Union and Progress）成员的青年军官尼亚兹贝伊（Niyazi Bey）最先起事，恩维尔贝伊（Enver Bey）等人随后也加入了叛乱。叛

---

① TFF Yayinlari, *Türk Futbol Tarihi* (cilt 1), p. 11.
② 奥斯曼帝国海军上将侯赛因·胡斯努帕夏（Hüseyin Hüsnü Paşa）的儿子福阿德·胡斯努·贝（Fuad Hüsnü Bey）对足球运动非常着迷。他希望自己能像英国人与奥斯曼希腊人那样踢球。他与朋友雷夏德·达尼亚尔·贝（Reşat Danyal Bey）组建了一支本地足球队叫黑色球袜队（Siyah Çoraplılar）。他们打算与希腊人足球队进行比赛。这场比赛于 1901 年 10 月 26 日进行，由土耳其本地青年组成的黑色球袜队首战 1 比 5 告负。不幸的是，这将成为黑色球袜队的最后一场球赛，因为苏丹首席秘书官哈菲亚·沙米尔（Hafiye Shamil）的手下听闻这场球赛的举行便带队突袭了比赛场。面对比赛刚结束时突如其来的这场袭击与逮捕，场上球员、观赛人群四处逃散，乱作一团。有些人侥幸逃跑，有些人则被捕。这场足球赛的组织者福阿德·胡斯努·贝躲到来看球赛的其父亲海军上将胡赛因·胡斯努帕夏的小汽车上，躲过一劫。而另一位组织者雷夏德·达尼亚尔·贝则显然没有这么幸运，他当场被抓。此后，球队解散。详见：TFF Yayinlari, *Türk Futbol Tarihi* (cilt 1), p. 13.

乱在短短半个月之内席卷了奥斯曼帝国控制下的巴尔干地区，各大城市纷纷要求恢复宪法。苏丹阿卜杜勒·哈米德二世迫于形势，于 7 月 24 日宣布恢复 1876 年宪法，奥斯曼帝国进入第二次立宪时期（1908—1918）。1908 年青年土耳其党人发动的革命是奥斯曼帝国晚期历史的重要分水岭，这次革命也被称为"青年土耳其革命"。1909 年，青年土耳其党人更进一步废黜了苏丹阿卜杜勒·哈米德二世，另立苏丹穆罕默德五世（Mehmet Ⅴ，1909—1918 年在位）。此后，统一与进步协会便成了土耳其真正的主人。① 奥斯曼帝国进入了新的发展阶段。

虽然青年土耳其党人的构成比较复杂，但是他们都基于自己的观点，积极主张推行改革。青年土耳其党人掌权之后，推动了足球运动的发展，在他们的支持下，加拉塔萨雷足球队（Galatasaray S. K.）日益强大，这促使奥斯曼土耳其人发掘了土耳其特质的可能含义。② 这也意味着自 1875 年传入帝国后的现代足球运动，终于在此刻成为帝国本土青年群体可以合法、公开参加的运动。

1908 年后，奥斯曼帝国本土足球俱乐部也开始纷纷加入由外国人主导的伊斯坦布尔足球联赛。费内巴切俱乐部（Fenerbahçe S. K.）在 1907—1908 年夺得伊斯坦布尔足球联赛的冠军，结束了外国人足球俱乐部在土耳其足球联赛历史

---

① 〔英〕伯纳德·刘易斯：《现代土耳其的兴起》，范中廉译，第 228 页。关于 İttihad ve Terakki Cemiyeti/Committee of Union and Progress 的译法有多种，如，同盟进步委员会、统一与进步协会、团结与进步委员会。
② 〔英〕诺曼·斯通：《土耳其简史》，刘昌鑫译，哈全安审校，北京：中信出版集团，2017 年，第 183—184 页。

上的主宰地位。[1] 1903 年原先作为一个体操运动俱乐部的
贝西克塔斯俱乐部（Beşiktaş J. K.）也在此阶段开始进入足
球领域，1910 年成立了贝西克塔斯足球队。[2] 由此，三大足
球俱乐部前后于伊斯坦布尔成立，土耳其（奥斯曼）足球迎来
了属于本土足球俱乐部成立与发展的黄金时期。足球运动
开始在帝国伊斯坦布尔进入快速发展与传播时期。上述三
家足球俱乐部直至今日依然是土耳其足坛的三巨头（Big
Three）。

青年土耳其党人的精英认为足球运动有助于推动土耳其
民族主义并有利于"国家认同的建构"。[3] 此后，足球运动逐渐
开始在本土群体中流行。1910 年后，本土足球俱乐部数量达到
12 家，外国人主导的足球俱乐部数量则有 6 家。随着足球比赛
的日渐增多，之前数千人在露天场地免费观看的足球比赛，开
始在指定的场地定期组织举办。[4] 1913 年，本土足球俱乐部与
外国人足球俱乐部联合成立了伊斯坦布尔足球协会。这代表
了奥斯曼帝国历史上的第一个城市足球协会的诞生。根据相
关统计，截至 1913 年，在伊斯坦布尔踢足球的相关人员数量约

---

[1] TFF Yayinlari, *Türk Futbol Tarihi*(cilt 1), p. 15.

[2] TFF Yayinlari, *Türk Futbol Tarihi*(cilt 1), p. 15.

[3] Cüneyd Okay, "The Introduction, Early Development and Historiography of
Soccer in Turkey: 1890 - 1914," *Soccer & Society*, vol. 3, 2002, p. 5. 关于
青年土耳其党人的相关主张详见：昝涛：《"被管理的现代性"及其挑战者——
对土耳其现代化进程的历史反思》,《史学理论研究》2009 年第 1 期。

[4] Cüneyd Okay, "The Introduction, Early Development and Historiography of
Soccer in Turkey: 1890 - 1914," *Soccer & Society*, vol. 3, 2002, p. 5.

为5000人,有800至1000名注册在案的正式球员从事足球运动。[1] 至此,现代足球运动在奥斯曼帝国正式落地生根,成为一项颇受欢迎的球类运动。

二、土耳其共和国成立后至二战前足球运动的发展

一战爆发后,许多年轻足球运动员被征召入伍,在战争中伤亡,这场战争导致土耳其足球运动被迫中断,其发展甚至出现断层。[2] 由此土耳其足球运动进入一段沉寂期。

一战结束后,随着1923年《洛桑条约》签署,土耳其共和国准备成立。[3] 1923年10月29日,位于安卡拉的土耳其大国民议会(TBMM)经投票决议后,大会选出穆斯塔法·基马尔(凯末尔)为共和国第一任总统。他选出伊斯梅特帕夏(Mustafa İsmet İnönü)作为他的第一任内阁总理。[4] 此后,土耳其在各领域开启了凯末尔主导下的诸多现代化的改革。在凯末尔的各项改革中,体育改革是其重要的一环,甚至被凯末尔认为是

---

[1] Cüneyd Okay, The Introduction, Early Development and Historiography of Soccer in Turkey: 1890 - 1914, *Soccer & Society*, vol. 3, 2002, p. 5.

[2] TFF Yayinlari, *Türk Futbol Tarihi*(cilt 1), p. 39.

[3] 1923年7月,洛桑会议中,各与会国签订了《洛桑条约》,取代《色佛尔条约》成为协约国对土耳其的正式和约。该条约的主要内容包括:承认土耳其本土范围内的主权和领土完整,确定了它的边界,把欧洲部分的东色雷斯和亚洲部分的伊兹密尔归还给土耳其;协约国军队撤出伊斯坦布尔;亚美尼亚和库尔德斯坦等少数民族地区,仍归土耳其所有。但摩苏尔的归属作为悬案,留待以后英土双方谈判解决。详见王绳祖:《国际关系史》第四卷,北京:世界知识出版社,1995年,第160—163页。

[4] 〔英〕伯纳德·刘易斯:《现代土耳其的兴起》,第273页。

关乎土耳其进一步发展的关键。① 1925 年 11 月 1 日,在大国民议会第二届三次代表大会的开幕式上,凯末尔发表了以下讲话:

> 有必要将各种体育活动视为土耳其青年国家教育中的主要课程之一。在这方面,政府应该比以往任何时候都要更加认真和谨慎地采取行动,并在体育方面精心地培养土耳其青年。②

凯末尔在对青年们寄语时说道:

> 青年们,生活就是战斗(Hayat mücadeleden ibarettir)。因此生活中有两种结果,要么成功,要么失败。只要你们不放弃认真的精神,我将肯定你们将一直成功。为国家的繁荣富强而进行的工作中,不要表现出丝毫的犹豫。在推动国家达到预定目标过程中,智力和体力同等重要。为此,你们大脑中的知识与信息、手臂二头肌和腿部等是达成这一目标的重要力量。③

可见凯末尔非常重视体育运动,他认为体育运动在国家达到当代世界文明水平的过程中扮演着重要的角色。

在凯末尔的积极关注下,新生共和国的足球运动进一步获

---

① Sabri Sami Tüfe, *Cumhuriyet Döneminde Spor(1923 - 1938)*, Yayınlanmış Yüksek Lisans Tezi, Marmara Üniversitesi, İstanbul, p. 57.

② *Atatürk'ün Söylev Demeçleri*, C. Ⅱ, Atatürk Araştırma Merkezi, Ankara, 2006, p. 229.

③ *Atatürkçülük Atatürk'ün Görüş ve Direktifleri*, Milli Eğitim Basımevi, İstanbul, 1984, p. 343.

得了发展。在彼时,足球世界杯还没有被创建。此时,奥运会作为世界规模最大的综合性运动会,其足球项目是当时级别最高的国际足球赛事。1924 年巴黎奥运会(The 1924 Paris Olympic Games)的筹备会议于 1921 年在瑞士洛桑举行。此时的土耳其正处于独立战争之中。在决议是否把土耳其、保加利亚和匈牙利等一战的战败国纳入 1924 年巴黎奥运会邀请名单之列时,比利时、捷克和斯洛伐克、卢森堡的代表投了反对票,尽管如此,通过几轮投票后,1924 年巴黎奥运会组委会决定邀请上述三个国家参加。[①] 对此决定,凯末尔非常重视,因为他渴望向世界介绍这个新生的国家。于是凯末尔下令,以国家财政支持组建一支土耳其的 1924 年巴黎奥运会代表团。代表团总计由 40 名运动员组成,分别参加足球、摔跤、自行车和田径项目,其中足球运动员 19 名。[②] 然而在 1924 年巴黎奥运会中,土耳其代表团颗粒无收。即便如此,土耳其依然积极准备参加下一届奥运会。为了备战 1928 年 7 月举行的阿姆斯特丹奥运会(The 1928 Amsterdam Olympic Games),土耳其奥运会代表团开始筹备,计划有 40 名运动员出征该届奥运会,其中足球运动员 20 名。[③] 然而在 1928 年 5 月 28 日举行的奥运会足球项目

[①] Nuray Özdemir, "Türkiye Cumhuriyeti'nin Katıldığı İlk Uluslararası Organizasyon: 1924 Paris Olimpiyatları," *Atatürk Yolu Dergisi*, no. 51, 2013, p. 720.

[②] Efdal As, *The Olympics in which the Republic of Turkey Participated within the period of WWI and WW II in the Context of Relations Between the Ruling Power and Sports Organizations* (*1924 Paris*, *1928 Amsterdam*, *1936 Berlin*), CTAD 12/24, 2016, pp. 156-204.

[③] Muamelat Genel Müdürlüğü, Başbakanlık Cumhuriyet Arşivleri(BCA), Fon Kodu:30. 10. 0. 0, Yer No:144. 36. 3, 12 Şubat 1928.

预选赛中，土耳其国家男子足球队以 1−7 输给埃及队，导致本国足球运动项目无缘阿姆斯特丹。这引发土耳其民众的不满，面对这次重大失利，土耳其开始对参加奥运会预选赛的足球队进行调查。调查结果认定土耳其足球联合会主席木瓦斐克·贝（Muvaffak Bey）和领队希拉夫·贝（Şeref Bey）应对此负责，一些球员无纪律的行为也被调查。[1] 连续两届奥运会，土耳其足球接连败北，也引起了土耳其政府的关注。

　　与奥运会上的表现相反，土耳其足球在外交领域却发挥了积极作用。土耳其共和国成立后，凯末尔提出了"国内和平、世界和平"的主张。[2] 1930 年初，意大利和德国在欧洲的威胁初现，尤其是意大利在地中海日益增长的野心，促使土耳其、希腊两国开始摒弃前嫌，加强彼此之间的关系。1930 年土耳其与希腊签署了中立友好条约，土、希关系出现转折。关系正常化后，足球运动交流开始在土、希两国之间发挥桥梁作用。

　　从 1930 年土、希关系走近至 1936 年，两国之间共计举行了57 场足球比赛。1930 年 10 月 24 日—26 日，希腊阿瑞斯足球队（Aris）访问了土耳其，在伊斯坦布尔与加拉塔萨雷足球队和费内巴切足球队进行了比赛，阿瑞斯队与加拉塔萨雷队踢成 1−1 平手，与费内巴切队的交锋以 5−1 击败对手。当时的土耳其媒体为这两场比赛喝彩，纷纷指出这是少有的精彩、高水准的比赛。土耳其《共和国报》（Cumhuriyet）在一篇《昨天的比赛很

---

[1] BCA, Fon Kodu:30.10.0.0, Yer No:144.36.12., 13 Kasm 1928.

[2] 彭树智主编，黄维民著：《中东国家通史 土耳其卷》，北京：商务印书馆，2002年，第 233 页。

精彩》(*Dünkü Maç Çok Heyecanlıydı*)的社论中写道:"阿瑞斯足球队是欧洲最强球队之一。"①比赛后,无论是土耳其媒体还是希腊媒体,记者们所做的报道都是关于土、希友谊,兄弟情谊长存以及土耳其人的好客等内容,营造了土耳其与希腊之间的和谐氛围。② 由此可见,"足球外交"成为土耳其政府改善与希腊关系的一种独特的外交方式。

　　奥运会足球赛事、与希腊关系中的"足球外交",都属于足球运动对外交流的范畴。在国内方面,土耳其的足球运动也获得了一定程度的发展。1929 年,随着大萧条(The Great Depression)的开始,世界经济大危机爆发。③ 1929—1933 年经济危机时期,土耳其的经济遭受严重冲击,土耳其政府不得不暂时停止一些社会改革,而以国家干预经济,才免于经济崩溃。④ 土耳其经济出现的下滑与困难,也很快影响到了各家足球俱乐部,它们开始出现经营困难等问题。凯末尔政府也逐渐放弃之前温和的自由

---

① "Dünkü Maç Çok Heyecanlıydı," *Cumhuriyet*, İstanbul October 25, 1930.
② "Yunanlılara Karşı İkinci Oyun," *Cumhuriyet*, İstanbul, October 26, 1930.
③ 世界经济大危机又称"1929—1933 年资本主义世界经济危机"(Capitalistic World Economic Crisis in 1929－1933)或"30 年代大危机"(the great Depression of the 1930s),是指 1929—1933 年间发生的、资本主义发展史上波及范围最广、打击最为沉重的世界经济危机。第一次世界大战以后,世界资本主义经济经历了 20 世纪 20 年代相对稳定的发展时期,但随着各国进行大规模的固定资本更新以及开展"产业合理化"运动,生产迅速扩大,而劳动人民有支付能力的需求却在相对缩小,这一对资本主义社会的基本矛盾日益尖锐。从 1929 年起,资本主义世界陷入历史上最深刻、最持久的一次经济大危机。危机首先在实力最强大的资本主义国家美国爆发,然后迅速波及整个资本主义世界。详见王绳祖:《国际关系史》第五卷,北京:世界知识出版社,1995 年,第 1—6 页。
④ 杨兆钧:《土耳其现代史》,昆明:云南大学出版社,2018 年,第 85 页。

主义经济政策,①推行激进的国家主义经济方针,大力发展国有经济,强调工业优先发展原则,扩大政府对于工业生产的干预和投资,旨在加速工业化进程。② 国家主义(Devletçilik)原则也成为此时重要的指导原则。③ 1931 年 5 月随着凯末尔主义经济政策的出台,国家开始对各行各业进行管理与干预。体育运动行业也未能置身事外,凯末尔政府开始对各足球俱乐部与体育运动组织提供经济援助。凯末尔政府想借此构建土耳其的体育运动管理模式。

经过一系列准备工作,关于土耳其体育运动的法律框架结构与文本于 1938 年 6 月 29 日提交土耳其大国民议会并通过。法案的全称为:"1938 年编号 3530 体育教育法"(Beden Terbiyesi Kanunu)。根据该法案内容,随后成立了国家体育总局(Beden Terbiyesi Genel Müdürlügü),开始全面管理并指导土耳其各类体育运动与体育教学。国家体育总局直接隶属于政府。土耳其大国民议会通过《体育教育法》建立国家体育总局

---

① 实际上,早在 1923 年,政府召集的伊兹密尔全国经济大会就确立了发展现代民族工业、保护关税、鼓励私人投资和吸收外国投资等经济发展的基本方针,这是一种相对温和的经济政策。

② 哈全安:《土耳其通史》,上海:上海科学院出版社,2021 年,第 303 页。

③ 凯末尔主义的主要内容包括六条原则:共和主义、民族主义、平民主义、国家主义、世俗主义和革命主义。这六条原则于 1937 年 2 月被写进土耳其新宪法第二条。六条原则在土耳其被称为"六支箭"(altı ok),成为国家长期指导思想,是土耳其的官方意识形态,也是其实现政治和经济现代化的指导原则。其中国家主义(Devletçilik)原则与 1929 年的经济危机密切相关。国家主义原则的主要内容是强调国家应该在经济生活中扮演重要的角色,政府应该积极指导和参与经济活动。"国家主义"是在 1929 年提出的,其理论支点是国家干预经济。详见昝涛:《从巴格达到伊斯坦布尔:历史视野下的中东大变局》,北京:中信出版集团,2022 年,第 214—216 页。

的目标如下：

> 根据国家和革命目标，确保公民的身体和道德能力的
> 发展，成立具有部级资格的国家体育总局，管理和指导体
> 操(jimnastik)和相关体育活动(spor faaliyetlerini)。[1]

第3530号《体育教育法》于1938年7月16日在《政府公
报》(T. C. Resmî Gazete)上公布并生效。在该法律框架内，设
立了隶属于总理府的"国家体育总局"，其总部设在安卡拉。体
育总局局长一职由总理提名，经总统批准任命。[2] 对此，土耳其
历史学家库尔特汗·法西柯(Kurthan Fişek)评论道：

> 这是土耳其对国际体育社会所做出的杰出贡献，在当
> 时(指1938年)全世界没有任何一个国家对体育的管理能
> 够达到这个层面。只有苏联通过体育委员会对体育运动
> 进行了国家管理，然而其体育委员会级别较低。[3]

凯末尔被视为世界上第一位将体育管理视为国家义务并
通过制定《体育教育法》从而在国家层面强制实施体育教育与
管理的国家元首。凯末尔于1938年11月10日去世，法国《队
报》(L'Auto)[4]在凯末尔去世几天后撰文道：

---

① BCA, Fon Kodu：490. 01. 0. 0. , Yer No：1118. 81. 1. ,1938.

② BCA, Fon Kodu：490. 01. 0. 0. , Yer No：1118. 81. 1. ,1938.

③ Kurthan Fişek, *100 Soruda Tükiye*, Istanbul, Türkiye Spor Tarihi Gerçek Yayınevi, 1985, p. 125.

④《队报》(法语原文：L'Équipe,意为"队伍、团队")是一份法国的知名体育性报纸,其所有者为出版集团"Éditions Philippe Amaury"(简称为EPA)。该报纸以在足球、橄榄球、赛车及自行车竞技等方面的专业报道而著称。其前身为著名法文体育报纸 *L'Auto*。

他是世界上第一位将体育定为义务教育的政治家。他不是纸上谈兵，也不是在演讲中，而是在现实中实践了它。他建造了体育场和各种体育运动中心。他亲自监督"人民宫"(Halk evleri)[①]的体育部门，自从他主宰国家命运的那一天起，土耳其的体育变得越来越重要和有价值。[②]

土耳其国家体育总局的目标是"把体育教育和体育运动看作一种公共服务，并成为国家公共职责之一"。从此时起，国家所有的体育组织主席，包括为该组织工作的各地区的工作人员，将被视为国家公务员。[③] 至此，土耳其通过制定专门的国家体育法律，为国家管理体育运动及其组织做好了法律层面的准备。

1938 年开始，国家体育总局负责土耳其所有体育运动项目的管理。在足球运动方面，由国家体育总局任命土耳其足球联

[①] 在民族主义的原则确立之后，利用各种手段宣传凯末尔党人的民族主义，就成为土耳其共和国的民族建设方案中非常重要的一环。凯末尔党人不信任伊斯兰教，因此，他们想建立一个新的公共机构，在其中，世俗的文化将取代伊斯兰教，成为集体忠诚的资源。土耳其政府于 1932 年开始，在城镇地区普遍设立隶属于共和人民党的各级组织"人民宫"(Halk evleri)，在农村地区设立的机构叫"人民之家"(Halk Odaları)。人民宫是凯末尔主义时代进行社会、文化方面公民教育的重要机构，其教育的内容充分地体现了土耳其民族主义的双重使命：民族化和现代化。每个人民宫下设九个部门，这些部门分别从事的文化工作是：语言、历史与文学，美术，戏剧，体育，社会救助，人民课堂，图书出版，农村工作，博物馆和展览。详见昝涛：《现代国家与民族建构：20 世纪前期土耳其民族主义研究》，北京：生活・读书・新知三联书店，2011年，第 358—359 页。在目前的土耳其足球研究领域，人民宫体育部门在当时足球运动中所扮演的角色也受到了关注，被认为是政府干预足球运动的一种表现。

[②] Cem Atabeyoğlu, *Atatürk ve Spor*, Ankara：Başbakanlık Gençlik ve Spor Genel Müdürlüğü Yayınları, 1989, p. 113.

[③] Apak, 'Yeni Beden Terbiyesi Kanunu', Ankara, *Ülkü* 12, 1938, p. 66.

合会的主席,国家体育总局任命足球联合会主席后,由该主席自己提名相关委员。① 1938—1988 年,在长达 50 年的时间里,国家体育总局行使了足球联合会主席的任命权。这就意味着足球运动及其组织已成为国家行政机构的一部分,足球运动由国家对其进行管理和指导。即便在 1950 年共和人民党失去了执政地位,沦为在野党,但共和人民党时期所确立的国家对足球运动的管理与指导原则依然得到延续。

到了 1945 年,由于种种实际困难,《体育教育法》之前所规定、设定的诸多目标几乎都无法落实。这种情况下,曾经被寄予厚望的《体育教育法》被 1945 年当选为国家体育总局第二任局长的韦丹·阿希尔·萨瓦希尔(Vidan Aşir Savaşır)悄悄废除。这个凯末尔时代所确立的法案,虽然只存在了大约 7 年,但是作为该法案的产物,国家体育总局却一直被保留了下来,其职能也未发生改变。

总的来看,1938 年后,土耳其足球运动国家管理发展模式最终确立,成为其足球运动发展中一个新特色,进一步推动了土耳其足球运动的发展。

三、二战后土耳其足球运动的新发展

二战期间,土耳其严守中立,避免了重蹈一战的覆辙。二战末期,苏联开始要求土耳其归还卡尔斯(Kars)和阿尔达汗(Ardahan)两地,导致土、苏关系出现恶化。② 1947 年随着冷战

---

① TFF Yayinlari, *Türk Futbol Tarihi*(cilt 2),p. 4.
② 二战末期土、苏关系急转直下,详见彭树智主编、黄维民著:《中东国家通史土耳其卷》,第 299—300 页。

开始,土耳其投入西方阵营,其国际战略出现重大转变。土耳其的"向西"转向,也促使其足球运动"向西"发展。

二战后随着欧洲地区经济与社会生产的逐步恢复,重振欧洲足球被提上了日程。二战前,国际足联成员中,欧洲国家成员数量占一半以上,具有举足轻重的话语权。[1] 二战后,国际足联成员总数在 1954 年达到 85 个,其中欧洲国家成员数量占 31 席,欧洲国家在国际足联的数量占比出现下降。这意味着在国际足联中欧洲国家并不再占有绝对优势。欧洲国家开始寻求维护本地区足球利益,准备筹建欧足联。1952 年相关欧洲国家开始筹备欧足联,1954 年准备召开筹备会议。土耳其足球联合会主席哈桑·博拉提(Hasan Polat)密切关注此事并指示土耳其足球联合会做好准备,积极筹备申请加入欧足联的事宜。[2]

1954 年 10 月,在苏黎世召开的欧足联会议上,亨利·德劳内提出了欧足联的正式名称——欧洲足球协会联盟(Union des

---

[1] 国际足球联合会(Fédération Internationale de Football Association,FIFA,以下简称国际足联),由国际足联的法语名称便可直观感受到该组织与法国的渊源。1904 年 5 月 21 日,国际足联于法国巴黎成立,其总部于 1932 年由巴黎迁往苏黎世。截至目前,国际足联成员国达 211 个。目前,国际足联旗下拥有三大国家队赛事,分别是国际足联世界杯(FIFA World Cup)、U20 世界杯(世青赛)和 U17 世界杯(世少赛)。国际足联下设有亚洲、欧洲、南美洲、非洲、中北美及加勒比海地区、大洋洲六个地区性组织,工作语言有英语、法语、西班牙语、德语。足球运动是全球第一大运动,国际足联世界杯是全人类共同的节日,正是借助这种全球影响力,国际足联也成为目前最富有、最有权势的国际性体育组织。关于国际足联历史,详见国际足联官网:https://www.fifa.com。

[2] 此时的土耳其足球联合会主席由国家体育总局直接任命,受其领导。详见 TFF Yayinlari, *Türk Futbol Tarihi(cilt 2)*, p. 9.

Associations europeennes de Football,缩写为 UEFA)。^① 此后,欧足联分别以法语、德语和英语三种语言向国际足联的 30 个欧洲成员协会提交了一套章程草案。这套章程草案发送给已有的 28 个欧洲国家足协,以及前一年在巴塞尔开会的新增的波兰国家足协,还有土耳其的加入使得最终收到草案的协会数量达到 30 个。^② 随后各国足协一致通过了该章程。

在同年更早些时候,1954 年 5 月 8 日,亚足联在中国香港正式宣告成立,比欧足联正式成立的时间早约一个月。中国香港人罗文锦任会长,李惠堂任秘书长,1958 年亚足联总部由中国香港迁往马来西亚吉隆坡。1956 年非洲足联也宣告成立。

面对 1954 年接连成立的亚足联、欧足联和在 1956 年成立的非洲足联,国际足联面对的是一个从 1954 年后逐步建立的各地区足球联合会的局面。^③ 作为国际足球运动领导者的国际足联当然不希望自己主导足球运动的权力被蚕食,但又不得不面对这一趋势。既然各地区足球联合会的成立已无法逆转,那么国际足联需要想办法在这一进程中占据主导权,如界定国家的归属、制定规则等。

土耳其于 1955 年参加了欧足联在维也纳举行的大会,并向大会提交了加入欧足联的正式申请。然而,土耳其的这一举动

---

① TFF Yayinlari,*Türk Futbol Tarihi*(cilt 2),p. 12.

② TFF Yayinlari,*Türk Futbol Tarihi*(cilt 2),p. 15.

③ 南美足球联合会在 1916 年 6 月成立,亚洲足球联合会于 1954 年 5 月 8 日成立,欧洲足球联合会于 1954 年 6 月 15 日成立,非洲足球联合会于 1956 年 6 月成立,中北美及加勒比海地区足球联合会在 1961 年成立,大洋洲足球联合会于 1966 年成立。以上数据来自各地区足球联合会官网。

却引来国际足联的关注与反对。时任国际足联秘书长库尔特·加斯曼(Kurt Gassmann)认为土耳其是亚洲国家，不应该加入欧足联。恰好当时来自土耳其的候选人乌尔维·耶纳尔(Ulvi Yenal)正在寻求竞选国际足联委员会委员的职位，于是库尔特·加斯曼把乌尔维·耶纳尔的竞选代表资格归于亚足联，想以此来阻止土耳其加入欧足联。根据国际足联章程与规则，竞选国际足联委员会委员的候选人只能在本地区足联之内提名并参加最终竞选，不得跨洲参加。库尔特·加斯曼不仅认为土耳其应该加入亚足联，并且把来自土耳其的候选人划归亚洲，以此来阻止土耳其加入欧足联的努力。①对此，土耳其的候选人乌尔维·耶纳尔提出了强烈的反对，然而这并不能改变国际足联坚定认为土耳其属于亚洲国家（亚足联）的态度。②

对国际足联的做法，土耳其足球联合会做出了强烈反应并展开了大规模的游说活动。土耳其给每一个欧足联创始会员致信，积极争取他们的支持。1955年大会上，欧足联经过投票后，决定接受土耳其的申请。眼看通过设置障碍来阻止土耳其加入欧足联的努力行不通后，国际足联秘书长库尔特·加斯曼并未打算就此放弃，开始转变思路，通过国际足联来对欧足联施压。于是，1956年2月23日国际足联秘书长库尔特·加斯曼亲自给欧足联写信并指出：

> 土耳其足球联合会要求被视为属于欧洲大陆的请求

---

① TFF Yayinlari, *Türk Futbol Tarihi* (cilt 2), p. 9.
② TFF Yayinlari, *Türk Futbol Tarihi* (cilt 2), p. 9.

已被国际足联执行委员会一致拒绝。①

因为当时除了土耳其足球联合会向国际足联提出申请,要求国际足联承认自己属于欧洲之外,还有塞浦路斯足球协会和以色列足球协会也提交了相同的申请。国际足联秘书长借此次土耳其问题的机会写信给欧足联,进一步指出:

> 塞浦路斯和以色列的国家足球协会也是如此,但执行委员会认为你们的联盟授权他们参加你们组织的比赛并无不妥之处。②

由此可见,国际足联是坚决反对土耳其加入欧足联的,但国际足联却对塞浦路斯和以色列申请加入欧足联持较为宽容的态度,虽不允许这两个国家加入欧足联但可以参加欧足联组织的赛事。

此外,国际足联把土耳其划入将于1958年举行的奥运会足球赛中的亚洲国家组以及世界杯预选赛中的亚洲区。国际足联的如此做法一时间成为当时土耳其媒体上的热门话题,被称作"欧亚问题"(Asia-Europe Question)。在土耳其媒体的一次采访中,丹尼·艾比·施瓦茨(Dane Ebbe Schwartz)③提到了土耳其不能成为欧足联正式会员的症结在于国际足联秘书长库尔特·加斯曼的横加阻挠。④

① André Vieli, *UEFA 60 years at the heart of football*, SA: Grandson, Artgraphic Cavin, 2014, p. 170.
② André Vieli, *UEFA 60 years at the heart of football*, p. 171.
③ 其为1955年欧足联筹备委员会主席。
④ "UEFA'ya göre Avrupalı, FIFA'ya göre Asyalıyız", *Milliyet*, Istanbul, March 31, 1959.

面对国际足联的决定，土耳其官方的坚定态度是要留在世界杯欧洲区预选赛之中。土耳其当时的知名足球专栏作家艾希法克·阿依卡恰（Eşfak Aykaç）在《国民报》上撰文指出："我们想要跟欧洲足球队踢球。"[1]土耳其当局为了拒绝参加世界杯亚洲区预选赛，找了很多借口与理由。如"亚洲国家政治动荡、缺乏安全、去亚洲踢球花费太多"等，并通过土耳其媒体向公众反复传达这种理念。同时，作为对国际足联的回应，从1955年开始土耳其前往欧洲地区与欧洲国家进行了多场足球比赛。

面对国际足联的施压，欧足联需要谨慎考虑。一方面，此时国际足联尚未正式承认欧足联，若因为土耳其问题与国际足联发生矛盾，可能对欧足联自身不利；另一方面土耳其自始至终坚定地加入欧足联的态度又让欧足联左右为难。1956年，在里斯本召开的欧足联大会上，欧足联决定接纳土耳其，但土耳其没有投票权。[2] 至此，通过这一折中的办法，土耳其在1956年成为欧足联的准成员。对此，国际足联一直不予承认。直到1961年，国际足联秘书长库尔特·加斯曼退休后，国际足联正式承认欧足联，随之在1962年国际足联才正式承认土耳其的欧足联会员资格地位，从这个意义上讲，土耳其于1962年才正式取得欧足联成员身份。[3]

在国家的支持下，土耳其足球联合会一再坚持加入欧足联

---

[1] "Avrupa takımları ile oynamak istiyoruz," *Milliyet*, Istanbul, January 8, 1957.

[2] André Vieli, *UEFA 60 years at the heart of football*, SA: Grandson, Artgraphic Cavin, 2014, p. 171.

[3] TFF Yayinlari, *Türk Futbol Tarihi(cilt 2)*, p. 9.

而不愿意加入亚足联,最终得偿所愿。其中,土耳其政府对欧足联成员国的游说起到了效果。这表明,在土耳其加入欧足联的过程中,国家因素发挥了重要作用。土耳其加入欧足联,不仅可以提升其足球水平,更重要的是获得一种欧洲身份的确认。1962 年欧足联正式接纳土耳其为成员后,土耳其足球正式成为欧洲足球版图的一部分。

土耳其积极申请加入欧足联的进程,也从外部推动其国内足球运动进一步发展。一方面,20 世纪五六十年代是土耳其大规模城市化的时期,大量乡村人口涌入大城市。以伊斯坦布尔为例,其人口数从 1946 年的 86 万增至 1950 年的 100 万,1960年增至 150 万。随着人口的增长,伊斯坦布尔的各类体育运动俱乐部数量翻倍,达到 150 家。[1] 涌进城市里的各地移民,需要一个表达自己身份的地方。足球俱乐部在允许个人表达他们的家乡和文化身份方面发挥了关键作用。[2] 城市里的新居民不仅支持原有的足球俱乐部,他们更是组建了基于邻里之间的各种社区足球队。一时间,足球运动不仅在俱乐部层面传播,城市的各个移民区也开始出现各类社区足球运动。足球运动不再是专属精英的运动。随着足球俱乐部数量的日益增长,国家体育总局开始考虑组建国内足球职业联赛,并为此出台了专门的职业联赛指导方案。经过一系列筹备,1952 年伊斯坦布尔联赛正式打响。1955 年开始,安卡拉与伊兹密尔的职业足球联赛也开始

---

① "Kulüplerin Artışı Üzerine," *Akşam*, Istanbul, December 23, 1960.
② Tony Blackshaw, "Contemporary Community theory and Football," *Soccer and Society*, no. 3, 2008, pp. 325 – 326.

运转起来。另一方面，1955年，欧足联开始组织欧洲冠军俱乐部杯(European Champion Clubs' Cup)。①根据欧洲冠军俱乐部杯赛事的规则，欧足联成员国的足球联赛冠军、亚军或者联赛前四名等范围内的足球队可以去参加欧洲冠军俱乐部杯。土耳其在1956年已取得欧足联准会员地位。但当时，土耳其尚未建立起全国足球联赛，这意味着土耳其的足球俱乐部无法参加欧洲冠军俱乐部杯这项赛事。为了尽快参加该项赛事，土耳其加快了组建全国足球联赛的步伐。对此，土耳其足球联合会在官方足球历史中提道：

> 1958—1959赛季的地方足球联赛结束时，国家体育总局决定成立全国性足球联赛，计划该联赛于1959年正式运行。国家体育总局对能参加全国足球联赛的球队资格进行了如下安排：伊斯坦布尔城市足球联赛的前八名球队，安卡拉和伊兹密尔城市足球联赛的前四名球队参加。
>
> 来自伊斯坦布尔、安卡拉和伊兹密尔联赛的共16支球队组成了红、白两组，每组由8支球队组成。红、白两组各8支球队分别以主、客场决赛方式争得联赛第一名。
>
> 费内巴切队在联赛决赛中，首场比赛以1-0击败加拉塔萨雷队，在第二场比赛又以4-0击败加拉塔萨雷队，获

---

① 欧洲冠军联赛(UEFA Champions League，简称"欧冠联赛"或"欧冠")是欧洲足球协会联盟主办的年度足球比赛，代表欧洲足球俱乐部最高水平和荣誉，被公认为是全世界最具影响力以及最高水平的俱乐部赛事，亦是世界上奖金最高的足球赛事和体育赛事之一。欧洲冠军联赛前身是欧足联在1954年创办的欧洲冠军俱乐部杯(European Champion Clubs' Cup)赛事，1992年改为现名。虽历经多次赛制修改，但从该赛事成立以来的纪录从未被分开计算，冠军奖杯上仍保留旧有的名称"欧洲冠军俱乐部杯"。

得了第一个全国足球联赛的冠军。①

由上述可知,1959 年土耳其全国足球联赛最终建成,费内巴切队获得了全国足球联赛冠军。国家体育总局在建立全国足球联赛中扮演了重要的管理角色。

四、20 世纪 60 年代后足球运动从"小众"到"大众"的跨越式发展

土耳其足球在 20 世纪六七十年代日趋频繁地参加国际赛事,足球运动水平获得了长足的发展。在国家体育总局的组织下,从 1962 年至 1991 年,土耳其国家男子足球队总计进行了184 场国家队比赛,比赛种类较多,既有国际友谊赛,也有巴尔干杯足球赛(Balkan Cup),以及欧洲杯、欧锦赛、世界杯等。184场国际足球比赛中,超过一半的国家队比赛是土耳其与欧洲国家,尤其是与西欧国家对战。② 1962 年加入欧足联后,经过 29年的经营,土耳其足球运动已完全成为欧洲足球版图中的一员,与欧洲足球深度融合,其足球水平快速提升。

在国家管理下,土耳其足球产生了积极的社会影响,与女性和青少年产生了积极的互动,其社会影响力进一步提升。

在国家体育总局的指导下,1959 年土耳其全国足球联赛打响后,各家足球俱乐部也开始关心并培养青少年足球后备人

---

① TFF Yayinlari, *Türk Futbol Tarihi*(*cilt 1*), p. 99.
② 笔者根据土耳其足球联合会官方足球历史整理的土耳其国家队 1962—1991年期间的足球比赛数据。

才。从 1950 年至 1991 年冷战结束期间，土耳其国家青年足球队总计进行了 128 场足球比赛，有输有赢，其中绝大多数比赛是与巴尔干国家、西方国家进行的。① 1992 年后，国家体育总局在青少年足球运动发展方面做了三项较为重要的工作：

首先，在立法方面，基础职责法第 5894 号法律第 13 条第五细则规定如下：

> 国家体育总局下达青少年足球运动发展规划。体育总局与各足球俱乐部就青少年培养签署协议，体育总局提供青少年体育设施给相关俱乐部，而相关俱乐部则负责培养青少年足球人才。各省和区的相关规划在体育总局的指示范围内制定。全国青少年足球论坛由土耳其足球联合会负责组织。②

这表明国家体育总局在立法层面为青少年足球运动的发展指明了方向。

其次，成立青少年足球"发展联盟"（Kalkınma İttifakı）项目。在国家体育总局指导下，土耳其足球联合会需要为年轻足球运动员提供发展机会，及时发现有才华的足球运动员，并通过专家的正确指导来进一步提高他们的足球水平。基于这一理念，土耳其足球联合会以"发展联盟"的名义实施了青少年足球运动员发展计划。发展联盟是为职业足球俱乐部的 U-14、U-15、U-16、U-17、U-19 年龄组的足球运动员提供支持并

---

① 从 1950 年至 1991 年冷战结束期间，土耳其国家青年足球队总计进行了 128 场足球比赛，土耳其足球联合会对这些比赛进行了详细记录，具体参见：TFF Yayinlari, *Türk Futbol Tarihi*(cilt 1), pp. 108–124.

② TFF *Kuruluş Ve Görevleri Hakkinda Kanun*, p. 3.（土耳其足球联合会条例）

在联赛中给予机会,以便使参加这些年龄组比赛的足球运动员能够转投入国家青年队并最终有机会成为国家队足球运动员。① 土耳其足球联合会在这些举措基础之上,进一步组织了认证、培训研讨会和交流会议,以支持发展联盟计划。

再次,面向欧洲发掘青少年足球才俊。在国家支持下,土耳其足球联合会于 1998 年开始向德国派驻足球运动分支机构,该机构除了负责土耳其足球联合会在德国的相关事宜外,最重要的一项使命就是在德国以及其他欧洲国家寻找优秀的青少年足球苗子。② 这表明土耳其足球走出了一条特色归化路径。在上述一系列举措的支持下,1992 年以来,土耳其青少年足球开始不断取得良好成绩,1994 年土耳其 U-16 青年队获得欧青赛冠军。③

1988 年,土耳其开始筹备成立国家女子足球队。1993 年之前,土耳其国家女子足球队及其比赛,只局限于球队之间的友谊赛,女子足球联赛也未正式打响。1993 年,土耳其国家女子足球联赛正式运行,女子足球运动迎来联赛时代。1993—1994

① 详见土耳其足球联合会官网:https://www.tff.org/Default.aspx?pageId=735,最后访问日期:2022 年 3 月 1 日。
② 目前在德国的 330 多万移民中,土耳其移民有 220 万人左右。德国的土耳其移民根据不同时期移民的特点可以分为劳工移民、家庭团聚移民和政治难民。第二次世界大战后德国由于经济迅速发展造成劳动力严重不足,而此时土耳其处于进口替代型经济发展阶段,发展水平相对低下,有大量的剩余劳动力,于是在 1961 年土耳其德国签订了劳工协议,由此大量土耳其人涌入德国,解决了德国劳动力缺乏的问题。到 1973 年,土耳其人已经成为德国境内最大的移民群体,约占 23%;到 1987 年,这一比例上升到 34.3%,人数达 1 453 700 人。详见李艳枝:《德国的土耳其移民》,《国际资料信息》2008 年第 10 期,第 20 页。
③ TFF Yayinlari, *Türk Futbol Tarihi*(cilt 3), p.10.

年女子足球联赛发展迅速，1995—1997 年土耳其国家女子足球队开始参加欧洲女子足球锦标赛的资格赛。原先，土耳其足球裁判全部由男性担任，1994—1995 赛季男子足球联赛中，开始出现女裁判的身影。1995 年 2 月 23 日，在土耳其杯第二场比赛加拉塔萨雷队与费内巴切队的对阵中，女裁判拉莱·奥尔塔（Lale Orta）担任了该场男子足球比赛的主裁判。在加拉塔萨雷队与费内巴切队之间长达 86 年的"永恒竞争"历史中，她是第一位女性主裁判。① 女子足球运动发展过程中，国家因素成为推动力量。土耳其作为伊斯兰国家，其成功筹建国家女子足球队、让女裁判担任男子足球比赛主裁判等做法不仅在伊斯兰世界中走在了前面，在世界范围内女子足球运动方面也走在前列。②

　　1960 年后，土耳其足球运动社会影响力进一步提升。如庞大的球迷群体、球迷杂志、足球运动周边消费市场，等等，都无不体现着土耳其足球运动的魅力与影响力。到了 2002 年土耳其获得韩日世界杯季军，而根据 2012 年的一项评估，土耳其足球市场规模为世界第六位。土耳其足球运动能够获得上述社会影响力离不开国家的管理与积极支持。这种影响力说明土耳其国家管理的足球运动发展模式获得了成功。这种国家管理方式是土耳其足球运动能够实现从"小众"到"大众"的跨越

---

① TFF Yayinlari, *Türk Futbol Tarihi*（*cilt 3*），p. 21.
② 1991 年国际足联正式举办第一届世界女子足球锦标赛，1996 年后，国际奥委会把女子足球列为第 26 届奥运会正式比赛项目。此后女子足球运动才得以快速发展起来。详见国际足联官方网站女子足球运动介绍：https://www.fifa.com/womens-football，最后访问日期：2022 年 11 月 27 日。

式发展并获得如今这般成绩的内在动因。

结　语

　　作为西方现代化符号的足球运动传入奥斯曼帝国后,经历了一番曲折,最终在奥斯曼帝国落地生根。土耳其共和国成立后,在凯末尔政府的管理下,土耳其足球运动获得了发展,凯末尔时期国家管理足球运动的发展方式也逐步确立起来。二战后,随着土耳其"向西"的国际战略和国内城市化进程的不断推进,国家管理下的足球运动有了新发展,土耳其足球加入欧足联并在国内成功筹建全国足球联赛。20 世纪 60 年代后,土耳其足球运动实现从"小众"到"大众"的跨越式发展,不断取得良好的成绩。2002 年土耳其获得韩日世界杯季军,2012 年土耳其足球市场规模达到世界第六位。

　　土耳其足球运动是一种国家管理下获得成功的案例,是一种异于西方国家现代足球运动发展的方式。一般认为,在世界足球运动发展领域中,目前较为成功的发展方式似乎只有两种。一种为西方国家的所谓"市场主导型"足球运动发展方式,市场与行业足球运动组织负责其发展。另一种是以土耳其为代表的国家管理下的足球运动发展方式,国家负责管理足球运动及其发展。

　　著名历史学家罗荣渠教授指出,"广义的现代化主要是指自工业革命以来现代生产力导致社会生产方式的大变革,引起世界经济加速发展和社会适应性变化的大趋势,具体地说,就是以现代工业、科学和技术革命为动力,实现传统的农业社会向现代工业社会的大转变，使工业逐一渗透到经济、政治、文化、思想各个领域并引起社会组织与社会行为深刻变革的过程。"①罗荣渠教授把这种现代化分为内源性现代化与外源性现代化。② 在这一现代化过程中，西方国家属于内源性现代化，其先实现了向现代工业社会的转变，足球运动是其工业化的副产品，因而其足球运动的发展是生产方式变革的自然结果。而以土耳其为代表的亚非国家，属于外源性现代化，这些国家向现代工业社会转型过程中，足球运动对亚非国家而言是西方舶来品，不是生产方式变革的自然结果。就像土耳其现代化进程中国家扮演主导的角色一般，在足球运动中也由国家来对这个非自然的产物进行内化。

足球运动是社会政治、经济、文化的一个缩影。从足球运动出发，土耳其足球运动的特色发展道路表明，广大亚非国家想要在现代足球运动中取得好的成绩与进展，形成适合自身的特色发展道路才是关键。土耳其的案例表明，想要发展好足球运动，并不一定完全照搬西方足球运动发展方式，国家管理下的足球运动发展道路是行得通的。

作者简介：阿迪，北京大学历史学系博士后、土耳其研究中心助理研究员。

---

① 罗荣渠：《现代化新论》，北京：商务印书馆，2014 年，第 5 页。
② 罗荣渠：《现代化新论》，第 183 页。

土耳其学者专论

奥斯曼帝国的身份认同：突厥、穆斯林还是罗马？ [①]

阿斯利·厄尔古勒(F. Asli Ergul)

龙　沛　译

奥斯曼帝国的社会模式奠基于米勒特制度(millets)之上，米勒特(millet)一词在土耳其语中意为"民族"(nation)，但该词在奥斯曼帝国时期却是宗教共同体(*cemmat*)的同义语[②]。奥斯曼苏丹对帝国境内一神教信仰者(如犹太人和基督徒)赐予了法律地位和自治权利，米勒特本是指这些一神教信仰者，即"有经人"(*ehl-i zimmet*)所组成的自治社团。随着越来越多的非穆斯林群体被并入帝国，奥斯曼苏丹便认可他们的合法地位并通过《宣誓书》(*ahidname*)对这些少数宗教群体提供保护[③]。奥斯曼帝国的米勒特是有着高度自治权的社会、文化和经济共同体。这意味着米勒特可以制定自己的法律并拥有内部征税

① 原文题目为"The Ottoman Identity: Muslim, Turkish or *Rum*?"，载《中东研究》(*Middle Eastern Studies*)第48卷第4期，第629—645页，2012年7月。本文是国家社科基金项目(批准号:23VTJ002)子课题的阶段性成果。

② C. Kucuk, "Osmanli Imparatorlugu'nda 'Millet Sistemi' ve Tanzima," in H. inalcik and M. Seyitdanlioglu (eds.), *Tanzimat : Degisim Surecinde Osmanli Imparatorlugu*, 2nd ed., Ankara: Phoenix, 2006, p.394.
③ I. Ortayli, *Ottoman Studies*, Istanbul: Bilgi University Press, 2004, pp.18 - 19.

权,前提是服从奥斯曼苏丹的统治。而穆斯林构成了帝国内部最大也是最主要的米勒特,并被命名为米勒特·哈基梅(millet-i hakime,意为拥有统治权的米勒特或"统治民族")。帝国内部的其他米勒特包括希腊东正教、犹太人和亚美尼亚人米勒特。奥斯曼帝国米勒特的数量随着时间的推移逐渐增多,并且像主要的宗教机构一样,开始被视为特色鲜明的米勒特。因此,奥斯曼帝国不仅是不同米勒特构成的社会文化集合体,更是这些米勒特构成的共生体(symbiosis)。

想要勾勒奥斯曼帝国的"身份"(identity)属性是很困难的,不论是针对奥斯曼帝国境内许多自成一体的米勒特群体的众多"次身份"(sub-indentities)而言,还是界定一个整体的无所不包的奥斯曼属性(Ottomanness)均是如此。尽管某些基于纯粹伊斯兰(Islamic)或突厥(Turkish)属性的定义显得颇具诱惑力,但不能解释奥斯曼帝国复杂的结构。恰恰相反,奥斯曼的帝国属性更像是各种多样性的大融合。奥斯曼帝国社会结构的普世图景包括伊斯兰传统(Islamic tradition)、突厥遗产(Turkish Heritage)、拜占庭背景(Byzantine background)和大量其他的族群—宗教文化的综合。因此,将这个地跨三大洲、绵延六个世纪之久的帝国界定为纯粹"突厥"或穆斯林国家是不符合事实的还原论(reduction)。同样,戴着现代民族主义透视镜观察奥斯曼帝国同样是一种还原主义(reductionism)。而从现代民族国家身份的视角评估奥斯曼帝国的身份属性则会将历史分析引入将古史进行现代化解读的非历史性误区(chronofetishism)。因为现代民族国家构造框架赋予的当代思想体系并不适用于观察和解释过去的经验和古老的社会。也就是说，为了理解过去而不是解释现在，我们必须在抛弃现代民族主义修辞的前提下展开对奥斯曼帝国的历史分析。因此，对奥斯曼帝国身份属性的深度解析需要保持不偏不倚的立场，并对任何现代民族主义话语（无论是突厥的、希腊的还是阿拉伯的）保持距离。为了达到这个目标，"Rum"这个术语将成为解析这一问题的关键。由于"Rum"既可以指代帝国境内的希腊人群体，又可以彰显奥斯曼国家霸权的地理属性，因此"罗马"的观念丰富了奥斯曼国家身份的内涵，并为土耳其和希腊两种民族主义在帝国时代的共存提供了一种共同的基础，从而区别于后来民族主义历史书写所导致的两大民族主义的分道扬镳。

"Rum"一般被奥斯曼人和现代土耳其人用以指代祖居安纳托利亚及其周围地区的希腊正教徒。从词源学上讲，该词起源于"罗马人"（Roman），即东罗马帝国的希腊语臣民。而奥斯曼帝国境内的希腊正教徒被称为罗马米勒特（Rum millet），他们被奥斯曼官方视为东罗马帝国（拜占庭帝国）的遗民。但是"Rum"除了指代奥斯曼帝国境内的希腊人米勒特，还有超越东正教和希腊属性（Greekness）的更复杂的含义。因为"Rum"可以被用来强调奥斯曼统治精英的特权和社会文化身份并彰显奥斯曼帝国统治无远弗届的主权。"Rum"是强调奥斯曼帝国和罗马帝国领土构成一致性的核心观念纽带，并由此强化奥斯曼人统治前罗马帝国领土的合法性。但是，"Rum"的这一含义却往往被现代奥斯曼历史书写所忽略，因为它不符合现代民族国家构建的理念,从而遭到当代学者的漠视。鉴于此,本文试图讨论奥斯曼帝国身份中"Rum"这一被长期忽略的层面,从而补充长期以来为学界所接受的对奥斯曼帝国身份属性的"伊斯兰"和"突厥"式的解读模式。

不仅是奥斯曼帝国身份属性中的"Rum"含义具有模糊性,帝国构建的族群基础也同样长期饱受争议。一般认为,奥斯曼帝国的官方语言是(奥斯曼)土耳其语,而安纳托利亚被认为是突厥语穆斯林主导的地区,奥斯曼官方也宣扬其与中亚突厥卡伊部落(Kayi)的王朝家族纽带。但是在奥斯曼帝国时期,"Turk"一词并不具备现代的族群和民族主义内涵。实际上,在安纳托利亚穆斯林群体的社会文化结构中,"Turks"往往指当地的农民,因此并不是奥斯曼统治精英的身份象征。而奥斯曼帝国社会结构的基础是统治者与被统治者之间尊卑有序的上下结构。从某种程度上讲,这种由国家中心主义(state centrism)而非族群纽带产生并维持的社会分层结构,才是奥斯曼帝国身份属性的真正内核。因此,除了官方语言和祖先纽带所强调的"突厥"属性之外,奥斯曼帝国内部不同族群之间的冲突模式更应该被提炼出来作为进一步深度分析奥斯曼历史的观察坐标。

除了族群关系之外,奥斯曼帝国的宗教身份也应该重新界定。而根植于安纳托利亚伊斯兰文化中多宗教的非同质社会结构使得任何一位奥斯曼历史学家均意识到帝国绝不是一个整齐划一的伊斯兰国家(Shariat)。虽然伊斯兰教作为影响社会、文化和法律等诸多方面的帝国主导意识形态而存在,但它

却是以服务于苏丹的统治为原则进行解释的。因此，我们使用
"奥斯曼的伊斯兰"（Ottoman Islam）而非"伊斯兰的奥斯曼"
（Islamic Ottoman）来说明奥斯曼帝国的宗教结构无疑更为
贴切。

突厥和伊斯兰属性尽管争议不断，却在界定奥斯曼帝国的
身份属性时被广泛使用。而"Rum"观念尽管在奥斯曼帝国时
代具有无可置疑的重要性，但在许多对奥斯曼帝国的现代历史
分析中难觅踪迹。实际上，奥斯曼帝国通过将自己定义为"罗
马"（Rum）而不是使用其他族群、宗教或民族主义的概念，从而
将拜占庭帝国的地理霸权与多文化结构内化为自己的身份认
同。很明显，奥斯曼苏丹们通过此举宣称自己完全继承了东罗
马帝国的遗产。尽管这一称号并不为希腊人和帝国以外的其
他欧洲人所认可，奥斯曼苏丹们仍然坚持使用这一称号来表达
对千年帝国拜占庭所曾统治过的领土的合法继承。奥斯曼统
治者通过使用"Rum"这一术语，在奥斯曼统治精英自身和拜占
庭帝国及其希腊正教徒臣民之间建立起了一条基于文化和地
域而非族群标识的认同纽带。因此，奥斯曼身份认同表达出的
"罗马"观念为当时帝国境内不同族群之间的认同整合创造了
一个共同的基础。但是，奥斯曼帝国的"罗马"认同长期以来被
历史学家所忽视，仅仅保存于奥斯曼官方文件的故纸堆中无人
问津。而在奥斯曼帝国土地上基于国民同质化原则建立的现
代民族国家土耳其和希腊，其人民显然不太热衷于再去寻找双
方之间曾经拥有的共同的"奥斯曼过去"（Ottoman Past）来揭示
两个民族之间早已抛弃的帝国认同纽带。而本文正是试图通

过解构奥斯曼帝国在现代历史书写中呈现的那些看似理所当然的定义来纠正奥斯曼帝国史官方叙事中长期盛行的民族主义话语。因此在本文中，奥斯曼帝国的"突厥"和"伊斯兰"属性将被质疑，而长期被忽略的"罗马"属性，将得到重新审视和研究。

尽管将奥斯曼帝国界定为穆斯林帝国或突厥帝国的说法在许多历史著作中层出不穷，我们必须谨慎地分析它们。首先，将奥斯曼帝国的不同历史时期和不同统治地域视为独特的、连续的或单线发展（monolithic）的观点具有明显的误导性。奥斯曼帝国持续600余年并在其鼎盛时期地跨三大洲，领土包括安纳托利亚、中东、东南欧和北非地区。因此，奥斯曼帝国的官方政策绝非对帝国内部的差异性采取同化政策。实际上，帝国内部的各色亚伯拉罕系宗教信仰臣民都被允许生活在自己独特的社会和文化体系之中，前提是他们对奥斯曼苏丹保持忠诚。反之，如果奥斯曼帝国采取严厉的宗教同化政策，其统治很可能难以持续如此长的时间。正是宽容和因俗而治的政策才使得帝国长期维持稳定。很明显，由于奥斯曼帝国允许不同宗教、文化和族群在奥斯曼治权下的高度自治，帝国的身份属性呈现出多彩的混合主义特征。在这一文化混合图景之中，突厥和伊斯兰属性无疑构成了奥斯曼帝国身份光谱中十分重要的组成部分。但是其他的光谱如"罗马"（Rum）认同对奥斯曼帝国的身份属性具有更深刻的影响。为了理解奥斯曼帝国身份的多彩图景，我们必须将其解构，而"伊斯兰"和"突厥"属性将是我们检视奥斯曼帝国"罗马"认同观念演进的起点。

　　首先，必须承认伊斯兰是奥斯曼帝国结构中的主导性因素。以伊斯兰名义发起的加齐武士"圣战"传统（gaza tradition）在 13 世纪为早期奥斯曼酋长国（Ottoman Beylik）向基督教地区的扩张提供了重要动力。而在征服这些地区的过程中，奥斯曼人便会遇到不同的信仰、文化和族裔群体。尽管奥斯曼国家的伊斯兰特性毋庸置疑，如果不考虑帝国内部非穆斯林群体的税赋更重的话，一般而言非穆斯林不会面对必须改宗伊斯兰的公开压力，而奥斯曼帝国也肯定不是一个世俗国家。在奥斯曼帝国的司法、行政和社会问题层面，伊斯兰教永远是帝国处理这些问题的首要意识形态资源。尽管帝国境内的非穆斯林群体可以自由地履行自己的宗教义务并不受伊斯兰法的干扰，帝国的穆斯林百姓却必须服从伊斯兰法的原则行事。实际上，奥斯曼帝国绝大部分社会、经济和政治问题的处理都必须在伊斯兰法的框架内进行。

　　自奥斯曼帝国肇建伊始，伊斯兰教便是一个发挥重要影响的规定性因素。奥斯曼王朝的名称"Ottoman"来自王朝建立者的突厥语名字 Osman。但随着时间的推移，奥斯曼帝国的突厥特性在其伊斯兰外表下逐渐褪色，到了后来的时期给奥斯曼王室成员取突厥语名字或衔号的传统也被弃之不用。例如，早期奥斯曼苏丹经常使用的突厥语名字有奥尔罕（Orhan）和巴耶济德（Beyazid）等，在 1517 年里丹尼耶战役（Battle of Ridaniye）帝国征服马穆鲁克王朝、夺取哈里发宝座之后便很少被苏丹所使用，最后一个仍然使用贝伊（bey）这个突厥式称号的苏丹是塞利姆一世（Yavuz Sultan Selim，1512—1520 年在位）。但是塞利姆一世最终选择放弃 bey 而更偏爱 Sultan 这个称号及其衍生衔号，如"大苏丹"（Sultanu'l Mu'azzam）、"苏丹中的苏丹"（Sultanu's-Selatin）、"阿拉伯人和波斯人的苏丹"（Sultanu'l Arab vel-Acem）①。与此同时，奥斯曼的苏丹们越来越偏爱阿拉伯语名字，如阿卜杜勒·阿齐兹（Abdulaziz）、阿卜杜勒·麦吉德（Abdulmecit）以及阿卜杜勒·哈米德（Abdulhamit）等②。奥斯曼帝国虽然从未忘记其突厥本源，但到了 19 世纪时期奥斯曼王室的突厥属性已经被完全掩盖在伊斯兰外衣之下，而哈里发体制（Caliphate）则是奥斯曼帝国伊斯兰属性最直接的外在证明。著名奥斯曼历史学家哈利勒·伊纳尔济克（Halil Inalcik）便强调奥斯曼苏丹作为哈里发和伊斯兰"普世"帝国首脑的绝对权力。根据伊纳尔济克的观点，奥斯曼君主的"苏丹—哈里发"复合头衔构成了帝国社会和政治、宗教权力结构的核心③。但是，奥斯曼帝国的哈里发体制也有其自身的特殊性。对奥斯曼帝国而言，苏丹体制远比哈里发体制重要，苏丹称号才能体现出奥斯曼帝国的最高权威。当一位奥斯曼新苏丹即

---

① 哈利勒·伊纳尔济克将这个奥斯曼苏丹的头衔（阿拉伯人和波斯人的苏丹）与奥斯曼人的加齐（Gaza，意为以真主的名义战斗）特征联系起来。根据伊纳尔济克的观点，在真主的名义下征服土地，是早期奥斯曼国家形成的主要动力。关于他对加齐观念的解读，参见 "Halil Inalcik ile Soylesi: Osmanli Tarihi En Cok Saptirilmis, Tek Yanli Yorumlanmis Tarihtir," Interview by I. Ortayli, *Cogito*, Vol. 19 (Summer 1999), pp. 25–41.
② 毋庸置疑，为避免任何误解，这里的关于奥斯曼苏丹名字起源的假设需要经过词源学家和语言学家的分析才能够成立。但是，这样的语言学研究超出了本文的范围。
③ H. Inalcik, *From Empire to Republic : Essays on Ottoman and Turkish Social History*, Istanbul: ISIS Press, 1995, pp. 141–43.

位时，他的义务首先是成为一名合格的苏丹而不是哈里发①。也即是说，奥斯曼苏丹的权威始终凌驾于哈里发体制之上。

　　奥斯曼帝国对伊斯兰意识形态的运用有一个区别于其他伊斯兰王朝的显著特点，奥斯曼历史学家富朗索瓦·乔治昂（François Georgeon）称之为"奥斯曼伊斯兰"（Ottoman Islam）。乔治昂通过奥斯曼帝国对伊斯兰的运用方式来阐释这个概念的讽刺性。实际上，一方面，奥斯曼帝国将逊尼派哈乃斐教法学派（哈乃斐派）作为官方意识形态。尽管哈乃斐派没有发展出一套艰深烦琐的教法体系，但它并不允许对伊斯兰教经典进行随意修改和重新解释。由于《古兰经》被哈乃斐派认为是完美的，因此创制（Ictihat，即对经文的重新解释）是被禁止的，而教义学（Kelam）和教法学（Fikih）也由于这个原因而不受欢迎。乔治昂指出，16—17世纪是奥斯曼伊斯兰最保守的时期。另一方面，奥斯曼国家从未失去对宗教及其相关机构的控制。从奥斯曼国家所继承的文化和社会遗产发展而来的强大传统规范（orfi）是奥斯曼伊斯兰不可分割的组成部分。基于此，乔治昂认为奥斯曼帝国并不是一个严格意义上的教法国家（Shariat）②。事实上，如果将奥斯曼国家对伊斯兰教法的权威主导地位纳入考量便会发现，奥斯曼帝国的伊斯兰体制与理想状态下的"教

---

① K. Karpat, "Tarihsel Sureklilik, Kimlik Degisimi ya da Yenilikci, Musluman, Osmanli ve Turk Olmak," in K. Karpat (ed.), *Osmanli Gecmisi ve Bugunun Turkiyesi*, Istanbul: Istanbul Bilgi Universi tesi Yayinlari, 2005, p. 35.

② F. Georgeon, *Osmanli-Turk Modernlesmesi (1900 - 1930)*, trans. A. Berktay, Istanbul: Yapi Kredi Yayinlari, 2006, p. 12.

法国家"相去甚远。不仅如此,远在奥斯曼国家建立之前,安纳托利亚地区便有着悠久的异端伊斯兰文化传统(heterodox Islamic Culture),那时备受尊敬的托钵僧们(dervishes)和苏菲派信仰在普罗大众中拥趸众多,从而使安纳托利亚伊斯兰社会长期呈现出一幅与哈乃斐派的正统主张相迥异的文化图景。尽管如此,我们必须承认伊斯兰仍然对奥斯曼国家及其臣民产生了深刻的影响,不管其表现形式是哈乃斐正统信仰和苏菲式的"异端伊斯兰"。

由上述可知,伊斯兰体制和奥斯曼国家处于一种和谐共存状态之中。而伊尔伯·奥泰利(Ilber Ortayli)据此毫不犹豫地认为奥斯曼帝国是一个穆斯林国家①。实际上,成为一名穆斯林是取得奥斯曼帝国合法臣民身份的首要条件。在这个语境下,奥兹巴兰(Ozbaran)界定了成为一个"好奥斯曼人(也即进入奥斯曼上层社会)"的必要条件(sine quo non)。为了成为一个奥斯曼人,一个人必须在奥斯曼国家的军事或其他部门担任职务,他必须是一个遵守伊斯兰教法的好穆斯林,并知晓奥斯曼式的融合诸多伊斯兰传统的高雅生活方式。在奥斯曼帝国内部,有一整套基于社会阶层划分和穆斯林身份传统的逊尼派意识形态。不仅如此,掌握奥斯曼上层社会的语言,即吸收了大量阿拉伯语和波斯语元素的奥斯曼土耳其语,是这个人跻身帝国精英阶层的前提条件。而一个能够符合以上诸能力和要求的人便被认为是一个好的奥斯曼人。换言之,奥斯曼帝国的精英阶层(askeri)可以是来自不同族裔身份的人群,但是他们由

---

① I. Ortayli, *Ottoman Studies*, p. 15.

于共同具备以上条件而成为一名奥斯曼穆斯林。尽管他们被期望出生时就是穆斯林或一出生便改宗伊斯兰教,他们并不需要抛弃自己原有的族裔、文化和社会身份。实质上,在奥斯曼的穆斯林精英阶层中是不论族裔出身的,至少直到帝国的最后一个世纪时仍然如此①。而一个非穆斯林出身的儿童,只要改宗伊斯兰教便能成为执掌帝国军事或外交大权的军政要员。在奥斯曼帝国历史上,出自阿尔巴尼亚、阿拉伯、亚美尼亚和"罗马"(Rum,即希腊人)裔的大维齐尔(vizir-i azam)及帕夏(pasha)可谓灿若晨星,而这些奥斯曼精英并没有抛弃自己所出身的文化和传统,他们只需要信仰伊斯兰教并遵守教法,而不论其源出的族裔差别。

在奥斯曼帝国族裔认知的流动性特征所孕育的大背景下,我们可以说突厥性(Turkishness)长期以来便是帝国族裔身份的重要组成部分,但它既不占据帝国核心身份属性的主导地位,也不处于其边缘位置。奥斯曼帝国的"突厥"属性须等到19世纪的民族主义转向才能获得其崭新的民族身份定义。因此,直到奥斯曼帝国统治的最后一个世纪时,"突厥"一词才被赋予了现代民族的含义。故此,"突厥"概念在奥斯曼帝国不同历史时期的演化需要进行详细的讨论。如果我们检视奥斯曼官方文件,便会发现"突厥"一词在奥斯曼帝国臣民和统治者中是耳熟能详的,但是"突厥"在古典奥斯曼文献中却没有一个一成不变的定义,而是在不同的历史时期和语境下体现出不同的含

① S. Ozbaran, *Bir Osmanli Kimligi: 14. - 17. Yuzyillarda Rum/ Rumi Aidiyet ve Imgeleri*,Istanbul: Kitap Yayinevi, 2004, pp. 38 - 9.

义。"突厥"在奥斯曼文献中的使用远比它的含义要清晰,但这并不能促使我们忽视奥斯曼国家所拥有的突厥遗产。实际上,奥斯曼官方使用的语言是突厥语,尽管这种奥斯曼突厥语吸收了大量的阿拉伯语和波斯语借词。另外,奥斯曼帝国的米勒特体制也为不同族裔和文化的长期生存和延续提供了良好的环境,因为任何一个现代民族的构建都需要其社会、历史和文化基础。据此我们似乎可以认为,米勒特制度间接地推动了19世纪民族分离主义在奥斯曼帝国内部的高涨,而"突厥"认同在这场民族主义浪潮中也不能缺席。但是,"突厥"从未成为奥斯曼国家和民众的主体族裔标识。实质上,奥斯曼帝国对自身身份的构建是基于"天朝上国"(Devlet-i Aliye,本意为伟大高尚之国)观念之上的,而帝国臣民长期以来并没有意识到自己有什么独特的族裔身份。

这样一来,奥斯曼帝国的身份认同便成为一个难解之谜,各种各样形形色色的定义似乎都可以找到一席之地。在这些观点中,伊纳尔济克所提供的答案最能令人信服。他将奥斯曼帝国定义为建立在巴尔干和阿拉伯土地上有着多重身份认同的帝国,并认为奥斯曼帝国绝非纯粹的"突厥帝国"①。奥斯曼帝国的构建基于许多不同的族裔、人群、信仰和领土之上,因此将其界定为突厥国家是难以成立的。可能正是由于奥斯曼帝国身份的不确定性,塞里姆·德林格尔(Selim Deringil)在选取

---

① H. Inalcik, "The Meaning of Legacy: The Ottoman Case," in L. C. Brown (ed.), *Imperial Legacy: The Ottoman Imprint on the Balkans and the Middle East*, New York: Columbia United Press, 1996, p. 19.

其奥斯曼帝国史著作的标题时十分谨慎，从而使用了"被良好守护的国土"（*The Well Protected Domains*）这个书名①。而在奥斯曼帝国的复杂身份构成中，界定谁是"突厥人"便成为一个十分模糊的问题。西那·阿克辛（Sina Aksin）通过考察奥斯曼王室的家族起源来分析这个问题，他注意到了奥斯曼精英阶层对安纳托利亚土库曼移民（Turkmen）的偏见心理。阿克辛指出，奥斯曼王朝在族裔起源上虽然是突厥人并说突厥语无疑，但是早期奥斯曼酋长国的突厥渊源并不能成为构建奥斯曼帝国身份认同的有效资源。尽管在族裔上源出突厥，奥斯曼苏丹们却喜欢选择非突厥出身的女奴（cariyes）作为后宫配偶，由此导致奥斯曼苏丹的母亲和妻子们几乎从来都不是突厥裔。阿克辛这样总结道："奥斯曼王室的突厥血统随着时间的推移与日俱减。"实际上，奥斯曼人往往使用"突厥"以指代粗鲁无知的下层臣民，因为"突厥的"（Turkishness）使人联想到游牧的土库曼人②。在这一语境下，奥斯曼帝国精英阶层使用"无知突厥"（etrak-i bi idrak）一词来形容没有教养的无知群众，尤其是指安纳托利亚的游牧土库曼人或农民。很明显，奥斯曼精英阶层对"突厥"的这种使用场合是基于社会阶层划分而非族裔身份。我们绝不能忽视奥斯曼帝国内部精英（askeri）与普通民众（reaya，本义为农民）之间鲜明的等级对立，而奥斯曼国家的上

① Deringil, *The Well-Protected Domains : Ideology and the Legitimation of Power in the Ottoman Empire*, *1876 - 1909*, London and New York: I. B. Tauris, 1998.
② S. Aksin, "Osmanli Devieti Uzerine," in S. Aksin(ed.), *Ataturkcu Partiyi Kurmanin Sirasi Geldi*, Istanbul: Cem Yayinevi, 2002, p. 152.

层统治者和官僚无疑将自己视为超越任何族裔身份（包括突厥）的精英阶层。

在奥斯曼帝国内部，"突厥人"（etrak，Turk 的阿拉伯语复数形式）的含义还有一个鲜明的特点：在 16—17 世纪，阿拉伯人使用"etrak"一词指代没有教养和文化的突厥人，而"罗马人"（Rum）则被用来指称奥斯曼帝国的文化精英和统治阶层。因此，在阿拉伯人看来，奥斯曼帝国境内所有的突厥语臣民无论其族裔出身或地理籍贯，都可以被称为"突厥人"（包括巴尔干的穆斯林在内），而"罗马人"则专指奥斯曼国家上层的少数精英。这样看来，阿拉伯人对奥斯曼帝国内部核心和边缘的这种社会阶层划分和身份标识有着清晰的认识，但他们对这种身份划分本身并没有太大的兴趣①。而正是这种往往被阿拉伯人所忽略的"突厥人—罗马人"的社会阶层二分法，被无形中整合到了奥斯曼精英阶层的自我身份认知之中。位于伊斯坦布尔的帝国精英阶层（包括艺术家和受教育者）始终意识到自己的文化和社会地位与帝国的其他臣民相比（如和普通突厥农夫和阿尔巴尼亚农民相比）是有显著区别的。因此，奥斯曼帝国的"罗马"认同指向以苏丹（自称 Kaiser-i Rum，即"罗马人恺撒"）为核心的奥斯曼精英集团。这样一来，"罗马"所指代的地理范围仅仅是以伊斯坦布尔为核心的狭小地区。而"突厥人"（Etrak）是安纳托利亚的普通臣民，他们必须被帝国组织起来并由帝国官员

---

① Quoted from U. Haarmann, "Ideology and History, Identity and Alterity: The Arab Image of the Turks from the Abbasids to Modern Egypt," *International Journal of Middle East Studies*, Vol. 20(1988), pp. 177 and 191, quoted in S. Ozbaran, *Bir Osmanli Kimligi*, pp. 51, 60 - 61.

们精心管理。因此,奥斯曼帝国中心——边缘(centre-periphery)的社会结构及其相互关系实际上才是理解帝国身份认同的关键。故而在解析奥斯曼帝国的"罗马"观念之前,有必要讨论奥斯曼帝国核心与边缘部分之间的关系。

根据谢里夫·马丁(Serif Mardin)的观点,奥斯曼帝国的核心——边缘式的二重性认同并不以穆斯林——非穆斯林或帝国在地理上的某一相对边缘地区作为区分标准,而是基于帝国精英(Porte,即以 Sublime Porte 为象征的奥斯曼中央政府)和普通民众(reaya)的区别来划分的①。在这种区分原则之下,非穆斯林臣民似乎要比穆斯林臣民低一等。但实际上,奥斯曼帝国的身份区分更加看重朝中掌权者与普通民众之间的区别而非宗教信仰的差异。奥斯曼帝国的这种身份区分观念使得中央主义的身份认同视角长期存在于帝国体制内部,而位于边缘地区的臣民,如"突厥人"(Etrak)被视为远离奥斯曼精英文化圈的异质成分。在这种观念的支配下,居住在奥斯曼帝国城市中的受教育精英人群便对主要从事农业的乡村人群抱有长期的偏见,而安纳托利亚高原的农夫们则成为奥斯曼帝国精英阶层语境下所谓"突厥人"的主要构成成分。体现这种偏见的典型案例便是 16 世纪奥斯曼帝国诗人居瓦希(Guvahi)所著的《谚语丛书》(*Nasihatname*),他在这本书中描述了为何无知的乡村"突厥人"无法和受过教育的城市居民和睦相处:

> 村庄里的农夫们不可以住进城里,因为一个突厥人不

---

① S. Mardin, "Center-Periphery Relations: A Key to Turkish Politics," *Daedalus*, Vol. 1, No. 102(1973), pp. 169-90.

可能成为一个干净的人。他不能理解你说的话,对他们来说一句话的开头和结尾没有什么区别。他们是如此有趣而不可思议,他们不能理解什么是好吃的精致点心,他们的嘴尝不出任何味道,他们也不知道任何形容这些味道的词语①。

居瓦希的描述反映了居住于伊斯坦布尔的受教育臣民是如何将乡村地区的"突厥人"视为无知粗俗之辈的,他对那些进城谋生的农村突厥佬感到不快。这种态度在奥斯曼帝国大城市知识精英阶层中十分普遍,尤其是在伊斯坦布尔。因此,奥斯曼帝国语境下的"突厥人"(Etrak)与现代民族意义上的土耳其人(Turks)显然有着天渊之别。两者之间或许存在某些共同的概念交集,但直到19世纪之前"突厥"一词都不具有民族认同的意义②。在奥斯曼帝国存在的绝大部分时间里,"突厥性"(Turkishness)甚至连族裔身份的含义都不具备。事实上,奥斯曼作家对于突厥概念的使用从未达成一致。他们中的一部分人使用"突厥"来表述逊尼派伊斯兰文化,而另一些人则仅仅在社会经济层面使用"突厥"。但无论如何,奥斯曼王室来自中亚突厥卡伊部落(Kayi Boyu)的民族神话始终深入人心,因而奥斯

---

① 这个文本由作者从土耳其语翻译为英语,为了不妨碍原文意思,其中的解读和隐藏语义内容以空格隔开。引用自 Guvahi, ed. M. Hengrimen, *Pend-name* (Ankara, 1981), p. 165, quoted in H. Erdem, "Osmanli Kaynaklarindan Yansiyan Turk Imaj(lar)i," in O. Kumrular (ed.), *Dunyada Turk Imgesi*, Istanbul: Kitap Yayinevi, 2005, pp. 24 - 25.

② K. Karpat, "Tarihsel Sureklilik, Kimlik Degisimi ya da Yenilikci, Musluman, Osmanli ve Turk Olmak," in K. Karpat(ed.), *Osmanli Gecmisi ve Bugunun Turkiyesi*, pp. 42 - 44.

曼帝国的突厥背景是显而易见的。在这个意义上,"突厥性"被奥斯曼作家用来描述帝国王室对草原游牧战士武德的继承,就像他们的中亚祖先一样。奥斯曼帝国的加齐传统(即以安拉的名义作战)从未被统治阶层遗忘,并在奥斯曼帝国历史上得到长期的嘉许。因此,在某些以描述"加齐圣战"为背景的奥斯曼文献中,"突厥"一词被用来形容勇武的游牧战士①。显然,奥斯曼帝国语境下的"突厥"具有许多不同的含义,但无论其中哪一种均不具备完整的族裔乃至民族内涵。因此,奥斯曼帝国时期的情况不能从现代视角加以解读。实际上,13—19世纪期间没有一个奥斯曼知识分子在族裔认同意义上使用"突厥"一词。

在讨论奥斯曼帝国时期"突厥"一词的含义时,我们必须考量两个颇具争议的案例,即"突厥人"(Etrak)和基奇尔巴什(Qizilbash,意为红头)。显然,基奇尔巴什对奥斯曼帝国而言是一个重要的他者(other)群体,他们绝大部分是生活在安纳托利亚中部和东部地区的讲突厥语、信仰什叶派的土库曼人,而他们对什叶派伊朗萨法维王朝的高调同情和支持令奥斯曼帝国统治集团震怒。实际上,1514年塞利姆一世在查尔迪兰战役(Battle of Chaldran)打败萨法维王朝之后,便在返回伊斯坦布尔途中下令处决了安纳托利亚地区的4万名基奇尔巴什。基奇尔巴什群体在奥斯曼帝国与伊朗的关系中扮演着十分重要的角色,他们亲萨法维王朝的分离主义倾向对奥斯曼帝国的领土完整和稳定构成了巨大的威胁。被奥斯曼帝国排除在主流认

---

① H. Erdem, "Osmanli Kaynaklarindan Yansiyan Turk Imaj(lar)i," in O. Kumrular(ed.), *Dunyada Turk Imgesi*, pp. 19 - 25.

同之外的不仅有基奇尔巴什，还包括伊朗裔的塔特人（Tat）、阿拉伯人和土库曼裔的杰普尼人（Cepni）。这种帝国认同的排斥性案例，鲜明地体现在一些反映驻扎在托卡特区（Tokat district）的奥斯曼士兵被这些群体引入歧途（idlal）而腐化堕落（igva）的苏丹敕令文本中①。

在所有这些被奥斯曼帝国主流身份认同所排斥的群体中，基奇尔巴什群体无疑因为其兼具穆斯林和突厥语人群身份而最具讽刺性。但实际上，奥斯曼帝国的伊斯兰特性和哈里发体制能够很好地解释这种悖论。基奇尔巴什人并不信奉帝国的官方信仰哈乃斐派，他们中绝大部分属于什叶派和阿拉维派（Alevi），而奥斯曼帝国苏丹是代表逊尼派哈乃斐派穆斯林的哈里发。因此，基奇尔巴什人的异端信仰对正统的奥斯曼官方伊斯兰构成了严峻挑战。在这个伊斯兰帝国治下，非穆斯林人群被接纳为正常的少数族群而获得自治。但是作为异端伊斯兰的什叶派、阿拉维派，由于其与帝国外部什叶派世界的亲密关系，从而对奥斯曼帝国的官方信仰构成一种潜在的威胁。因此，基奇尔巴什人被奥斯曼帝国排斥于帝国主流身份认同之外，是由于他们难以被奥斯曼官方接纳的不同的伊斯兰教派信仰所致，这使得他们容易与奥斯曼帝国的什叶派敌人——伊朗萨法维王朝串通一气。基于此，我们可以推断奥斯曼精英知识分子所著文献中侮辱意味甚浓的"突厥人"（Etrak）一词指的就是安纳托利亚的基奇尔巴什人，因为基奇尔巴什正是奥斯曼主流穆斯林和突厥身份认同中的"他者"（the other）。但是，若直

① S. Ozbaran, *Bir Osmanli Kimligi*, p. 107.

接将"突厥人"和基奇尔巴什人等同则可能会陷入误区,因为"Etrak"一词的内涵更为广泛。奥斯曼帝国官方将安纳托利亚地区没有受教育和无文化背景的普通农夫都视为"Etrak",因此这些"突厥人"可以包括当地任何不同族裔和文化背景的人群。而基奇尔巴什人因其对奥斯曼帝国东部边境稳定构成的巨大威胁,他们比"突厥人"具备更具体的含义。概言之,基奇尔巴什人和"突厥人"在某些情况下可以意义互通,但两者绝非指代同一个群体。基奇尔巴什人在今天世俗化的土耳其共和国仍是一个具有侮辱性的不雅称号,且往往被用来指代土耳其共和国的少数族群——什叶派阿拉维人。

在这里我们可以讨论著名的"泛突厥主义"社会运动家和作家齐亚·戈卡尔普(Ziya Gokalp),因为他在 1923 年出版的著作《突厥主义的原则》(*Turkculugun Esaslari*)中对奥斯曼帝国认同及其与基奇尔巴什之间的区别进行了观点鲜明的阐述,并认为奥斯曼主义(Ottomanism)与突厥主义(Turkism)之间是泾渭分明、油水不溶的关系,且彼此之间充满了憎恶和反感。

尽管奥斯曼帝国在其扩张和统治过程中将数以百计的不同族群囊括于一个政治框架之中,但真正构成身份区分的仍然是上层的统治者和下层的被统治者。君临四海的奥斯曼王室和官僚知识精英们构成了所谓的"奥斯曼人",而"突厥人"则是帝国的臣民和被统治者,而两个群体彼此之间充满偏见和厌恶。上层的"奥斯曼人"将自己视为"统治民族"(millet-i hakime),并将所统治的"突厥人"视为"下等民族"(millet-i

mahkure）。奥斯曼精英喜欢将"突厥人"蔑称为"蠢驴突厥"
（Donkey Turks）。而当一名奥斯曼官员来到乡村，当地百姓都
唯恐避之而不及。我们甚至可以说，基奇尔巴什运动的出现和
安纳托利亚乡村突厥民众长期受到奥斯曼官方的歧视和压迫
不无关系①。

　　"泛突厥主义"的急先锋戈卡尔普十分热衷于将奥斯曼身
份排除在其所鼓吹的突厥认同之外，以服务于他构建一个崭新
的现代土耳其民族身份的需要。他在将奥斯曼古典时代的"突
厥人"界定为被统治者和被压迫者身份的同时，指出基奇尔巴
什人正是因为"奥斯曼"和"突厥"两种认同的对立敌视而产生
的。有趣的是，戈卡尔普将基奇尔巴什人定义为伊朗同情者，
其原因无非是那些幼稚的土库曼人对萨法维王朝早期领袖谢
赫·祝奈德（Sheikh Cuneyd）的传奇故事深信不疑②。戈卡尔普
同奥斯曼时代的精英一样，将基奇尔巴什作为一种异类人群，
并将他们排除在崭新的现代"突厥人"认同之外。但关于基奇
尔巴什身份属性的争论是一个涉及颇多层面的宏大议题，已经
远远超出了本文的论述范围。问题的关键在于，戈卡尔普明确
指出了奥斯曼帝国身份认同和社会阶层划分的二重性
（duality），以及奥斯曼精英阶层将广大被统治人群排除出主流
认同之外的历史事实。他在将"突厥人"界定为奥斯曼帝国内

---

① 这篇文章的作者将文本从土耳其语翻译为英语。Z. Gokalp, *Turkculugun Esaslari*（*Bordo Siyah Turk Klasikleri Inceleme*），ed. K. Bek, Istanbul: Trend Yayin Basin, 2006（originally published 1923），pp. 68 - 69.

② Z. Gokalp, *Turkculugun Esaslari*（*Bordo Siyah Turk Klasikleri Inceleme*），p. 69.

部的被统治者和被压迫者的同时,对处于权力中枢的奥斯曼精英阶层流露出鄙夷和憎恶之情。戈卡尔普所谓的"奥斯曼"精英人群,可能包括希腊裔的帝国外交官、法纳里家族(Phanariots),以及奥斯曼帝国的其他政商界精英。因为他们很富有且接近帝国中枢,由此我们也可以感知到这一时期"罗马"(Rum)认同在奥斯曼帝国内部的负面化趋势。

戈卡尔普关于"突厥人"曾是奥斯曼帝国内部的被统治者人群的观点基本是正确的,他也指出所谓"奥斯曼"认同仅仅是奥斯曼帝国精英统治圈层的内部认同。实际上,"罗马"(Rum)一词比"奥斯曼人"更能揭示帝国内部精英阶层的认同取向。因此,本文研究的着力点,便是探究奥斯曼精英统治阶层如何从"罗马"观念中受益并以之作为强化帝国阶层划分的关键意识形态和认同资源的。如果我们不理解奥斯曼帝国语境下"罗马"一词的含义,就不能领悟奥斯曼帝国突厥认同中的希腊"他者"背景(the Greek other within Turkish identity)。

对奥斯曼帝国罗马身份认同的界定将我们对突厥民族属性的研究带入了一个观念认识的误区之中。奥斯曼帝国的身份属性由于其族群和宗教构成的多元而十分复杂,而"罗马"认同很可能是造成这种多元复杂性的一个重要观念层面。但是"罗马"和"奥斯曼"两种身份认同的交集对于我们理解帝国内部"突厥性"与"希腊性"之间的共同认同基础而言又十分重要。换言之,我们可以在奥斯曼帝国身上可追溯到遥远过去的"突厥"属性中发现"罗马"认同。奥斯曼国家在 19 世纪末之前的绝大部分历史时期将自身主流认同定义为"罗马"而非"突厥"的原因,对于我们理解帝国的"突厥"认同悖论和"突厥"身份的他者化过程(otherization process)而言具有重要意义。因此,理解奥斯曼时代的"罗马"概念以及"罗马"认同,对于探究奥斯曼帝国的社会结构以及准确定义现代土耳其民族身份的历史经验而言极为关键。

我们对于奥斯曼帝国身份认同中的"罗马"特性有诸多疑问,如,"为什么奥斯曼人仍然使用'罗马'第尔汗(Rumi dirhem,指拜占庭帝国银币和重量单位)和'罗马'历法(指拜占庭帝国历法)","为什么生活在安纳托利亚的著名苏菲诗人毛拉那·贾拉勒丁·鲁米(Mevlânâ Celaleddin-i Rumi,1207–1273)会被称作'罗马人'(Rum)",以及"为什么许多奥斯曼苏丹都喜欢使用'罗马人恺撒'(Kaiser-i Rum)的称号"。在探求以上诸问题的答案时,如果我们将"罗马"(Rum)翻译为现代语境下的希腊(Greek),便会得出许多错误的结论。鉴于此,下文笔者将从超越族裔观念的视角详细分析奥斯曼帝国"罗马"观念的复杂内涵。

在很长一段时间内,"Rum"在同时代奥斯曼文献中指的是帝国内部众多非穆斯林米勒特中的一个,并且不具有任何优越尊贵的含义。但是,除了指代奥斯曼帝国境内的希腊正教徒米勒特之外,"Rum"还深深地影响了奥斯曼帝国主流身份认同的构建。"罗马"及其形容词形式"罗马人"(Rumi)一开始最广为人知的含义,是被奥斯曼人用来指称帝国内部的希腊裔人群的。这种用法直到19世纪希腊脱离帝国成为独立民族国家之前都是如此,而其词源无疑来自自称"罗马人"(Roman)的东罗马帝国及其臣民。甚至直到希腊独立战争爆发前夕,仍有不少希腊民族主义活动

家，如里加斯·维勒斯汀利斯（Rigas Velestinlis，1757－1798）等
使用"Rum"来指代希腊民族自身①。在不久之后，"Rum"开始从
帝国希腊正教徒身份扩展为帝国境内所有正教徒的通称。而 1832
年希腊王国独立之后，奥斯曼帝国官方便将所有希腊王国的公民
称之为"约南人"（Yunan，来自古代的小亚细亚希腊人 Ionian），同时
仍然将帝国境内的希腊裔臣民称为"罗马人"（Rum）。

　　由上述可知，成为奥斯曼帝国的"罗马人"一般而言需要具
备信仰希腊东正教和族裔上为希腊人两项条件。但这种狭隘
的定义很快造成了广泛的概念误解（galat-i meshur）②，其中所
蕴含的还原论倾向流毒甚广。这种误读导致许多学者将古典
奥斯曼历史著作和苏丹敕令（fermans）中出现的"Rum"一词翻
译为"突厥"（Turk），但这些文本中"Rum"的真正含义是指奥斯
曼帝国的上层精英。奥兹巴兰指出了一个经典的误读案例，那
就是奥斯曼历史学家穆斯塔法·阿克达格（Mustafa Akdag）在
翻译帝国宫廷战史档案中描述奥斯曼人进行的多次战役内容
时，将档案文本中提到的"英雄的罗马人"（Rum Yigitleri）错误
地翻译为"安纳托利亚突厥人"（Anatolian Turks）。穆斯塔法在
以"Anatolia"对译"Rum"一词并以"Turk"对译本义为"英雄"的
"Yigitleri"一词的过程中，完全忽略了奥斯曼人身份的多元性。
不仅如此，阿克达格还认为奥斯曼帝国的加尼沙里军团

---

① H. Millas，*Gecmisten Bugune Yunanlilar：Dil，Din ve Kimlikleri*，
　Istanbul：Iletisim Yayinlari，2003，p. 163.
② 这个术语的完整版是 Galat－i Meshur Lugat－i Fasihadan Evladir，其含义
　为对某一概念误读的广泛传播可能因袭成俗，尽管在词典中该术语的含义有
　一定的差别。萨利赫·奥兹巴兰使用 Galat－i Meshur 一词来描述现代土耳
　其史学家对"罗马"（Rum）一词的曲解。

(Janissaries)和其他被派遣到帝国边境的苏菲圣徒(erens)也可划入纯粹"突厥人"的范畴①。但实际上,加尼沙里军团的构成来源包括形形色色的战俘、奴隶和来自巴尔干乡村地区的基督徒儿童②。尽管他们在帝国宫廷中被训练为军政要员并皈依了伊斯兰教,在族裔身份上他们却并非突厥人。阿克达格本人对"Turk"而不是"Rum"一词的偏好很可能是他对历史进行简单化解读并赋予古代文本以现代民族主义色彩叙事的结果。而这种现象在现代奥斯曼史学界可谓极为普遍,因为它们本身构成了土耳其共和国民族主义历史叙事的重要组成部分,其目的是迎合现代民族国家的需要来装扮甚至改写一个民族过去的历史并将它史诗化和浪漫化。

而对于奥斯曼帝国而言,"Rum"一词绝不仅仅指正教徒和希腊人,它还和罗马—拜占庭帝国的政治遗产密切相关。不仅奥斯曼上层精英喜欢以"罗马人"(Rum)自居,而且帝国的希腊东正教臣民也被组织为罗马米勒特(Rum millet)。但是,将"罗马"一词仅用于指代帝国内部的东正教徒会导致奥斯曼人身份认同资源失去十分重要的一个层面。在许多奥斯曼文献中,生活在鲁米利亚(Rumeli,奥斯曼帝国的巴尔干部分)和安纳托利亚的帝国居民也被划分为"Rum"。这种划分方式是基于奥斯曼帝国的文化边界而言的,即这一语境下的"罗马人"在帝国文

---

① 引自 M. Akdag, *Turkiye'nin Iktisadi ve Ictimai Tarihi 1*, Ankara: Turk Tarih Kurumu, 1971, pp. 107 - 109 quoted in S. Ozbaran, *Bir Osmanli Kimligi*, p. 89.

② J. McCarthy, *The Ottoman Turks: An Introductory History to 1923*, New York: Longman Limited, 1997, pp. 124 - 125, 更详细的分析请参见 G. Goodwin, *The Janissaries*, London, San Francisco and Beirut: Saqi Books, 2006.

化分层中位于地处边缘地带的阿拉伯人和帝国最上层的精英"奥斯曼人"之间。不仅如此，"Rum"也被奥斯曼文献用来指代曾经为东罗马帝国所统治过的领土和地区①。因此，奥斯曼国家通过使用"罗马"这一术语并扩展其内涵，以间接而非直接的手段达到了在适度排斥"突厥"认同的同时吸纳"希腊"认同于帝国主流身份中的文化融合目标。实际上，奥斯曼帝国的"罗马"认同与帝国臣民的族裔身份之间没有任何直接对应关系。奥斯曼人使用"罗马"来强调帝国的伟大以及继承东罗马帝国领土的政治合法性。因此，如果我们以现代民族主义视角去审视奥斯曼帝国"罗马"认同的内涵并在此基础上分析奥斯曼历史，必然会陷入以今释古的误区。

最早尝试分析奥斯曼帝国"罗马"认同的学者是奥地利历史学家保罗·维特克（Paul Wittek），他在 20 世纪 30 年代提出，应使用"罗马突厥人"（Rum Turks）一词来取代"奥斯曼"（Ottoman）作为描述奥斯曼帝国身份认同的术语。保罗·维特克阐释了"罗马突厥人"在描述奥斯曼帝国历史的真实情况时因其能够同时涵盖游牧突厥人、定居突厥人以及突厥化的帝国臣民三大群体且彰显奥斯曼帝国的加齐传统，从而更具解释力。不仅如此，"罗马"这一术语更能体现罗马帝国遗产对奥斯曼帝国"多彩的突厥性"（Turkish Colorfulness）的贡献，并将这份遗产吸纳入奥斯曼帝国的身份认同之中②。但由于保罗·维

---

① S. Ozbaran, *Bir Osmanli Kimligi*, pp. 90 - 91.
② 引自 P. Wittek, "Rum Sultani", *Bati Dillerinde Osmanli Tarihleri*, Istanbul: Turkiye Yayinevi, 1971, pp. 95 - 9, quoted in S. Ozbaran, *Bir Osmanli Kimligi*, p. 49.

特克提出这一观点正值土耳其共和国民族主义甚嚣尘上之时，他对奥斯曼帝国罗马认同的理论分析并没有在同时代的希腊和土耳其历史学者中引起强烈的反响。保罗·维特克认为，"Rum"一词并不必然意味着它指代希腊正教徒，相反它可以被用来描述奠基于罗马帝国遗产之上的奥斯曼突厥文明的核心身份属性，但这一观点始终没有得到学界的广泛认可。因为在他所处的那个时代，强调奥斯曼帝国的"罗马"特性和背景并以其分析土耳其历史的观点和方法，着实难以被同时代深深浸淫民族主义史学观的学者所接受。保罗·维特克因为强调奥斯曼帝国的"罗马"认同，而被学界同行指责其贬低了奥斯曼人和突厥人的民族性，以及土耳其民族独立建立一个伟大文明的能力。

继保罗·维特克之后，福阿德·科普鲁卢（Fuat Koprulu）则是第一批在分析奥斯曼帝国身份认同时使用"Rum"这一术语的土耳其历史学家之一。他作为当时著名的奥斯曼史学家参加了第一届土耳其历史学科大会（The first Turkish Congress of History），并在此次会议中加入了当时关于土耳其史学理论大争论的队伍。由于福阿德·科普鲁卢本人对奥斯曼历史的熟稔，他并没有完全屈从于土耳其共和国初年关于突厥历史研究的许多武断的应时之结论，而是指出在勾勒出奥斯曼土耳其历史发展的基本轮廓之前，应该进行更详细的历史研究。不仅如此，福阿德·科普鲁卢还提醒当时的学界同行们，"Rum"和"Turk"两个术语含义的模糊性和易混性。根据他的观点，"罗马"观念与"罗马"认同对于奥斯曼帝国的重要性不应该被忽视，他还建议应对奥斯曼帝国多元身份属性中的"突厥"（Turk）、"蒙古"（Mongol）、"鞑靼"（Tatar）和"罗马"（Rum）等概念进行更扎实的文献学分析①。然而，由于福阿德·科普鲁卢的分析范式将土耳其民族身份模糊化，他的观点并不受学界欢迎。在这次大会上，由于绝大部分参会学者都是土耳其民族主义史学的拥趸，福阿德·科普鲁卢为了缓和气氛被迫为自己的观点向同行致歉，并宣称自己的观点已经发生了变化②。福阿德·科普鲁卢可能是为数不多的采用奥斯曼视角（Ottoman lens）而非突厥视角分析奥斯曼帝国历史的学者之一。但在当时的历史条件和政治氛围下，无论是保罗·维特克还是福阿德·科普鲁卢，他们关于奥斯曼帝国身份认同的研究应该采取多元化路径的建议均没有结出硕果。而萨利赫·奥兹巴兰（Salih Ozbaran）重新将保罗·维特克的研究成果引介回土耳其历史学界，从而再次揭开了土耳其历史上这些被长期隐藏和遮蔽的内容。尽管在奥兹巴兰之前，已经有许多著述开始提到奥斯曼帝国的"罗马"认同，但这些研究均不是基于扎实的文献和档案分析。

随着奥斯曼帝国疆域领土的扩大，帝国的一些边缘省份和人群如阿拉伯人和巴尔干北部的帝国臣民开始被排斥于奥斯曼国家的主流认同之外。而由安纳托利亚和鲁米利亚构成的奥斯曼帝国核心领土即所谓的"罗马地"（Rum Territories），被奥斯曼国家作为其拥有绝对治权的中枢地带来对待。尽管"罗

---

① F. Koprulu, *Turk Edebiyatinda Ilk Mutasavviflar*, 3rd ed., Ankara: Turk Tarih Kurumu, 1976, p. 257; B. E. Behar, *Iktidar ve Tarih: Turkiye' de 'Resmi Tarih' Tezinin Olusumu*（*1929 - 1937*）, Istanbul: AFA Yayinlari, 1992, pp. 109 - 110.

② 有关第一届土耳其历史学科大会的讨论参见 B. E. Behar, *Iktidar ve Tarih*, pp. 119 - 160.

马"(Rum)和"鲁米利亚"(Rumeli)所指代的地理范围似乎相互重叠,前者更多指代人群,而后者则侧重指这些人群所居住的土地,但两个术语之间的密切联系绝不仅仅是发音的相似。一方面,"Rumeli"或"Rum-ili"既是奥斯曼国家对其巴尔干半岛国土的地理称谓,又同时是与这片土地相对应的帝国行政单位,其含义便是指希腊人的"罗马国"(Romania)。正如福阿德·科普鲁卢的学生哈利勒·伊纳尔济克所解释的,奥斯曼官方对"Rumeli"一词的使用同对"Anatolia"的使用一样,是基于同样的历史和政治环境的,而 Rumeli 更强调奥斯曼国家从晚期拜占庭帝国所夺取的土地。而另一方面,"Rum"一词仍然保持了其经典含义,即指代塞尔柱罗姆苏丹国所统治过的小亚细亚地区①。根据伊纳尔济克的观点,奥斯曼语境下的"罗马"(Rum)好比一个人群和文化融合的大熔炉,在这个大熔炉中,无论是基督徒罗马人(Christian Rum)还是穆斯林突厥人(Muslim Turk)都能找到自己的位置②。

实际上,奥斯曼帝国的鲁米利亚大贝伊总督区(Rumeli Beylerbeyligi)和安纳多卢大贝伊总督区(Anadolu Beylerbeyligi)都被奥斯曼人视为构成帝国核心的行政单位。而从实际操作上看,鲁米利亚大贝伊总督区由于其战略位置的重要性,其地位还比安纳多卢大贝伊总督区更高一些,例如一位安纳多卢大贝伊可以在升职后被提拔为鲁米利大贝伊。保罗·维特克指

---

① H. Inalcik, *"Rumeli" in Islam Ansiklopedisi*, Istanbul: Diyanet Vakfi, 1988.
② H. Inalcik, "Kultur Etkilesimi, Kureselleşme", *Dogu Bati* (*Dunya Neyi Tartisiyor : Kuresellesme 1*), No. 18(2002), pp. 97 - 98.

1801 年鲁米利亚地图（Map of Rumelia in 1801）

资料来源：*W. Miller*，*The Ottoman Empire*：*1801－1913*，London：
Cambridge University Press，1913.

出，奥斯曼时代的"Rumeli"在地理和行政上相当于拜占庭时期
的迪西斯·巴提（Disis-Bati），而奥斯曼人显然没有忽视这片历
史地理单元所拥有的悠久历史文化。奥斯曼帝国的鲁米利亚
地区早期北部边界从阿尔巴尼亚一直延伸到伊斯坦布尔，而南
部边境一直延伸至莫利亚半岛（Morea，即伯罗奔尼撒半岛）。
而随着奥斯曼帝国在巴尔干半岛北部的扩张，鲁米利亚的地理
范围又继续延伸至多瑙河—黑海一线，其所涵盖的范围大致包

括现在的保加利亚、塞尔维亚南部、马其顿和希腊四国。而奥斯曼帝国的希腊正教徒臣民,如同帝国在波斯尼亚和奥地利的附庸公国一样,被奥斯曼帝国中央视为鲁米利亚地区的边缘地带①。

如此一来,奥斯曼帝国"Rum"观念含混性的另一个层面被揭示出来:尽管帝国的希腊正教徒臣民构成的米勒特被命名为"Rum",但他们仍然不构成"罗马国"(Devlet-i Rum)的核心族群。而奥斯曼语境下的"罗马国"则是苏丹本人控制下奥斯曼国家核心地带文化认同融合的地理象征。如前所述,奥斯曼人的"罗马"认同很大程度上是基于统治精英和被统治的下层民众之间的区隔而来。在奥斯曼帝国多元身份认同语境下,无论是希腊正教徒臣民还是突厥臣民都不能单独垄断帝国的核心族群认同,只有奥斯曼苏丹和精英阶层(askeri)拥有"罗马"认同的话语权。因此,奥斯曼帝国的"罗马"认同在很大程度上是奥斯曼统治者和精英集团内部所独享的一种自我认同。而在奥斯曼帝国与外部世界的其他国家交往时,这种"罗马"认同也得到其他国家和统治者的认可。比如在描述1402年奥斯曼帝国和帖木儿帝国之间爆发的安卡拉战役时,帖木儿便在自己的回忆录中将奥斯曼苏丹巴耶济德一世(Yildirim Beyazid,1389—1402年在位)称作"罗马恺撒"(Kaiser-i Rum)②。在历史上还有许多将同时代的奥斯曼帝国唤作"罗马"(Rum)的案例,如在

---

① From Wittek, "Rum Sultani," p. 89, quoted in S. Ozbaran, *Bir Osmanli Kimligi*, p. 49.

② S. E. T. M. T. Bahadiroglu, *Timur'un Gunlugu : Tuzukat -i Timur*, trans, and ed. A. Asian and K. Sakirov, Istanbul: Insan Yayinlari, 2010, pp. 66 - 67.

奥斯曼帝国 1517 年征服也门之前，在也门和印度洋地区活跃着
许多奥斯曼士兵、水手、炮兵和火枪手，而当地人则将这些奥斯
曼人唤作"Rum"或"Rumlu"。而在奥斯曼帝国领土之外的阿拉
伯地区、伊朗、中亚和印度尼西亚这些地方，当地人所谓的
"Rum"便指代的是奥斯曼帝国及奥斯曼人。实际上，这些"罗
马人"（Rum）不仅包括 1509 年被巴耶济德二世派往增援马穆鲁
克苏丹国对抗葡萄牙海军的士兵，还包括那些来自安纳托利亚
西部和卡拉曼地区（Karaman）的冒险者①。尽管从 11 世纪起，
西方基督教世界便将塞尔柱突厥人和后来的奥斯曼人唤作"突
厥人"（Turks），但奥斯曼帝国以东的广大世界则长期将奥斯曼
人唤作"罗马人"（Rum），尤其是针对生活在安纳托利亚和鲁米
利亚的奥斯曼人。著名中东史专家伯纳德·刘易斯（Bernard
Lewis）在其关于土耳其历史的著作中，便这样表述奥斯曼语境
下"罗马"和"突厥"两个概念的含混特征：

> 自从 11 世纪突厥人征服安纳托利亚起，"Turkey"便
> 被欧洲人用来指代当地突厥语人群所居住的安纳托利亚
> 地区。但直到 1923 年之前，突厥人都从未将这一称谓用来
> 命名他们建立的国家。在奥斯曼帝国精英社会中，"突厥"
> 一词使用的频率很低，而且往往带有贬义，用以指代游牧
> 的土库曼人或无知粗鲁的安纳托利亚村庄农夫。而用"突
> 厥"一词形容一个来自君士坦丁堡的奥斯曼绅士，则带有

---

① H. Inalcik, "The Socio-Political Effects of the Diffusion of Fire-arms in the
Middle East", in V. J. Parry and M. E. Yapp(eds.), *War, Technology and
Society and Society in the Middle East*, London: Oxford University Press,
1975, p. 204.

明显的侮辱意味①。

尽管伯纳德·刘易斯指出奥斯曼人自己并不像欧洲人那样使用"突厥"（Turk）一词来指代自己的国家和国民，讽刺的是他在《现代土耳其的兴起》（*The Emergence of Modern Turkey*）一书里面介绍奥斯曼帝国乃至前突厥时代安纳托利亚的其他文明的章节时，竟毫不犹豫地使用"突厥"一词②。在另一部著作中，刘易斯才开始感到有必要指出奥斯曼人在谈到自己的身份认同时会根据不同的场合使用不同的词汇来表达这种复杂性。

> 即当奥斯曼人想要强调他们的宗教属性时，便称自己的国家为"伊斯兰之国"（Memalik-i Islam）；而当他们想要强调奥斯曼王室的出身时，便会称自己为"奥斯曼人"（Al-i Osman）；而如果他们想要强调奥斯曼帝国继承罗马帝国的地理版图时，便会称自己的国家为"罗马国"（Memleket-i Rum）。③

由上述可知，奥斯曼帝国的"罗马"认同并不具备族群和民族边界的意义。奥斯曼帝国的"罗马"认同既包括了对罗马帝国领土的继承法理，也包括这片领土上不同文化的融合趋势。

---

① B. Lewis, *The Emergence of Modern Turkey*, 3rd Edition, New York: Oxford University Press, 2002(originally published 1961), pp. 1-2.
② 刘易斯在书中对"突厥"一词的使用超出了奥斯曼帝国的时空范围，比如他提到赫梯与突厥之间的联系，并称"古代安纳托利亚文明元素在现代土耳其的存续是毋庸置疑的，我们虽无必要宣称赫梯人就是突厥人或突厥人就是赫梯人，但很明显两者之间存在很强的连续性"。
③ B. Lewis, *The Multiple Identities of the Middle East*, London: Weidenfeld and Nicolson, 1998, p. 11.

只要我们不被奥斯曼帝国的"突厥性"表象和偏见所误导，便会看清奥斯曼帝国身份认同的真实轮廓。而伊尔伯·奥泰利（Ilber Ortayli）则在奥斯曼帝国的"罗马"认同基础上进一步发挥，并提出了将奥斯曼帝国定义为"穆斯林罗马"（Muslim Rome）这一充满挑战性的定义。他认为奥斯曼帝国是罗马帝国灭亡后中东和地中海地区唯一可以代表罗马帝国法统的国家。伊尔伯·奥泰利并没有否定奥斯曼帝国在官方语言层面上严格的突厥语属性，但他认为帝国的绝大部分官僚是由希腊人和亚美尼亚人构成的，而这一点在 19 世纪尤为明显。伊尔伯·奥泰利据此认为，奥斯曼帝国在其官僚组织文化和社会融合体制上与罗马帝国是一致的，因此完全可以把奥斯曼帝国称作"第三罗马帝国"（3rd Roman Empire）或罗马帝国的"穆斯林终版"（Muslim Version）①。将奥斯曼帝国定义为第三罗马帝国的观点可能确实过于激进，但这种观点的确有助于弥合奥斯曼帝国复杂多维结构所带来的各种认识偏见。

实际上，在奥斯曼帝国可以继承的来自包括塞尔柱帝国（Seljuks）、萨珊帝国（Sasanians）、俄罗斯帝国（Russians）和波斯帝国（Persians）在内的多样帝国政治遗产中，恰恰是拜占庭帝国（Byzantine Empire）构成了奥斯曼人所继承的帝国遗产中十分重要的组成部分②。由于奥斯曼人从拜占庭帝国的政治遗产

---

① I. Ortayli, "Ucuncu Roma Imparatorlugu," *Hurriyet*, 18 Oct. 1999.
② 伊斯玛仪·托卡拉克强调了奥斯曼帝国与拜占庭帝国在文化和组织方面的诸多相似性。他认为突厥人自进入安纳托利亚以来受到了长达 400 年拜占庭文明的影响，这导致突厥人不仅在文化、社会结构和政治组织方面发生深刻变迁，更由于与拜占庭人的通婚混血导致突厥人的人种特征发生巨变。

中继承了后者广袤的国土,这种对拜占庭帝国乃至罗马帝国领土继承的骄傲心理,最终很可能导致奥斯曼人将自己所继承的前拜占庭领土称为"罗马"(Rum)。不仅如此,围绕在苏丹侧近的奥斯曼精英集团(askeri)始终意识到自己与帝国治下的其他普通百姓(reaya)之间是有着明显尊卑之分的。为了强化奥斯曼精英所拥有的高雅文化和社会地位,他们偏爱使用"罗马"(Rum)这一胜过其他任何族群意义的术语。因此,奥斯曼帝国"罗马"认同的边界并不在帝国的边疆,而是位于帝国核心区域。奥斯曼人的"罗马"认同奠基于奥斯曼帝国的精英文化之上,因而这种认同并不指向帝国统治的边缘地区和下层群众。另外,在奥斯曼帝国内部没有足够的社会文化环境来强化不同的族裔身份,至少从现代意义上看如此。尽管这样,希腊正教徒和穆斯林突厥臣民作为奥斯曼帝国体制的一部分,仍然能够意识到彼此在宗教信仰和语言上的区别,而他们的共同身份认同则是作为奥斯曼苏丹治下的普通臣民。

综上所述,奥斯曼语境下"罗马"(Rum)这一术语的使用方式及其重要意义可以从以下三个方面加以阐释。首先,拥有希腊文化背景的东正教米勒特臣民,即所谓的"罗马米勒特"(Rum millet)和作为穆斯林奥斯曼人的"罗马"(Rum)认同之间存在显著的区别。前者明确指代帝国的东正教臣民,而后者则是奥斯曼官僚精英和诗人、艺术家等文化知识分子所偏好的身份标识。其次,是"Rumeli"作为奥斯曼帝国核心领土的重要性,因为奥斯曼帝国并非严格意义上的中央集权国家,帝国的北非领土、保加利亚以北的欧洲领土和中东属地在奥斯曼帝国的行政考量中始终居于次要地位，只有安纳托利亚和鲁米利亚才是帝国的心脏地区。再次，则是奥斯曼帝国的"罗马"认同蕴含着对罗马帝国所曾经拥有的辽阔疆域的倾慕心理，由此"罗马人恺撒"（Kaiser-i Rum）成为奥斯曼苏丹宣称其拥有治理罗马帝国领土的政治合法性所需要的官方称衔。因此，既可以指代东正教臣民，又可以指代罗马帝国的"罗马"观念，对于奥斯曼帝国精英阶层而言这是一种极为重要的认同资源，直到帝国晚期的最后岁月之前都是如此。但是，对奥斯曼帝国身份认同中"罗马"观念的详细解读就当前奥斯曼历史研究而言仍具有不可忽视的补充意义。

总之，本文对奥斯曼帝国身份认同中的"伊斯兰""突厥"和"罗马"特性进行了逐一的分析阐释，并对奥斯曼帝国基于其复杂的宗教、族群和社会结构而导致的许多因袭成说的历史阐释模式重新进行了批判性的解读和修正。在过去，奥斯曼帝国总是被界定为"突厥的"或"穆斯林的"帝国。但是正如文中所分析指出的，奥斯曼帝国的"伊斯兰"和"突厥"属性有许多值得商榷和保留的地方。首先，且不论将奥斯曼帝国定义为伊斯兰国家（Islamic State）是过于简单的做法，奥斯曼帝国的政治宗教体制并不符合理想教法国家（Shariat）的特征。诚然，伊斯兰教对奥斯曼帝国社会生活的许多层面都发挥着极其重要的作用，但奥斯曼苏丹的权威仍然在绝大部分场合凌驾于伊斯兰教法之上。因此，与理想状态下的教法国家不同，考虑到奥斯曼国家和人民自成一格（sui generis）的伊斯兰文化特征，将奥斯曼帝国的宗教结构定义为"奥斯曼伊斯兰"（Ottoman Islam）无疑更为合适。

　　与宗教一样,奥斯曼帝国的族群认同是另一个长期困扰历史学家的争议性问题。奥斯曼国家奠基于不同族裔、人群和领土的帝国结构,使得将奥斯曼帝国定义为纯粹"突厥"国家是不可能的,而对于奥斯曼语境下何为"突厥"这一问题,也由于帝国族群认同的复杂性而无法给出明确的定义。众所周知,奥斯曼帝国的官方语言是一种突厥语,更不用说奥斯曼王朝来自中亚突厥卡伊部落的民族神话始终深入人心。除了奥斯曼王室祖先来自中亚突厥人是否确切这一认识论问题尚可商榷外,奥斯曼官方和统治精英对安纳托利亚土库曼游牧民的观念也充满争议。奥斯曼精英阶层往往将"突厥"(Turk)作为超越族群意义的词语来指代下层臣民的"粗鲁"(roughness),从而在安纳托利亚地区浸淫游牧文化的土库曼人和奥斯曼精英阶层之间划出一条鲜明的界限。在这个意义上讲,奥斯曼精英对"无知突厥人"(etrak-i bi idrak)这一贬义谚语的使用必须被纳入对奥斯曼帝国所谓"突厥"身份的研判之中。

　　本文所采用的精英主义的分析视角当然不可避免地带有将社会结构划分为统治者和被统治者的简单化处理的缺陷。实际上,接近奥斯曼国家中枢的官僚、管理者和富人将自己视为凌驾于普通臣民之上的超越任何族群和社会文化意义的精英集团,而这种区分意识深深地潜藏在奥斯曼帝国精英的"罗马"认同之下。因此,奥斯曼精英的主流身份认同并没有穿透社会各个阶层广泛传播,而仅仅是强化了少数上层精英自身所具有的文化优越感。"Rum"这个术语充分彰显了奥斯曼统治精英对前罗马帝国所统治领土的合法继承带来的骄傲自豪心理，因而有趣的是我们看到指代帝国希腊正教徒臣民的"Rum"一词也被奥斯曼统治精英用来形容他们所拥有的"特权文化"（Privileged Culture）。因此，奥斯曼帝国的"天朝上国"（Devlet-i Aliye）观念反映的正是那些生活在罗马帝国土地上、讲突厥语且融合了许多不同文化的"穆斯林罗马人"（Muslim Rums）所拥有的"普世"帝国的愿景。因此，奥斯曼帝国的"罗马"观念由于其包含希腊正教徒臣民的族群——宗教身份和鲁米利亚地区的地理内涵而成为彰显奥斯曼帝国文化精英主义（cultural elitism）的核心认同和精神资源。

　　不管是否具备族群意义，奥斯曼帝国身份认同中的"罗马"观念有望将奥斯曼帝国历史研究推进到更加多元化的分析范式之中，并通过将穆斯林、突厥、希腊、罗马、奥斯曼和东正教等多种不同的身份属性熔为一炉，从而将过去的奥斯曼历史研究从现代民族主义史学的窠臼中解放出来。我们毫不惊讶地发现，奥斯曼帝国的"罗马"认同由于土耳其和希腊两个现代民族国家基于纯粹"希腊人"和纯粹"突厥人"民族主义观念的官方历史书写而被遗忘。基于此，本文不失为一次重新解读奥斯曼帝国身份认同和奥斯曼历史的有益尝试，从而有助于在奥斯曼历史研究中避免任何带有民族主义视角的还原论解读模式所带来的弊端。

　　作者简介：阿斯利·厄尔古勒（F. Asli Ergul），土耳其爱琴海大学（Ege University of Turkey）国际关系学院教授。

　　译者简介：龙沛，历史学博士，西北大学中东研究所讲师。

评析阿卜杜拉希德·易卜拉欣在青年土耳其党人时期的活动[①]

纳迪尔·乌兹别克(Nadir Özbek)

蒲小平　译

译文导读: 20世纪初期,源于俄国境内穆斯林知识分子的"改良主义"——扎吉德运动(Jadid Movement),催生了反动的"泛突厥主义"思潮。在俄属鞑靼斯坦地区,新型穆斯林商人群体在与斯拉夫人的商业竞争中,积极推动了这一思潮的发展。加之俄国穆斯林在奥斯曼帝国的活动,导致"泛突厥主义"在当地逐渐壮大为一股不容忽视的政治力量。中文研究领域,关于扎吉德运动与"泛突厥主义"关系的探讨已取得颇为丰富的成果。然而,对于"泛突厥主义"如何在奥斯曼帝国晚期的政治舞台上立足,并逐渐成为青年土耳其党人的重要思想武器之一,以及它在第一次世界大战前如何与"泛伊斯兰主义"相结合,并在全球范围内展开宣传与联络等秘密活动的细节,目前尚缺乏深入而清晰的阐述。

---

① 原文题目为"From Asianism to Pan-Turkism: The Activities of Abdürreşid İbrahim in the Young Turk Era and Japan",载于 Selçuk Esenbel and Chiharu Inaba(eds), *The Rising Sun and the Turkish Crescent*, İstanbul: Boğaziçi University Press, 2003, pp. 86 - 104. 本文是国家民委"内亚史观与边疆史叙述研究"(项目编号:2023 - GMG - 032)的阶段性成果。

　　土耳其海峡大学现代土耳其历史研究所教授纳迪尔·乌兹别克(Nadir Özbek)以 20 世纪上半叶俄国穆斯林活动家阿卜杜拉希德·易卜拉欣(Abdürreşid İbrahim,1857-1944)的政治活动为主线,详细梳理了此人在俄国(沙俄、苏俄时期)、奥斯曼帝国以及日本之间的政治联络活动。该文对易卜拉欣政治思想转变的揭示,不仅有助于我们更加深入地理解土耳其及中亚地区"双泛"思想("泛突厥主义"与"泛伊斯兰主义")的形成与传播过程,也对我们认识第一次世界大战前后日本与穆斯林世界的互动,以及奥斯曼帝国最终选择加入同盟国的动机提供了重要线索。更为重要的意义是,文章对"双泛"思想产生的时代背景与主导者投机心理的考察,尤其是对当时日本与奥斯曼土耳其阴谋勾结的"亚洲政策"的剖析,对于我们从世界史主流叙事之外的"他者"角度来理解彼时的国际局势提供了一种内部视角。

　　阿卜杜拉希德·易卜拉欣出生于沙俄时期的鞑靼斯坦。相较于俄国境内扎吉德运动的伽普林斯基(Измаил Бей Гаспринский,1851-1914)等同仁,易卜拉欣长期活跃于奥斯曼帝国、日本以及东南亚等异域,毕生致力于推广"双泛"主义。按照纳迪尔教授的说法,此人所展现的国际视野和活动轨迹尤为宽广,政治立场也比较跳跃,这导致其关于反殖民主义世界政治"蓝图"的构想更加不切实际。因此,也就不难理解他为何总是选择在世界政治的"阴暗角落"寻找机会,虽屡遭挫败亦在情理之中。但不得不承认的是,作为彼时鼓吹"双泛"主义的"先驱"之一,易卜拉欣在土耳其历史及近代国际关系史上留下了难以磨灭的"印记"。对于从事相关领域研究的学者而言,其人其事仍具有不可忽视的参考价值。

阿卜杜拉希德·易卜拉欣（Abdürreşid İbrahim，1857 - 1944)因 1908 年赴日本访问并与当地政要人物会晤而闻名。[①]因其回忆录《伊斯兰之界》(*Alem-i Islam*)及近期一些研究可一窥他在日本逗留的细节，[②]这段经历为人所熟知，不过，他在返回伊斯坦布尔后的政治活动却尚未得到广泛研究。本文将探讨易卜拉欣在奥斯曼帝国第二立宪时期(1908—1918)的政治活动以及他与当地知识分子交往的情况。在奥斯曼帝国首都逗留期间，易卜拉欣本应奉行他与日本友人达成一致的"亚洲主义"政策。然而，他的政治思想中关于"亚洲主义"的成分却逐渐消退，取而代之的是"泛突厥主义"的意识形态。这个转变看似有些自相矛盾——因为当时日本愿意与奥斯曼帝国合作的印象在奥斯曼帝

[①] 更多关于阿卜杜拉希德·易卜拉欣的资料，在土耳其历史期刊《社会历史》(*Toplumsal Tarih*)的两期特别档案中都可以找到。参见《社会历史》第 4 卷第 19 期和第 20 期，其中包含了 7 篇文章。关于他生平的详细记录，请参见 İsmail Türkoğlu, *Sibiryalı Meşhur Seyyah Abdürreşid İbrahim*, Ankara：Türkiye Diyanet Vakfı Yayınları，1997. 英文资料有 Mahmud Tahir，"Abdurreşid İbrahim, 1857 - 1944"，*Central Asian Survey*，v. 7，n. 4 (1988)，pp. 135 - 140；以及 Nadir Özbek，"Abdurreşid İbrahim (1857 - 1944)," in *The Life and Thought of a Muslim Activist*, Master's thesis, Boğaziçi University, İstanbul, 1994. 更多参考文献信息，请参阅上述《社会历史》档案中的参考文献列表。

[②] Abdurreşid İbrahim, *Alem-i İslam ve Japonya'da Intişar-ı İslamiyet*, 2 vols., İstanbul：Yeni Asya Yayınları，1987. 关于阿卜杜拉希德·易卜拉欣与明治晚期日本的关系，参见 Selçuk Esenbel，"İslam Dünyasında Japonya İmgesi：Abdürreşid İbrahim ve Geç Meiji Dönemi Japonları," *Toplumsal Tarih*，v. 4，no. 19 (1996)，pp. 18 - 26. 关于阿卜杜拉希德·易卜拉欣与荷兰殖民地的联系，参见 Ahmet Uçar，"Japonların İslam Dünyasındaki Yayılmacı Siyaseti ve Abdurreşid İbrahim," *Toplumsal Tarih*，v. 4，no. 20 (1996)，pp. 15 - 17.

国知识分子阶层中人尽皆知,尤其是 1910 年易卜拉欣和山冈光太郎(Yamaoka)一同出现在伊斯坦布尔的场景,①更是加深了这种印象。本文将考察易卜拉欣(政治)思想上看似矛盾的转变,并尝试从其政治生涯角度得出相关的结论。

研究易卜拉欣在青年土耳其党人时期的政治活动具有重要意义。首先,它揭示了易卜拉欣所信奉的"亚洲主义"政策,以及他与日本友人在此议题上的共识。诚然,对奥斯曼帝国来说,在充满动荡和灾难性的政治氛围中实施"亚洲主义"方案是困难的,即便如此,也并非完全不可接受。其次,关于易卜拉欣这一时期的活动,尤其是对其思想和个性的研究有助于增进我们对(俄国)鞑靼人"泛伊斯兰主义"政治本质的了解。② 20 世纪初,具有"泛伊斯兰主义"思想的俄国鞑靼知识分子及社会活动家大量云集到奥斯曼帝国,并助长了第二立宪时期土耳其的伊斯兰和"泛突厥主义"氛围,但此类互动并没有引起学界关注。本文重点研究了由易卜拉欣领导的一个鞑靼籍小型"泛伊斯兰主义"团体的理念和相关

① 对于山冈光太郎和易卜拉欣,请参见 Tsutomu Sakamoto,"The First Japanese Hadji Yamaoka Kotaro and *Abdürreşid İbrahim*",该论文在本次研讨会中发表。
② 尽管我们深知突厥穆斯林知识分子对土耳其民族主义形成的贡献以及他们对第二立宪时期知识氛围的影响,但他们对鞑靼"泛伊斯兰主义"者的学术兴趣仍然很低,尽管许多鞑靼"泛伊斯兰主义"知识分子和活动家来到土耳其,并参与了青年土耳其党时期的伊斯兰氛围塑造。造成这种忽视的原因有很多,有些原因比其他原因更显而易见——由于第二立宪时期通常被视为世俗和民族共和政体的初期,因此鼓励对世俗主义、西方主义和土耳其民族主义的研究,而同时期的伊斯兰氛围研究则受到阻碍。此外,还存在一种传统观念,即对于俄裔穆斯林土耳其人来说,"泛伊斯兰主义"和"泛突厥主义"是相辅相成的意识形态,这是阻碍对鞑靼"泛伊斯兰主义"进行具体研究的另一个因素。

活动,该团体与团结党人(Unionists)有一定联系。此外,对易卜拉欣这一时期活动的研究也揭示了他后期政治生涯中的基本动机,特别是他在20世纪三四十年代在日本活动的政治目的。

易卜拉欣是一名(俄国鞑靼斯坦籍)政治活动家,他将毕生精力投入伊斯兰事业和反对英国与俄国殖民主义的斗争之中,其政治人格的形成很大程度上基于19世纪最后几十年里鞑靼穆斯林所获得的社会和历史经验——这一时期,俄国境内伏尔加—乌拉尔地区崛起的鞑靼商人资产阶级在与俄罗斯民族资本势力的竞争中,催生出了反动的穆斯林文化改革主义,即扎吉德运动(*jadidism*,意为"新的")。在19世纪后期至20世纪初,随着公开反对沙皇独裁统治斗争的展开,鞑靼斯坦的扎吉德运动从文化改革转变为政治运动,易卜拉欣在公开反对沙皇专制的斗争中为上述转变起到了推波助澜的作用。(与沙俄境内的扎吉德运动相比)易卜拉欣代表了扎吉德运动的一个特殊版本,其中包含了"泛伊斯兰主义""普世主义"政治观念和反殖民主义精神等要素,以上特点促使他急于为沙俄境内突厥语穆斯林的斗争寻找一个强有力的靠山,易卜拉欣将目光投向了奥斯曼帝国、日本和德国。因此,(这一动机)不仅将他推向了世界政治"阴谋"(这里代指一战同盟国,译者注)的核心圈,而且被迫走向了模棱两可的意识形态立场。在这种情况下,伊斯兰主义、亚洲主义、突厥主义(或以上任何组合)的"泛"主义在意识形态层面上都能为其所用。

(当时)俄国的突厥语穆斯林知识分子认为,日本和俄国在远东的角逐有助于他们反对沙皇专制的政治斗争。特别是对易卜拉欣这样的伊斯兰知识分子而言,日俄竞斗具有广泛的政治意涵——他们相信日本在 1904—1905 年的战争中对俄国的胜利增加了"亚洲联盟"对抗俄国、英国和荷兰殖民主义的可能性及可行性,并可能将所有穆斯林从殖民主义的锁链中解放出来。(未来)这个联盟可能由奥斯曼帝国领导,也可能由日本领导——如果日本接受伊斯兰教作为民族宗教的话。(尽管)这样的理论似乎不切实际,然而在 19 世纪末到 20 世纪初的政治联合声音中"亚洲主义"的意识形态享有崇高的声望,而易卜拉欣版本的独特之处在于他在"亚洲主义"中融合了伊斯兰教。

易卜拉欣很早就开始关注亚洲,尤其是日本。他在 1902 年和 1903 年到访了日本,据信他曾参与那里的反俄宣传,最终因此被俄国领事要求驱逐出境。[1] 关于易卜拉欣早些时候(1902 年至 1903 年)访问日本的情况我们知之甚少,但他在 1908 年到日本的旅行却得到了充分的记录。[2] 例如,他与日本政府的重要人物均有接触,如当时的首相伊藤博文、大隈重信公爵,自由民族主义者德富苏峰,以及其他一些黑龙会的重要人物,内田良平和头山满。[3] 在这次旅行期间,易卜拉欣最主要的目的是考察建立伊斯兰—亚洲联盟对抗俄国和英国的可能性。在赴奥斯

---

[1] Azade-Ayse Rorlich, *The Volga Tatars : a Profile in National Resilience* Stanford, California: Hoover Institution Press, Stanford University, 1986, p. 236, fn. 15. 罗尔里奇(Rorlich)认为,有证据表明,易卜拉欣与日本的联系甚至早于他在 1902 年和 1903 年的旅行。

[2] 他的长篇回忆录详细记述了他在日本和穆斯林东部地区(这里主要指东南亚地区)的活动和政治联系。

[3] Selçuk Esenbel, "İslam Dünyasında Japonya İmgesi: Abdürreşid İbrahim ve Geç Meiji Dönemi Japonları, " *Toplumsal Tanih*, v. 4, no. 19 (1996), p. 20.

曼帝国首都的途中,易卜拉欣的任务是说服当地穆斯林领
袖——在穆斯林之间建立团结是首要的政治目标,而日本将支
持穆斯林反对英国和荷兰殖民统治的斗争。从易卜拉欣的回忆
录中我们了解到,虽然他在中国的行程不是很成功,但他在新加
坡的活动却颇有成效。① 从易卜拉欣的视角来看,他所负使命的
关键点首先是奥斯曼中东地区,然后是首都伊斯坦布尔,下文将
对其活动进行详述。

　　1910 年,已是知名穆斯林旅行家和伊斯兰主义活动家的易
卜拉欣意识到自己身处奥斯曼帝国首都伊斯兰主义知识分子
的圈子之中。他发现奥斯曼的伊斯兰主义知识分子以及奥斯
曼乌莱玛(Ulema,伊斯兰教学者)倾向于改良主义的政治思潮
和运动,特别是从 1908 年开始,这些人希望借改良之名恢复在
阿卜杜勒·哈米德二世(Abdü lhamid Ⅱ)治下丧失的声望和社
会地位。② 这些伊斯兰知识分子在政治活动中使用的基本手段
包括组织公众集会和召开会议、在清真寺进行布道,当然,最重
要的是出版杂志,如《正道之路》(Strat-ı Müstakim)就是当时较
有声望的期刊,该刊物主要由与统一与进步协会(Committee of
Union and Progress,CUP)关系密切的自由派伊斯兰知识分子
运作,这些都是其活动的重要例证。易卜拉欣甚至在抵达伊斯
坦布尔之前,就已经从日本向这份期刊邮寄信件和文章。伊斯
兰主义诗人马赫因·阿基夫(Mehmet Âkif)也是《正道之路》最

---

① AhmetUçar, "Japonların İslam Dünyasındaki Yayılmacı Siyaseti ve
　　Abdurreşid İbrahim," *Toplumsal Tarih*, v. 4, no. 20 (1996), p. 17.
② Ismail Kara, *Islamcıların Siyasi Görüşleri*, İstanbul: İz Yayıncılık, 1994.

有影响力的作家之一,用其著名的诗歌《苏莱曼尼耶箴言》(*Süleymaniye Kürsüsunde*)推广了易卜拉欣的回忆录。同时,易卜拉欣也曾是奥伦堡(Orenburg)穆斯林宗教管理机构的成员,后来成为1905—1906年间俄罗斯穆斯林联盟(*Ittifak*)运动的领导人之一,因此他在奥斯曼帝国首都并不需要太多的宣传来吸引公众的注意。

阿卜杜勒·哈米德二世在与易卜拉欣接触时很谨慎,哈米德二世并不赞成易卜拉欣的激进伊斯兰主义和亚洲主义政策。[①] 随着1908年青年土耳其革命的爆发,奥斯曼的伊斯兰知识分子圈逐渐关注易卜拉欣和他的政治鼓吹。在这种情况下,现代主义乌莱玛和青年土耳其党人(CUP)之间的联合成为可能,这是由于相关社团的推动,帮助易卜拉欣直接参与到奥斯曼帝国的政治活动中。易卜拉欣参加的最有分量的社团是"统一与进步协会谢赫扎德巴什俱乐部"(Ittihad ve Terakki Şehzadebaşı Kulübü, the Club of Şehzadebaşı)。[②] 这个俱乐部为联盟领导人贡献了重要的政治影响力:借助俱乐部乌莱玛成员的帮助,青

---

① 1904年,易卜拉欣被驱逐出日本后,来到伊斯坦布尔,在那里他被警方逮捕,移交给俄国领事,并被监禁在敖德萨。参见 İsmail Türkoğlu, *Sibiryalı Meşhur Seyyah Abdürreşid İbrahim*, Ankara: Turkiye Diyanet Vakfı Yayınları, 1997。尽管阿卜杜勒·哈米德二世奉行"泛伊斯兰主义"政策,但他小心翼翼地与俄国保持友好关系,因此他在相当程度上可以理解易卜拉欣的想法。要了解奥斯曼帝国当局在哈米德二世晚期对俄国穆斯林态度的更广泛政治背景,参见 Selim Deringil, "The Ottoman Empire and Russian Muslims: Brother or Rivals?", *Central Asian Survey*, v. 13, no. 3 (1994), pp. 409 – 416。
② 关于乌莱玛和青年土耳其党人(CUP)之间的关系,参见 Ismail Kara, *Islamcıların Siyasi Görüşleri*, İstanbul: İz Yayıncılık, 1994, pp. 62 – 81;关于"统一与进步协会谢赫扎德巴什俱乐部"(Ittihad ve Terakki Şehzadebaşı Kulübü)的一些活动,参见 Ismail Kara, *Islamcıların Siyasi Görüşleri*, pp. 91 – 93。

年土耳其党首先试图消除该党作为异教徒甚至对伊斯兰教持
敌对态度的负面形象；其次，他们试图调和平息乌莱玛中的一
些人对委员会，特别是围绕伊斯兰知识学会（Cemiyet-I Ilmiye-i
Islamiye）组织的自由反对派的反对。俱乐部的"乌莱玛智囊
团"（Heyet-i Ilmiye）组织了多次会议和公开演讲，演讲内容采
用与宗教布道类似的通俗话语。① 由于易卜拉欣对日本和伊斯
兰世界的知晓洞察，他成为此类集会上不可或缺的人物。② 在
集会上他不断地描述伊斯兰世界可悲的政治现状及其被殖民
的惨状，他所有演讲的核心主题是穆斯林世界团结一致反对殖
民主义政策和制度的必要性。

---

① 这些会议中表达的一些内容被该俱乐部结集成书，书名为《宗教传单》
（*Mevaiz-i Diniye*）。这样的书籍共两卷，包含了当时杰出的宗教人物的 21
篇讲道风格的文章。其中四篇讲道来自易卜拉欣。参见 Ismail Kara,
Islamcıların Siyasi Görüşleri, pp. 91‑93。
② 这些演讲的大部分内容都刊登在《正道之路》（*Sırat-i Müstakim*）。这些讲话
在内容上与他的回忆录《伊斯兰之界》（*Alem-i Islam*）所使用的材料并无不
同，然而，他的演讲充满宣传和鼓动，呼吁穆斯林关心世界各地的事务，这是非
常重要的。请参阅 Strat-ı Müstakim, "（Hacı Ömer Yamaoka, Abdürreşid
İbrahim), Şehzadebaşı Kulübü Konferansları", no. 82 （March 1326）;
"Ahval-i Alem-i İslam Hakkında（Konferans）", no. 84（April 1326）;
"Ahval-i Alem-i İslam Hakkında, Musa Kazım ile Birlikte Konferans
（Şehzadebaşı Kulübü）", no. 85（April 1326）; "Ahval-i Müslimin ve Ulema
Hakkında（Bursa'da İlmiye Kulübünde）", n. 87（April 1326）; "Ahval-i
Müslimin ve Ulema Hakkında（Bursa'da İlmiye Kulübünde）", no. 88（April
1326）; "Alem-i İslam: Şarkin İntibahı ve istikbali Hakkında
（6. Konferans）", no. 91（May 1326）; "Şarkın İntibahı ve İstikbali
Hakkında（Bursa İttihad ve Terakki Kulübünde-Konferans）", no. 93,
（June1326）; "Millete Ruh-u Milliye Verecekler Hakkında（7. Konferans）",
no. 94（June 1326）; "Müslümanları Kim Uyandıracak（Konferans: Şehzade
İttihad ve Terakki Kulübünde）", no. 98（July 1326）; "Rusya'da Terakki
（Abdürreşid Efendi'nin Nutku）", no. 156（August 1327）.

　　出于宣传的目的，易卜拉欣在演讲中所体现的（宗教）仪式性与他所传达的信息同等重要。第一场会议是由俄国穆斯林学生组织（Rusyalı İslam Talebeleri Cemiyeti）于 1910 年 3 月 22 日晚间举办的。[①] 易卜拉欣以及他在俄国的斗争背景被介绍给了与会者。同时，阿卜杜勒·哈米德二世对易卜拉欣及其主张的敷衍态度也被摆在台面上进行了讨论。易卜拉欣在 1905 年俄国革命期间的活动被视为企图在逊尼派和什叶派之间建立共识。这次演讲中日本人山冈光太郎以日本伊斯兰教协会创始人之一的身份出席，并用俄语做了一个简短的发言。作为对日本与奥斯曼帝国政治联盟感兴趣的代表人物，山冈的出席加强了会议的仪式感和象征意义。另一次会议于 1910 年 4 月 15 日在同一俱乐部再次举行。在这次会议上，由穆萨·卡齐姆（Musa Kazım）向集会者介绍易卜拉欣，穆萨是著名且备受尊敬的伊斯兰谢赫，与青年土耳其党的关系密切，同时也是《正道之路》期刊的主要支持者。后来，在布尔萨的乌莱玛俱乐部（İlmiye Kulübü，又名"统一与进步俱乐部"，İttihad ve Terakki Kulübü）也举行了类似的集会，布尔萨是一个拥有大量克里米亚鞑靼移民的城市。除了在乌莱玛俱乐部举行的会议，易卜拉欣还在布尔萨著名的清真寺——大清真寺（Camii Kebir/Ulu Cami）进行布道。[②]

　　从《正道之路》和《穆斯林世界》（Tearüf-i Müslimin）上发表的会议记录、文章、新闻通讯和信件中，人们可能会产生这样的印

---

① 这场会议内容被刊登在 Sırat-ı Müstakim，no. 82 and 83（March1326）.

② Abdurreşid İbrahim, "Mev'iza：Müslümanları İntibaha Davet HakkInda（Bursa'da Camii Kebir'de），" Sırat-ı Müstakim，no. 89（May 1326）.

象：一种"泛伊斯兰主义"政策——甚至日本与奥斯曼帝国联合对抗俄国、英国和荷兰殖民主义的政治联盟——都是并不久远的问题。例如，根据《穆斯林世界》杂志发表的信件内容，易卜拉欣的朋友穆罕默德·本·穆罕默德（Muhammed b. Muhammed）——一位来自印度尼西亚群岛的穆斯林，曾帮助一些易卜拉欣推荐给他的日本人。这些信件表明，易卜拉欣的帮助对日本激进分子渗透东南亚至关重要，①还有其他迹象，如易卜拉欣的日本朋友与伊斯兰谢赫们之间的各种通信显示，日本人和奥斯曼人正在进行接触，然而，上述通信的内容——其中一些发表在《穆斯林世界》上——只不过表达了（对于亚洲主义政策的）类似期望。②

如果我们暂且不考虑这些微小的成就以及易卜拉欣话语的宣传性质，至少就当时情势而言，他对亚洲—伊斯兰主义构想实施的可行性并不十分乐观。易卜拉欣认为亚洲伊斯兰联盟的成败完全依赖于奥斯曼帝国对此战略的关注。对于1910年奥斯曼帝国政府的冷淡反应，易卜拉欣在汉志省考察期间就获悉了否定的回应，直到他抵达伊斯坦布尔时情况也未改善。③

---

① 参见 Ahmet Uçar, "Japonların İslam Dünyasındaki Yayılmacı Siyaseti ve Abdurreşid İbrahim, "*Toplumsal Tarih*, v. 4, no. 20 (1996), p. 17.

② 参见 Makam-ı Meşihat'ın Japonya'daki 'Asya-Gı-Kay' Nam-I Cemiyetine Cevaben Gönderdiği Mektubun Sureti 'Asya-Gı-Kay Cemiyeti Reisi Ohara Cenablarına!', *Tearüf-i Müslimin*, v. 1, n. 23, p. 363; 以及 Muhammed Murad, "Asya-Gı-Kay Cecmiyeti Ribastı Tarafından Gönderilen Mektub Münasebetiyle", *Tearüf-i Müslimin*, v. 1, no. 23, p. 365.

③ 前文有关"从易卜拉欣的视角来看，他所负使命的关键点首先是奥斯曼中东地区，然后是首都伊斯坦布尔"的表述来看，易卜拉欣在日本从事反俄活动时被沙俄驻日官员抗议进而被驱逐出境，之后取道东南亚（印尼—新加坡）从海上进入奥斯曼帝国的汉志省并在那里遇见了一些支持者，而后打算赴伊斯坦布尔，但在汉志期间他就收到了奥斯曼官方对其到来较为冷漠的回复。——译者注。

奥斯曼帝国的汉志省是众多喀山鞑靼人的聚集地,其中大多数是来自宗教学校的学生和学者,以及一些苏菲教派的成员。[①] 在这些人以及当地的统一与进步协会(Ittihad ve Terakki Kulübü)成员的帮助下,易卜拉欣试图在 1910 年朝圣期间组织集会。[②] 然而正如他在《伊斯兰之界》(Alem-i Islam)上发表的文章所详细描述的那样,易卜拉欣与他的朋友进行的"泛伊斯兰主义"宣传和组织活动受到了汉志省省长和当地一些团结党人士的阻挠。[③] 看来奥斯曼帝国中央政府对汉志省的这类活动非常敏感,因此对鞑靼籍学生进行了严密的监控。最终(奥斯曼帝国)部长理事会通过一项决议,禁止喀山鞑靼学生在麦地那建立社团。[④] 虽然这些决定并不是针对易卜拉欣个人的,但他无疑是这些组织活动背后的关键人物。后来易卜拉欣在给女儿费夫济耶(Fevziye)的一封信中承认由于塔拉特帕夏(Talat Pasha)和卡维德(Cavid)亲英政策的影响,他无法在 1910 年全力推行"泛伊斯兰主义"和亚洲主义政策。[⑤]

由此可见,尽管日本可能会接受伊斯兰教或至少支持穆斯林世界对抗英国和俄国的殖民主义并与奥斯曼帝国合作,这样的印象很受欢迎,但奥斯曼政府和团结党领导人远未接受此类亚洲主义政策。因此,易卜拉欣越来越急切地考虑他的政治主

---

① Abdurreşid İbrahim, *Alem-i İslam*. v. 2, pp. 394 – 395;
② 1910 年,山冈光太郎陪同易卜拉欣考察汉志。
③ 易卜拉欣在《伊斯兰之界》(*Alem-i İslam*)第二卷中详细描述了这些事件。
④ Başbakanlık Arşivi (BA). *Meclis-i Vükela Mazbataları* (MV), 145/5, 1328. L. 7 以及 MV. 142/45,1328. B. 5.
⑤ 致女儿费夫济耶(Fevziye)的一封信(1934 年 9 月 12 日),参见 *Toplumsal Tarih*, v. 4, no. 19 (1994), p. 27.

张的新出路,随着时间的流逝,易卜拉欣意识到短期内的唯一选择是放弃亚洲主义政策,转而采用青年土耳其党人相对"收缩"的政治语言——此举将导致易卜拉欣赞同恩维尔帕夏(Enver Pasha)的"泛突厥主义"政策。

易卜拉欣从伊斯兰主义政策转向"泛突厥主义"立场,表明他更倾向民族主义而非宗教。这一转变最终将导致一场冲突,而易卜拉欣早在俄国穆斯林联盟运动时期就已意识到这一点。① 对此,1909 年他与日本首相伊藤博文曾讨论过此类问题。易卜拉欣说,宗教能够团结更广泛的人群,而民族国家的理念通常会引起分裂。但是,他也承认(西方带来的)民族主义正在全球范围内蔓延,(这种趋势)甚至被认为是一种进步。他认为,伊斯兰教可以作为一种意识形态工具来动员奥斯曼帝国、俄罗斯和东南亚的穆斯林群众反对殖民主义。② 正如易卜拉欣向伊藤博文所提到的,他倾向于选择伊斯兰教,因为它具有更为广泛的团结潜力。诚然,对易卜拉欣来说,基于宗教和民族主义之间的冲突并不是原则性问题,而是进行反殖民斗争的策略问题。因此,易卜拉欣倾向于将两种意识形态融为一体,并在可能的情况下从两者中受益。这种灵活的实用主义立场使易卜拉欣能够根据政治需要轻松地从一种策略转向另一种策略。以上转变正是他在奥斯曼帝国首都逗留期间发生的事情。

---

① 关于俄国穆斯林联盟运动的详情,请参阅 Rorlich (1996);Serge A. Zenkovsky, *Pan-Turkism and Islam in Russia*, Cambridge-Massachusetts:Harvard University Press,1960;Nadir Devlet, *Rusya Türklerinin Milli Mücadele Tarihi (1905-1917)*, Ankara:Türk Kültürünü Araştrma Enstitüsü Yayınları,1985.

② 与伊藤博文的对话,请参见 Abdurreşid İbrahim, *Alem-i Islam*, v. 1.

易卜拉欣在伊斯坦布尔、布尔萨和埃斯基谢希尔地区
(Eskisehir)的鞑靼侨民社团中推广他的"新泛图兰主义"主
张——"泛伊斯兰主义"和"泛突厥主义"的混合,这些地方是奥
斯曼帝国的核心区域,来自巴尔干、高加索和克里米亚的鞑靼
移民在此定居。此外,伊斯坦布尔还接纳了相当多的来自俄国
各地的鞑靼学生和知识分子,这些人大多赞同"泛突厥主义"话
语,并聚集在宣扬"泛突厥主义"的杂志和组织旗下,如《突厥联
合会》(Türk Derneği)、《突厥之家》(*Türk Ocağı*)、《突厥故国》
(*Türk Yurdu*)等。然而易卜拉欣清楚地将自己与这些突厥主
义团体区分开来,并试图编织一个独立的鞑靼"泛伊斯兰主义"
与"泛突厥主义"相结合的政治网络。从某种意义上说,这是
1905—1907 年穆斯林议会政治分裂的结果——尤素福·阿克
储拉(Yusuf Akçura)和易卜拉欣分别提出的突厥主义和伊斯兰
主义之间的分裂——在青年土耳其党人时代的政治背景下再
次发生。当阿克储拉及其支持者,包括国内和侨民知识分子,
都在努力为土耳其民族主义奠定基础时,易卜拉欣与他的鞑靼
伊斯兰主义者朋友首先站在了自由奥斯曼伊斯兰主义者一边,
然后建立了独立的政治组织并创办期刊。

易卜拉欣为了追求自己的政治理想,在身边聚集了一大批
学生和知识分子,他们大多是鞑靼人,其中包括来自特罗伊茨
克的西伯利亚鞑靼学生艾哈迈德·塔塞丁(Ahmed Taceddin),
此人后来成为贝鲁特美国学院的学生;[1]克里米亚鞑靼学生雅

---

① Hakan Kırımlı, *Crimean Tatars*, (unpublished Ph. D. dissertation,
University of Wisconsin), p. 222. 已出版英文和土耳其文版,将引用英文
版。目前引用的是未发表的论文。

库普·克马尔(Yakup Kemal),伊斯坦布尔大学神学院的毕业生;①以及克里米亚鞑靼移民之子奥斯曼·库迪(Osman Cudi),他的父亲曾是克里米亚辛菲罗波尔地区学校(Akmescit Rüşdiyesi)的校长。② 居住在伊斯坦布尔的克里米亚鞑靼人成立的鞑靼慈善协会(Tatar Cemiyet-i Hayriyesi)为易卜拉欣及其追随者提供了组织基础。③ 易卜拉欣意识到慈善机构在俄国所承担的广泛社会和政治功能。④ 易卜拉欣的激进主义团体充分利用了这个组织来实现政治目标。虽然该机构表面上只是一家慈善组织,呈现出一种非政治立场。⑤ 但事实上,它是鞑靼流亡者,如奥斯曼·库迪、雅库普·克马尔、艾哈迈德·塔塞丁和阿卜杜勒希德·易卜拉欣等鞑靼移民的庇护所,他们遵循激进的"泛伊斯兰主义"和"泛突厥主义"政策。尽管他们所从事社会活动的"语言"与政治无关,但该组织提供的设施成为库迪和易卜拉欣的活动基地,此二人在鞑靼慈善协会的宿舍里筹划他们的出版活动。此外,在该组织的帮助下,易卜拉欣甚至计划扩大他在奥斯曼帝国的影响力,向生活在安纳托利亚的一些城市,如埃斯基谢希尔的鞑靼移民(推广他的主张)。⑥ 1913 年,

---

① Hakan Kırımlı, *Crimean Tatars*, p. 222.

② 阿克梅希特的一所中学。请参阅 Hakan Kırımlı, *Crimean Tatars*, p. 223.

③ Hakan Kırımlı, *Crimean Tatars*, p. 200.

④ S. "Cemiyet-i Hayriyeler ve Bunlarda En Mühim Amil", *İslam Dünyası*, v. 1, no. 14, p. 231;以及 S. "Cemiyet-i Hayriyeler-2", *İslam Dünyası*, v. 1, no. 16, p. 246.

⑤ 克里米(Hakan Kırımlı)坚持认为这是一个非政治性的社团,但我的发现证明事实恰恰相反。

⑥ 请参见 Abdurresid İbrahim, "Anadolu'da bir Cevelan", *İslam Dünyası*, v. 1, 16(1913), pp. 244 - 245.

在该协会的一次大会上,易卜拉欣第二次被选为执行董事,奥斯曼·库迪则是执行委员会的成员。[①]

1910 年 4 月 15 日,易卜拉欣和他的追随者开始在伊斯坦布尔出版他们的第一份期刊《穆斯林世界》,这本杂志是为了引起人们对全世界穆斯林问题,尤其是俄国突厥语族穆斯林问题的关注。[②] 虽然这本杂志没有发表公开声明,但在每期刊物中,易卜拉欣都以头条文章暗示了他的主编地位——毫无疑问,这本杂志的首要读者是来自俄国的穆斯林移民,尤其是那些围绕俄国穆斯林学生组织聚拢起来的人群,其他读者也包括在俄国境内的穆斯林群体。据报道,《穆斯林世界》在俄境内的突厥语族穆斯林中广为流传,作为一份来自伊斯坦布尔的杂志,它的影响力可与《正道之路》和《突厥故国》相比。[③]

易卜拉欣的出版事业并没有持续太久,在发行 32 期后,《穆斯林世界》于 1911 年 2 月停刊。两年后,易卜拉欣和库迪创办了另一份杂志《伊斯兰世界》(İslam Dünyası),在 1913 年团结党人发动政变两个月后,易卜拉欣被任命为该杂志主编,库迪成为执行主编。(当然)《伊斯兰世界》的生命也很短暂,在发行 27 期之后也停刊了。

易卜拉欣这一时期的政治活动在他与青年土耳其党人、"泛伊斯兰主义"和"泛突厥主义"者恩维尔帕夏的接触中表现

---

① Tatar Cemiyet-i Hayriyesi Ictima'i-i Umumiyesi, *İslam Dünyası*, v. 1, no. 14, p. 224 (16 September 1913).

② 主编是艾哈迈德·塔塞丁(Ahmed Taceddin)和雅库普·克马尔(Yakup Kemal),而责编是奥斯曼·库迪(Osman Cudi)。

③ Hakan Kırımlı, *Crimean Tatars*, p. 222.

得淋漓尽致。恩维尔希望利用易卜拉欣等人在他主张的"泛伊斯兰主义"和"泛突厥主义"政策中发挥作用,这些政策主要关注穆斯林,特别是俄国穆斯林群体(包括俄属中亚地区,译者注)。由于易卜拉欣具有超凡魅力且深受俄国穆斯林欢迎,他早在1910年就引起了恩维尔的注意,从那时起直到1922年恩维尔死亡,两人一直保持着联系。在这方面,易卜拉欣很可能是恩维尔领导下"特别行动队"(Teşkilât-I Mahsusa)的活跃成员,该组织由恩维尔于1911年建立,以协调情报活动并宣传反对俄国和英国在穆斯林和突厥语世界各地区的殖民统治。① 因此,易卜拉欣似乎是恩维尔及其"特别行动队"实施"双泛"政策最重要的代理人之一,并参与了该组织的重要活动,特别是恩维尔在阿拉伯和中亚地区的政治和军事行动。例如,在1911年意大利占领的黎波里(Tripoli)之后,易卜拉欣与来自鞑靼慈善协会(Tatar Cemiyet-i Hayriyesi)的一些朋友,包括奥斯曼·库迪,一同前往那里。易卜拉欣支持恩维尔反抗意大利人。② 作为一个有影响力且能说流利阿拉伯语的穆斯林领导人,他能够向的黎波里周围山区的穆斯林部落传播宣传"泛伊斯兰主义"

---

① Philip H. Stoddard, *Teşkilat-ı Mahsusa*, İstanbul: Arba Yayınları, 1993, pp. 7 - 12. 如 Stoddard 所解释,这个"特别行动队"演变成了一个高度发展的秘密组织,在土耳其语中被称为"*Teşkilat-ı Mahsusa*",第一次世界大战期间在非洲和阿拉伯国家发挥了重要作用。

② 关于易卜拉欣去的黎波里的旅行,参见 Ayhan Songar, "Nazmi Songar'ın Trablusgarb Hatırları," *Tarih ve Medeniyet*, no. 1, 2 and 3 (1994). 易卜拉欣的同伴是纳兹米·桑加尔(Nazmi Songar)和奥斯曼·库迪(Osman Cudi)。易卜拉欣也在伊斯坦布尔的会议上谈论了他对于非洲穆斯林的印象。这次会议参见 Sebilürreşad, "Afrika'da Mücahidin-i İslamiyenin Ahvali ve Müslümanlığı İstikbaline Dair (Konferans)," no. 2 (April 1328), pp. 28 - 30.

政策。第一次世界大战期间,易卜拉欣前往德国,将一群被德
国军队俘获的穆斯林士兵组织成一个营,带领他们以伊斯兰
"圣战"(Jihad)之名在东线对抗英国军队。① 1918 年停战后,易
卜拉欣参加了恩维尔的秘密组织"伊斯兰革命委员会联盟"
(İslam İhtilal Cemiyetleri İttihadı)继续进行"双泛"活动。事
实上,他是"特别行动队"的继承人。在柏林举行的该组织的第
二次大会上,作为来自俄国穆斯林的代表。② 易卜拉欣和恩维
尔结合布尔什维克革命在东方掀起的革命热潮,提出亚洲主义
和伊斯兰主义相结合的战略。然而,易卜拉欣的新主张并没有
持续太久,这也超出了本文关注的重点。③

　　易卜拉欣与恩维尔的关系及其政治优先事项,即"泛伊斯
兰主义"和"泛突厥主义"的结合体,被用于对付在高加索和中
亚的俄国统治势力,以及在一定程度上对抗在印度和阿富汗的
英国军队,这些策略塑造了易卜拉欣在奥斯曼第二立宪时期的
基本观点和活动。此外,尽管易卜拉欣(在此期间)继续传播
"泛伊斯兰主义"思想,但他更倾向于支持"泛突厥主义"或"泛
图兰主义"的立场,这和统一与进步协会,尤其是恩维尔的政策

① Mustafa Uzun,"Abdürreşid İbrahim",*İslam Ansiklopedisi*,v. 1,İstanbul:
Türkiye Diyanet Vakfı Yayınları,pp. 295 - 297.
② 关于柏林的会议,参见 Zafer Toprak,"İslam İhtilal Cemiyetleri İttihadı
(İttihad-ı Selamet-i İslam ve Pan-İslamizm)",in *Türk-Arap İlişkileri.
Geçmişte, Bugün ve Gelecekte*. 1. Uluslarası Konferans Bildirileri (18 - 22
Haziran 1979 Ankara),(Hacettepe Üniversitesi,1979).
③ 对于流亡的团结党人(Unionists)与布尔什维克之间的关系,参见"Bolşevik
İttihatçılar ve İslam Kominterni:İslam İhtilal Cemiyetleri İttihadı
(İttihad-ı Selamet-i İslam)",*Toplumsal Tarih*,v. 8,no. 43 (July 1997),
pp. 6 - 13.

关切产生了共鸣。

在他的上述活动之外，易卜拉欣的"泛图兰主义"新立场在《穆斯林世界》上发表的文章中得到了最明显的体现，尽管该刊物的大部分文章都小心翼翼地保留了"泛伊斯兰主义"的基调。不过在这些文章中，易卜拉欣试图使他的轻微转变——从"泛伊斯兰主义"到"泛突厥主义"思想路线的合法化，他的主要任务是证明这两种政策的兼容性。在他看来，"泛图兰主义"并不背离"泛伊斯兰主义"政策；相反，"泛突厥主义"应该被理解为迈向全球伊斯兰统一的第一步。根据易卜拉欣的说法，在那些拥有相同民族血统和语言的人之中实现突厥穆斯林的统一应该是首要政治任务，随之世界穆斯林的统一就会到来。

这份期刊的内容也反映了"泛突厥主义"议题的优先性。例如，"伊斯兰之界"作为此期刊最重要的板块之一，其版面主要被关于俄国突厥人问题的新闻和评论所主导，尽管它曾宣布要对伊斯兰世界的所有地区给予同等的关注。《穆斯林世界》未能履行这一承诺应被视为该期刊是为了向俄国突厥语穆斯林人群传播"泛突厥主义"而建立的证据。这一策略转变表明，首先，鞑靼伊斯兰流亡者很容易与统一与进步协会的"泛突厥主义"政治事业，特别是恩维尔的政治优先事项产生联系；其次，尽管这些活动家倾向于"泛突厥主义"政策，但他们通过新的方法与"泛伊斯兰主义"话语相结合，在意识形态层面保持了与突厥民族主义流亡者的区别。

然而，1912—1913年巴尔干战争的灾难性结果清楚地表明，奥斯曼帝国除了只能积极奉行所谓的"泛伊斯兰主义"或

"泛突厥主义"政策,甚至无力保卫其边界。这一重大的政治变故在易卜拉欣的鞑靼积极分子群体中得到了印证,因此,在易卜拉欣的第二本期刊《伊斯兰世界》上,已经无法看到任何"泛伊斯兰主义"或"泛图兰主义"思想的迹象了。相反,我们看到的是一种奥斯曼知识分子的悲观情绪,以及对奥斯曼帝国官僚机构的指责,宣传官僚要对帝国政治的恶化负有责任。在这种消极氛围中,伊斯兰世界中唯一剩下的选择就是对奥斯曼社会实施扎吉德模式了。为此,《伊斯兰世界》呼吁推进一些改良,如世俗学校和宗教学校的现代化、用母语(土耳其语)布道、语言的简化,以及呼吁对伊斯兰知识分子的改革。[①] 然而,到了1914年,世界大战的迹象正在显现。年末,奥斯曼帝国发现自己也卷入了这场世界大战,11 月 14 日,伊斯兰大教长(Şeyhülislam)正式宣布发动"圣战"。在此期间,易卜拉欣面临着更紧迫的政治任务,其中一些已经在上面提到。随着时间的推移,鞑靼流亡伊斯兰主义者提出的所有批评和论战都没有超出《伊斯兰世界》的范围。

　　本文试图概括易卜拉欣在青年土耳其党人时期的政治生涯,当时他放弃了亚洲主义政策,暂时采用"泛突厥主义"策略,这一转变塑造了易卜拉欣的基本政治生涯。在很大程度上,奥斯曼帝国的政治现实和所面临的窘迫环境不容许任何亚洲主义政策有实施空间。因此,易卜拉欣的唯一选择是依附于恩维

---

① 参见 Nadir Özbek, "Abdürreşid İbrahim'in İkinci Meşrutiyet Yılları: Tearüf-i Müslimin ve İslam Dünyası Dergileri". *Toplumsal Tarih*. v. 4, no. 20, pp. 18 - 23.

尔,并参与他的"泛伊斯兰主义"和"泛突厥主义"宣传活动。然而,这并不意味着易卜拉欣放弃了他"宏伟的亚洲主义"理想,他将在 20 世纪 30 年代再赴日本——从他 1909 年离开的地方再次开始。无论易卜拉欣的政治策略是否为亚洲主义,或是"泛伊斯兰主义",还是"泛突厥主义",抑或是这些政策的特殊组合,反殖民主义一直是易卜拉欣政治思想中持久的主题。换而言之,在日本和奥斯曼帝国之间建立政治联盟,并动员世界各地的穆斯林大众与英国和俄国的殖民主义进行斗争,是他政治思想的核心。正如他的政治活动生涯所显示的那样,易卜拉欣随时准备替日本在东南亚穆斯林地区的扩张主义服务,以达到对抗英国和俄国的目的。从这个意义上说,从亚洲主义—伊斯兰主义转向"泛突厥主义"政策只是他暂时的一个转折点。众所周知,他在 20 世纪 30 年代和 40 年代后期在日本时又支持了亚洲主义政策。

易卜拉欣在青年土耳其党人时期的政治活动也展示出了不同时代的政治轨迹,即鞑靼扎吉德的两个部分——伊斯兰主义和突厥主义,两者都为第二立宪时期的思潮做出了贡献。如易卜拉欣这样的鞑靼伊斯兰主义者,与青年土耳其党人中的扩张派结盟,而其他人则将自己的命运与土耳其共和国新兴的土耳其民族主义相结合。鞑靼伊斯兰主义者与奥斯曼"泛突厥主义"和"泛伊斯兰主义"扩张主义的联系在易卜拉欣和恩维尔的相识中得到了体现,而具有突厥主义倾向的鞑靼人则将自己融入了凯末尔的民族主义方案之中。然而,20 世纪 20 年代的历史使恩维尔帕夏和易卜拉欣的谋划没有任何存在空间。恩维

尔于1922年在中亚死去(被苏联红军击毙,译者注),易卜拉欣
则返回日本谋求东山再起的机会。

作者简介:纳迪尔·乌兹别克(Nadir Özbek),土耳其海峡
大学现代土耳其历史研究所教授。

译者简介:蒲小平,政治学博士,中国人民大学区域国别研
究院博士后。

书评

从环境史的角度审视奥斯曼帝国历史的一隅

——评阿兰·米哈伊尔《奥斯曼的树下:奥斯曼帝国、埃及与环境史》一书[①]

王玉树

    古代帝王的生平总会被后人加以神话。"其先刘媪尝息大泽之陂,梦与神遇。是时雷电晦冥,太公往视,则见蛟龙于上。已而有身,遂产高祖。"《史记》中如此描述了汉朝开国皇帝刘邦为蛟龙之子的来历;而在奥斯曼王朝开国君主奥斯曼一世(Osman I,1258 - 1326)去世 150 多年后,人们也在故事中诉说他的"神话":奥斯曼梦见一轮明月从教长艾德巴利胸膛中升起,缓缓地沉入他自己的胸膛。一棵大树从他的身体中央长出,生机勃勃的枝条越长越大,直到覆盖了整个天地。树下有四座高山——高加索山脉、阿特拉斯山脉、托罗斯山脉、巴尔干山脉。这四座高山支撑着这棵神圣的大树,世界的中心即在此。从大树的根部涌出四条河流——底格里斯河、幼发拉底河、多瑙河、尼罗河。艾德巴利认为这是征服世界的预兆,奥斯曼将会得到无尽的荣耀与权力![②]

[①] 本文是国家社科基金一般项目"全球史视野下的土耳其革命与变革研究"(19BSS039)的阶段性成果。

[②] Caroline Finkel, *Osman's Dream：The History of the Ottoman Empire, 1300 -1923*, New York：Basic Books, 2006.

耶鲁大学历史系教授阿兰·米哈伊尔(Alan Mikhail)作为研究中东和全球历史的学者①,撰写了《奥斯曼的树下:奥斯曼帝国、埃及与环境史》(*Under Osman's Tree*: *The Ottoman Empire*, *Egypt*, *and Environmental History*②,以下简称《奥斯曼的树下》)一书,书名便以奥斯曼梦中之"树"作喻,展开了对奥斯曼帝国、埃及与环境史的叙述,窥其著作,可以从独特的角度对奥斯曼帝国有进一步的了解。

一

《奥斯曼的树下》一书是阿兰·米哈伊尔对其之前关于奥斯曼帝国环境史的研究的总结和进一步拓展③,同时,他不仅以"奥斯曼的树下"作为书名,还以此作为全书开篇。一方面,"环境史"这个领域对笔者而言是新颖而陌生的;另一方面,笔者惊叹于作者与环境史的相关学者能够从自然环境与人类社会互作的角度来解读奥斯曼帝国的历史,也好奇于学者们是如何实现这种解读的,带着类似的思考,笔者打开了这本书。

环境史被认为是由一批历史学界的"叛徒"④在过去一代左

① 参考自阿兰·米哈伊尔的学术主页:https://history. yale. edu/people/alan-mikhail[访问时间:2024 年 2 月 12 日]。

② Alan Mikhail, *Under Osman's Tree*: *The Ottoman Empire*, *Egypt*, *and Environmental History*, Chicago: The University of Chicago Press, 2017. 本书中文译名:《奥斯曼的树下:奥斯曼帝国、埃及与环境史》。

③ 参见 Alan Mikhail, *Nature and Empire in Ottoman Egypt*, Cambridge: Cambridge University Press, 2011; Alan Mikhail, *The Animal in Ottoman Egypt*, New York: Oxford University Press, 2014.

④ 这一奇特的用语来自 J. R. McNeill, "The State of the Field of Environmental History", *Annual Review of Environment and Resources*, vol. 35 (November 2010), pp. 345 - 374.

右的时间里创造出的一个交叉学科研究领域,其上级学科归属似乎较为模糊,以至于笔者是在北京大学图书馆的"生物学—生态学"门类中才找到《奥斯曼的树下》这本书;但是,这本书或环境史学科本身或许不应该简单地被归类为纯粹的历史学或生态学领域。根据研究目的的不同,环境史关注的是物质、政治、文化等层面,研究的是人类社会与它所依赖的自然界其他部分之间关系的历史(如气候、疾病等),归入历史学科自有其道理,其学科交叉性也产生了大量的研究空间。

在研究范式较为传统或普遍的历史书籍中(如《奥斯曼帝国:1299—1923》①等),似乎更多关注的是政治制度、社会改革、技术发展等方面的问题(有学者称之为"中心—边缘"的传统历史叙事模式②),这些方面主要强调了以统治者(苏丹、国王、皇帝等)为代表的"人类"对社会进程发展的影响,而在一定程度上忽视了对人类社会影响巨大的自然环境的特点和作用。包茂红教授认为"自文艺复兴和科学革命以来,人和自然分离,自然'祛魅'成为人类利用科学方法进行研究、利用和改造的对象"③,于是乎,当研究者将视角跳脱出传统的研究范式,审视不仅包括自然灾害这些偶发事件在内的自然环境的影响,可能会对一个区域特定时期的历史(也包括政治、经济、文化等方面)有着很不一样的了解。而阿兰·米哈伊尔在《奥斯曼的树下》一书做到了,同时

<hr>

① 〔英〕卡罗琳·芬克尔:《奥斯曼帝国:1299—1923》,邓伯宸等译,北京:民主与建设出版社,2019年。
② 肖文超:《中东史研究的环境转向——评米哈伊尔〈奥斯曼的树下:奥斯曼帝国、埃及与环境史〉》,《史学理论研究》2021年第6期,第150页。
③ 参考自《北京大学"传习讲堂"〈包茂红:环境史研究及其功能〉》(网页资料):http://hstm.pku.edu.cn/info/1184/1897.htm[访问时间:2024年2月12日]。

填补了中东环境史这一全球环境史研究中的一大空白。

<h1 style="text-align:center">二</h1>

在简要介绍了环境史的概念之后,本节将聚焦《奥斯曼的树下》一书的结构与主要内容。全书以"拼图"的形式完成,以"奥斯曼的树"作序,从中东地区的全球环境史研究现状引入主题,并分四大部分依次介绍了水(water)、劳动(work)、动物(animal)和自然元素(elemental)作为主体的、与奥斯曼帝国(特别是属地埃及)相关的环境史,最后得出全书结论:应将帝国视作一个生态系统。

在引言部分,阿兰·米哈伊尔解释了写作动机,即全球环境史的研究在涉及中东问题时存在空白,同时中东地区有着丰富多元和长期存续的文化传统,是进行环境史研究的重要对象。通读全书后,笔者发现阿兰·米哈伊尔不仅成功地完成了他的写作目的,也在研究过程中提出了值得进一步思考和讨论的问题,如战争对环境的影响,性别、污染、科学、自然、殖民主义等各要素与环境之间的关系,伊斯兰教中的人口、文化、宗教的异质性等[1]。他的写作为这一领域做出了杰出的学术贡献,因此,哈佛大学罗格·欧文(Roger Owen)教授在评价此书时说道:"(这本书)无疑是关于奥斯曼环境史的最好作品,以一种可以想象的、最全面的方式将中东带入了全球的图景中。"[2]

---

[1] Alan Mikhail, *Under Osman's Tree: The Ottoman Empire, Egypt, and Environmental History*, p. 14.

[2] 参见阿兰·米哈伊尔个人学术主页:https://www.alanmikhail.org/underosmanstree[访问时间:2024 年 2 月 12 日];原文为:"Certainly the best work ever on Ottoman environmental history. Brings the Middle East into the global picture in as comprehensive a way as can possibly be imagined."

在接下来的部分,阿兰·米哈伊尔以"史诗般"①的方式探讨了气候、能源和疾病等不同的主题,将奥斯曼帝国与包括动物、流行病和气候事件在内的更广泛的环境因素联系起来。全书的分析是以 17 世纪至 19 世纪奥斯曼帝国的属地埃及的相关变革(如灌溉系统、水利设施等)为基础,因此尼罗河是其中重要的组成部分和参与者,同时书中还记录了尼罗河对于埃及、埃及对于奥斯曼帝国的中心地位,以及研究早期现代中东地区对于理解全球环境的重要性。

第一部分以水为主题。阿兰·米哈伊尔首先引出了"农民"(peasants)这一在奥斯曼帝国(特别是埃及部分)历史中发挥重要作用的角色;同时也指出了"作为一个依赖于管理农业和灌溉等自然世界的早期现代政体,奥斯曼帝国显然是受制于其宗主权(suzerainty)下环境的进程和运动的"。② 同时,在帝国政府的视野中,当地的知识和经验对于农业生产来说非常重要,这使得当地农民成为了早期现代(17—18 世纪)水资源管理的主要参与者(然而后期的灌溉工程规模则大得多),这是建立于奥斯曼帝国赋予他们一定程度的自治和有限权力的基础上的。由于尼罗河的冲刷,宜耕土地反复变化、合并、新增[作者称之为"永远变化中的地带"(forever shifting terrain)③],因此

---

① Cagdas Dedeoglu, "Review of Alan Mikhail, Under Osman's Tree : The Ottoman Empire ,Egypt, and Environmental History," *Journal for the Study of Religion , Nature and Culture* , vol. 12,No. 3, 2018, pp. 343 – 345.

② Alan Mikhail, *Under Osman's Tree : The Ottoman Empire , Egypt , and Environmental History* , p. 32.

③ Alan Mikhail, *Under Osman's Tree : The Ottoman Empire , Egypt , and Environmental History* , p. 50.

农民不仅拥有耕作的权利,还必须要承担维护农业系统的责任,前者是被"赋予"的,后者是被"强加"的;这样的管理方式成功地使得部分地区成为整个奥斯曼帝国和每年向朝圣者提供粮食的关键地区,例如法尤姆(Fayyum)地区。

第二部分以劳动为主题。自然环境的特征通常符合"原始自然"(Pristine Nature)理论,即在人类活动破坏它之前,自然是和谐、平衡、可持续的①。然而随着人类活动的不断扩大,奥斯曼帝国晚期埃及的农业劳动与环境之间的关系发生了很大的变化,这包括了从"我们一起劳动吧"(let's work)到"你去劳动!"(you work!)的转变,即强迫劳动(al-'auna),以及环境剥削(al-sukhra)、经济压榨、人口流动等,这在19世纪和20世纪的历史中体现得尤为明显。例如,对马赫穆迪亚(Maḥmūdiyya)运河的修筑展现了模仿西方现代化的对自然的剥削方式,并造成了极大的政治、经济、环境损失②。另外,在这一过程中,工程师(engineers)——专家(experts)发挥了重要的作用(原书第5章)。

第三部分以动物为主题。该部分的逻辑出发点与第一部分相似,即埃及是奥斯曼帝国农业的主要来源,因此动物的角色显得尤为重要,体现在动物可以作为财产(property)、劳动力(laborers)和各种资源(sources of food and drinks, stores of energy for transport...)③。然而,随着疾病、饥荒等因素对农

---

① Alan Mikhail, *Under Osman's Tree:The Ottoman Empire,Egypt,and Environmental History*, p. 107.
② Alan Mikhail, *Under Osman's Tree:The Ottoman Empire,Egypt,and Environmental History*, pp. 77-90.
③ Alan Mikhail, *Under Osman's Tree:The Ottoman Empire,Egypt,and Environmental History*, pp. 129-130.

业系统的影响,人类劳动、机械生产力逐步取代了动物的作用,因此18世纪末,动物不再处于中心的位置,土地取代动物成为财富的基础,但与此同时土地和农民也逐渐受控在越来越少的人手中①。

第四部分以其他"(自然)元素"或称非人类物质(谷物、木材、病原体和二氧化硫)为主题。阿兰·米哈伊尔将这一主题单独列为一部分,体现出他对自然力量的关注和强调,同时,他在书中指出这些包括食物、瘟疫、气候等在内的自然要素之间的作用关系非常密切。第8章将安纳托利亚的森林与埃及生产的食物联系起来,因为"粮食需要船,船需要木材",因此当时的森林制度受公共利益而非私人利益的支配;通过对木材运输的线路("从森林到伊斯坦布尔,伊斯坦布尔到亚历山大,亚历山大到布拉克"②)的介绍,表明了奥斯曼帝国的统治权力需要自然资源支持其经济体系,因此,鼠疫也被认为是当时社会经济体系中重要的自然因素。诚然,第9章描述了埃及1791年的瘟疫与瘟疫前的洪水、瘟疫后的饥荒,并总结出了一个恶性的循环:"食物、瘟疫、干旱、饥荒、通货膨胀,发生于埃及的死亡"③。第10章则提到了1783年的拉基(Laki)火山喷发、1784年的冰岛二氧化硫扩散及其对奥斯曼帝国属地埃及的跨区域影响,这

① Alan Mikhail, *Under Osman's Tree*: *The Ottoman Empire*, *Egypt*, *and Environmental History*, p. 149.

② Alan Mikhail, *Under Osman's Tree*: *The Ottoman Empire*, *Egypt*, *and Environmental History*, pp. 155 - 165.

③ Alan Mikhail, *Under Osman's Tree*: *The Ottoman Empire*, *Egypt*, *and Environmental History*, pp. 179. 原文:"food, plague, drought, famine, price inflations, death in Egypt."

凸显了本书的全球史研究特点①,即作者始终将奥斯曼帝国治下的埃及纳入全球版图来看待。

最后,阿兰·米哈伊尔将全书总结为"作为生态系统的帝国"(Empire as Ecosystem),在他的这一观点中,帝国的行省或民族、国家的空间似乎已然不再是一个具有明确边界、封闭的独立实体,而是一个与外界环境广泛互作的生态系统;他的主要观点与笔者所认为的它的合理性将在后文进一步讨论。总之,《奥斯曼的树下》从环境史的角度展开了理解近代早期奥斯曼帝国政府、帝国臣民和各种环境要素之间关系的史实细节,具有显著的学术影响。

三

将视角聚焦于《奥斯曼的树下》一书中的具体时期,可以发现本书所描述的农民在 18 世纪奥斯曼帝国的经济运行中发挥了关键作用,动物亦然(甚至一度处于"中心"位置);然而传染病等灾害因素却促使了 19 世纪埃及农业的商业化和强迫劳役(corvée labour)的扩大使用,影响了人类和动物在经济发展进程中的作用。因此,本节将聚焦于传染病的话题来进行简要分析。

第 9 章提道:"事实上,尽管瘟疫令人恐惧,但它并没有使埃及人逃离;相反,它(对埃及的发展)起着作用并被认为是埃及

---

① 肖文超:《中东史研究的环境转向——评米哈伊尔〈奥斯曼的树下:奥斯曼帝国、埃及与环境史〉》,《史学理论研究》2021 年第 6 期,第 149 页。

环境的一个常规(regular)组成部分。"①诚然,从 14 世纪至第一
次世界大战,奥斯曼帝国长期遭受各类传染病的轮番侵袭,鼠疫、
天花、斑疹伤寒、梅毒、霍乱等流行性疾病相继出现②,正因其"常
规",我们才不能忽视传染病这样的灾害危机因素带来的影响。

  从传染病的视角看,瘟疫(以 1791 年为例)对奥斯曼帝国属
地埃及的直接影响则是委派的统治者的死亡③,"委派的统治
者"(appointed leader)(如埃及总督)的缺失在一定程度上会影
响奥斯曼帝国对各行省的管理和统治;特别是在奥斯曼帝国
"统而难治"的后马穆鲁克王朝的埃及行省,这样的问题尤为严
重,这便是传染病这样的灾害因素与政治、社会因素之间相互
作用的生动案例。此外,奥斯曼帝国在扩张、发展的历史过程
也有着许多与传染病疫情相关的"节点",例如:在黑死病流行
期间,奥斯曼国家乘机利用成功的军事扩张和施粥所等救济手
段吸引周边的基督徒和穆斯林民众,侵占拜占庭帝国和其他土
库曼公国的土地,并于 1453 年成功攻占君士坦丁堡④;市政隔
离站的建立、军队的医疗和卫生服务的重组、抗疫运动的进行、
全帝国的疫苗接种运动的推进等奥斯曼帝国对传染病的应对

---

① Alan Mikhail, *Under Osman's Tree：The Ottoman Empire，Egypt，and
Environmental History*，p. 170.
② 母仕洪:《奥斯曼帝国的灾害危机与政府应对》,《光明日报》,2023 年 9 月 18
日,第 14 版。https://news. gmw. cn/2023 - 09/18/content_36838484. htm
[访问时间:2024 年 2 月 12 日]
③ Alan Mikhail, *Under Osman's Tree：The Ottoman Empire，Egypt，and
Environmental History*，p. 171.
④ 宋保军:《黑死病在近东的传播与奥斯曼帝国的崛起》,载昝涛主编:《奥斯
曼—土耳其研究:从帝国到民族国家》,南京:江苏人民出版社,2023 年,第
97—120 页。

措施,在一定程度上可能旨在展示奥斯曼政府的统治权力,防止西方国家干涉其内政①。甚至在文学领域,诺贝尔文学奖获得者、土耳其作家奥尔罕·帕慕克(Orhan Pamuk)以1901年的第三次鼠疫大流行为背景创作了《瘟疫之夜》(Veba Geceleri)一书,其中描述了这场瘟疫袭击了奥斯曼帝国治下的明格尔岛,当时的苏丹的阿卜杜勒·哈米德二世派遣了两位医生前往调查瘟疫,然而当两位医生踏上明格尔岛的土地时,他们才意识到自己首先面对的并不是瘟疫——而是政治②。该书本身是对奥斯曼帝国分崩离析后,土耳其人如何建设国家的现实描述,因此纵使内容虚构,但其依旧能够集中体现像瘟疫这样的因素与国家和区域政治、社会发展之间的密切相关性。

从传染病这个角度切入奥斯曼帝国的历史,在找到"关联性"(但未必是"因果性",例如上述黑死病的例子)的同时,也能够体会到《奥斯曼的树下》一书逻辑出发点的合理性,即需要考虑到环境因素对历史进程的影响。然而,提出这样的观点是比较冒险的,因为可能使作者观点陷入环境决定论(Environmental determinism)③的风险。谈及环境决定论,其或许起源于各个地

---

① Melanie Schulze-Tanielian, "Disease and Public Health (Ottoman Empire/ Middle East)," *1914 - 1918 - online. International Encyclopedia of the First World War*, Berlin, 2014 - 10 - 08. DOI: 10. 15463/ie1418. 10466.
② Orhan Pamuk, *Nights of Plague*, London: Faber & Faber, 2022.
③ "Environmental determinism asserts that physical geographic features such as climate and terrain exert a strong and unmediated influence upon human affairs, although it need not be, and usually is not, deterministic in the strict sense of the word." 参考自: William B. Meyer: " Environmental Determinism", *International Encyclopedia of Human Geography* (Second Edition), Elsevier, 2020, pp. 175 - 181.

区（空间）在不同历史时期（时间）内的自然、经济和人文的差异，这不仅吸引了地理学家去考察和研究，也引发了思想家和哲学家的思考①。如，孟德斯鸠着眼于气候对人类行为和社会的影响，"把气候影响论讲得如此滔滔成章，以致这些思想在他身后久久不衰"；黑格尔认为世界上"拥有广阔草原的高原地区、大河流域的平原地区和与海洋毗邻的沿海地区的不同地理环境造成生存在那里的民族经济生活特点的不同，进而造成民族的性格、精神与文化的不同，以及造成他们在历史发展中所起作用的不同"②。与他们的论述不同的在于，阿兰·米哈伊尔对奥斯曼帝国环境史及其影响的历史叙事是客观的（简单来说即环境事件 A 和其他历史事件 B 均发生了，认为 A 对 B 有着不可磨灭的影响，而不是 A 决定了 B 的发生），这避免了让读者对其观点产生过多不必要的质疑。

四

《奥斯曼的树下》最吸引人之处，是以一个崭新的视角来诠释奥斯曼—土耳其的历史，它不同于其他叙事性、年鉴性的专著按时间顺序或按政治、经济等分类的方式，而是从"环境"这样一个新颖的角度，分类别（不同环境主题）地、讲故事般地为读者展示了奥斯曼帝国属地埃及在 18 世纪前后的图景；有评论

---

① 王守春：《地理环境在经济和社会发展中的作用的再认识——关于对"地理环境决定论"批判的反思的反思》，《地理研究》1995 年第 1 期，第 94—103 页。
② 〔美〕普雷斯顿·詹姆斯、〔美〕杰弗雷·马丁：《地理学思想史》，李旭旦译，北京：商务印书馆，1989 年。

如是说道:"这位作者是一位天才的说故事者。"①

全书虽涉及了"冰岛的火山、印度北部的老鼠、地中海的木材、埃及各地村庄的水牛"②等看似过分地聚焦的"点状"环境、事件要素,但阿兰·米哈伊尔却巧妙地将它们联系在了一起,甚至构成了一条相对严密的逻辑链条:早期现代埃及的水利工程高度本地化,即主要由农民管理(第1—3章);然而,1783年冰岛的火山爆发等自然灾害在很大程度上推动了全球气候异常事件的发生(第10章),继而导致区域灾害的发生;而灾害和瘟疫(第9章)导致牲畜的数量减少和集中,使得大量农民失去了其最重要的资产,同时瘟疫造成的土地搁置荒芜,又使得少数精英对农民取得了绝对优势(第6—7章);因此,18世纪中期,随着埃及的权力、财富和土地向少数精英集中,这些精英才开始加强对农民的人身控制,并强制农民修建那些并不服务于本地利益的大型水利工程(第4—5章);这一过程伴随着的是奥斯曼埃及的政治和社会大变动,也在一定程度上强化了埃及对奥斯曼帝国的"分离倾向"。乍一看,似乎有"一座火山喷发"引起的"蝴蝶效应"导致的"埃及分离"之感。显然,这只是解释历史现象的一个角度(且它未必成立),但它确实是有趣、独特且有根据的!

以上逻辑链条进一步论证了阿兰·米哈伊尔在全书所坚

---

① A. Duffy, "Under Osman's Tree: The Ottoman Empire, Egypt, and Environmental History, by Alan Mikhail," *The English Historical Review*, Volume 134, Issue 568(June 2019), pp. 721 - 722. 原文:"The author is a gifted storyteller."

② Alan Mikhail, *Under Osman's Tree: The Ottoman Empire, Egypt, and Environmental History*, p. 199.

守的观点——作为生态系统的帝国。在传统生态学的理论中，生态系统的各个组成部分（例如生物部分的消费者、分解者、生产者和非生物部分的物质与能量）都在不断的相互作用中变化并进行相互关联。而如果将奥斯曼帝国本身作为这样一个生态系统，那么在研究它的历史过程中，就不能忽视其中任何一个可能与"（在研究上）热门的"历史成分（政治、经济、文化、军事等，如果这个说法合理的话）之间相关联的环境要素，例如《奥斯曼的树下》中提及的水、气候、传染病等。这就是作者于书中所言的："研究帝国的生态方法（eco-approach）不仅仅关注自然或环境，而是关于分析和理解联系（connections）、关系（relationships）和影响（impacts）的一种途径，远远超出了显而易见（的关系）或地理上接近（的范围）的研究范畴。"[1]

在传统的（或说主流的）研究中，可能农民（peasants）作为人类本身、农业生产系统中的关键角色得到了更多的关注，然而"农民、水牛、淤泥、跳蚤、泥土、盐、微生物、树木、火山和水流都在本书中发挥了作用"，而且所有这些成分"对奥斯曼埃及历史的影响，与帝国官僚、埃及农民、战争、苏丹或全球商品价格一样重要，甚至更重要"[2]。环境因素对奥斯曼帝国历史的影响在本书中被提升到一个空前的高度，而且笔者认为阿兰·米哈伊尔确实提供了具有相当分量的论述。这启示了今后从事环境史研究的学者，某个历史时期、事件通常不能仅仅通过一条

---

[1] Alan Mikhail, *Under Osman's Tree*：*The Ottoman Empire*, *Egypt*, *and Environmental History*, p. 200.

[2] Alan Mikhail, *Under Osman's Tree*：*The Ottoman Empire*, *Egypt*, *and Environmental History*, p. 202.

线性的逻辑来进行解释和分析,即不能陷入环境决定论的风险之中,将不相关的环境事件强加于历史事件之上①。人类社会与自然环境的关系本身就是复杂的,把握和平衡好分析的尺度,不过分陷入对特定时间和地点的偶然或巧合的钻研②。

五

一方面,本文是对《奥斯曼的树下》一书的一次"强烈推荐",至少从可读性来说,全书所阐述的内容是关于我们生存着的环境,无论这些事件是否为读者所亲历,但至少会有身临其境之感。另一方面,本书具有深度的学术性,虽然环境本身涉及的概念是多方面和多层次的,而且只需稍加一些修饰语就能够引发相当的(但不一定合理的)学术讨论和研究,例如"极端环境""无人为干扰的环境",等等(对历史的影响和贡献),然而本书在某种程度上有着上文提及的"蝴蝶效应"式的内在逻辑关联,同时也避免为了追求前沿而使自己剑走偏锋,选择一些或许没有研究价值的环境因素与视角,例如瘟疫的话题在学界早已备受关注,可谓"老生常谈",但是作者依旧选取了这一主题下的丰富史实,从独特的视角做出了客观、生动的阐释。因

---

① J. R. McNeill, "The State of the Field of Environmental History", *Annual Review of Environment and Resources*, vol. 35 (August 2010), 345 – 374.
② 例如,1347—1894 年,埃及平均 9 年就有一次瘟疫发生。参见, Alan Mikhail, *Under Osman's Tree: The Ottoman Empire, Egypt, and Environmental History*, p. 171. 此即上文提到的"常规",它明显有别于偶然发生的地震、火山爆发等灾害;因此在考虑环境因素对奥斯曼帝国历史影响的时候,或许对前者那类频繁发生的要素而不是对偶发因素进行分析更有"意义"。这个观点很有意思,也值得进一步的讨论,此处不再展开。

此,从这一角度而言,可以说《奥斯曼的树下》一书让笔者详尽地了解了奥斯曼帝国埃及的环境史,甚至不仅仅是"入门"而已。

　　提到埃及,我们自然会想到"尼罗河""大河文明"这样的关键词,这种"天性似"的、"本能般"的、"自然而然"的思维在笔者看来,更加凸显了环境史研究的必要性。既然一提及埃及就会想到河流这一自然因素,那么我们有什么理由不去研究、思考甚至是探索河流等自然环境及其相关要素对奥斯曼帝国属地埃及历史进程的影响呢? 因此,就这一角度而言,《奥斯曼的树下》一书更重要的意义在于,让读者们了解作为一门学科的环境史对于传统历史研究的补充和意义。"一种非自然的自然似乎决定了中东的历史"①,有环境史学家如是说道,在人类社会的历史进程中,这些自然的和非自然的要素在相互关联的过程中发挥作用,对于我们理解、解读历史至关重要。

　　值得一提的是,阿兰·米哈伊尔确实是一个能讲出"让人信服的故事"的学者,他生动的语言总能引人入胜。原书的最后一句话非常有意思,让人感慨作者作为一位"作家"的浪漫,让我们可以欣赏他作为一名历史学家,在环境史这一学科领域的创造力——"这本书尝试着变得与众不同。它试图证明,对中东和环境史的新理解只能来自将我们的双脚深埋在土壤中、

---

① 参见哥伦比亚大学中东、南亚和非洲研究系(MESAAS)的蒂莫西·米切尔(Timothy Mitchell)教授的文章:*Are Environmental Imaginaries Culturally Constructed?*（https://blogs. cuit. columbia. edu/tm2421/files/2018/01/Mitchell. Afterword. Proofs. pdf)[访问时间:2024 年 2 月 12 日]该句原文为:"An unnatural nature appears to determine Middle Eastern history. "

感受着水流漫过了我们的小腿、聆听着驴的叫声,同时把我们的手伸向天空"①。诚然,一个学科的发展应该巩固经典方法,但不应该拘泥于传统手段,在学科交叉发展愈发迅速与深刻的当下,机遇和挑战并存,《奥斯曼的树下》一书对此做出了一次成功的示范。

作者简介:王玉树,美国佐治亚大学遗传学系 2024 级博士研究生。

---

① Alan Mikhail,*Under Osman's Tree*:*The Ottoman Empire*,*Egypt*,*and Environmental History*,p. 203. 该句原文为:"This book has tried to be different. It has sought to argue that a new understanding of the Middle East and of the history of the environment can only come from digging our feet deep in the soil, feeling the water up to our shins, hearing the donkeys bray, all while reaching our hands up to the sky. "

作为奥斯曼帝国臣民的阿尔巴尼亚人

——评《新月与山鹰：奥斯曼统治、伊斯兰与阿尔巴尼亚人，1874—1913》一书①

刘新越

　　在整个英语学界，关于阿尔巴尼亚历史的学术书籍并不多见。一方面，在仅有的一些研究中，大部分著作关注的是社会主义时期阿尔巴尼亚的历史，主要涉及恩维尔·霍查和苏联-阿尔巴尼亚关系等主题。这些著作应被归类为冷战和社会主义阵营研究，往往并不关注阿尔巴尼亚国家本身。在此类研究中，阿尔巴尼亚并不站在舞台的中央，它始终被置于一个具有特定视角的棱镜下被观察。阿尔巴尼亚经过社会主义阵营视角的"折射"变得不再像它自身，而成为与其他东欧国家并无区隔的"无特色"社会主义国家。另一方面，研究霍查以前的阿尔巴尼亚历史的作者多为阿尔巴尼亚族裔（阿尔巴尼亚族，简称阿族）出身，其中不少作者的历史作品带有强烈的民族主义色彩。其中有两本著作值得格外关注，克里斯托·弗拉舍里（Kristo Frasheri）的《阿尔巴尼亚史纲》②，以及斯塔福罗·斯坎

---

① 本文是国家社科基金重要国家和区域重大研究专项（批准号：21VGQ014）的阶段性成果。

② Kristo Frasheri, *The History of Albania*, *A Brief Survey*, Tirana: Press uncertain, 1964. 该书已有中译本，作为内部读物发行。参见〔阿尔巴尼亚〕克·弗拉舍里:《阿尔巴尼亚史纲》,樊集译,北京:生活·读书·新知三联书店,1972年。

迪(Stavro Skendi)的《阿尔巴尼亚的民族觉醒》①。这两本书是到目前为止在英语学界影响较广、相对权威的阿尔巴尼亚历史研究著作,尤其是后者在论述阿尔巴尼亚民族主义和独立之路方面建立了一套较主流的话语叙事。这也造成了后来的研究者在引用、借鉴他的材料和观点时难免受其影响,过度夸大阿尔巴尼亚独立前夕民族主义的发展程度,而对同一时期在阿尔巴尼亚知识分子中极为普遍的奥斯曼主义情结缺乏应有的重视。截至目前,大多数阿尔巴尼亚历史的研究学者运用的史料以阿尔巴尼亚语和其他西方语言为主,较少顾及奥斯曼帝国的史料。在此背景下,《新月与山鹰:奥斯曼统治、伊斯兰与阿尔巴尼亚人,1874—1913》(以下简称《新月与山鹰》)②作为一本由奥斯曼历史研究者乔治·加雷奇(George W. Gawrych)所撰写的著作,其提供的视角和档案材料对阿尔巴尼亚历史研究就显得格外珍贵而引人注目。考虑到奥斯曼帝国统治阿尔巴尼亚有 500 年之久,过去阿尔巴尼亚历史研究对奥斯曼档案材料的相对忽视格外不合情理。尤其是在阿尔巴尼亚民族主义研究方面影响力很大的两部著作:上文提及的《阿尔巴尼亚民族觉醒》和娜塔莉·克莱尔(Nathalie Clayer)的《阿尔巴尼亚民族主义的根源》③都较少使用奥斯曼档案材料。与之相对,反倒是研

---

① Stavro Skendi, *The Albanian National Awakening*, *1878 - 1912*, New Jersey: Princeton University Press, 1967.

② George W. Gawrych, *The Crescent and the Eagle*, *Ottoman Rule*, *Islam and the Albanians*, *1874 - 1913*, London: I. B. Tauris, 2006.

③ Nathalie Clayer, *Arnavut Milliyetçiliğinin Kökenleri : Avrupa'da Çoğunlu ğu Müslüman Bir Ulusun Doğuşu*, çev. Ali Berktay, İstanbul: İstanbul Bilgi Üniversitesi Yayınları, 2013.

究 15—17 世纪奥斯曼帝国治下的阿尔巴尼亚历史的学者在著作中却使用了更多奥斯曼档案文献,其中比较知名的作品包括《帝国代理人》①和《阿尔巴尼亚贝克塔什教团》②等。其中前一部著作利用大量此前完全被忽视的奥斯曼史料重构了布吕尼-布鲁蒂这个阿尔巴尼亚家族两代人的历史,是微观史学的经典作品。在阿尔巴尼亚近现代史研究中,或许由于阿尔巴尼亚语材料和西方语言材料的数量大大增多,学者们更惯于使用这些相对比较熟悉的语言的资料,对奥斯曼档案的使用反而非常不充分。《新月与山鹰》一书在一定程度上弥补了这一重要的材料盲区。

　　作者在书中并未解释题目"新月与山鹰"的由来,不过其含义从字面上看就是清楚明了的。主标题"新月与山鹰"和副标题"奥斯曼统治、伊斯兰与阿尔巴尼亚人,1874—1913"基本上是一种同义反复,副标题只是明确了研究的具体时间段。新月既是伊斯兰教的象征,同时也指奥斯曼帝国。事实上,新月正是在奥斯曼帝国时期才普遍性地成为伊斯兰教的标志。③ 题目中的鹰(Eagle)则是阿尔巴尼亚国家的象征,因为我国过去习惯将阿尔巴尼亚称为"山鹰之国",笔者权且将本书书名翻译为《新月与山鹰》加以明确。作者在本书序言里提出,本书的研究主题是作为奥斯曼帝国臣民的阿尔巴尼亚人的民族观,可归类为

---

① 〔英〕诺埃尔·马尔科姆:《帝国代理人:16 世纪地中海世界的骑士、海盗、耶稣会士与间谍》,余福海译,上海:文汇出版社,2021 年。

② Robert Elsie, *The Albanian Bektashi : History and Culture of a Dervish Order in the Balkans*, London: I. B. Tauris, 2019.

③ Pamela Berger, *The Crescent on the Temple : The Dome of the Rock as Image of the Ancient Jewish Sanctuary*, Leiden: Brill Publishers, 2012, p. 164.

一部思想史或社会史著作。在本书的引言部分,作者就明确表达了自己的观点:他重点关注的是阿尔巴尼亚人的奥斯曼国族主义观和阿尔巴尼亚民族主义观之间的张力,而这二者之间并不总是相互冲突矛盾的。作者认为,在他所研究的历史时段,阿尔巴尼亚知识分子完全可以在保持对奥斯曼帝国忠诚并衷心拥护奥斯曼主义的同时,追求更多阿尔巴尼亚人的政治和文化权利。后者在当时的政治环境下可以被允许,很多阿尔巴尼亚人甚至通过改变、塑造奥斯曼帝国的体制来提升包括阿尔巴尼亚族在内的各民族的生存条件。作者认为,萨米·弗拉舍里(Şemseddin Sami Frasheri)①是这一时期阿尔巴尼亚知识分子精神面貌的典型代表,萨米也是作者在本书中频繁提及来论证其观点的"中心人物"。

作者将本书的研究范围定为 1874 年到 1913 年。一般来说,研究阿尔巴尼亚民族主义史或独立史的学者都以 1878 年普利兹伦联盟(League of Prizren)的成立作为起点,因为这一联盟首次明确表达了阿尔巴尼亚"民族"的政治诉求。但本书作者加雷奇却从文化的视角将他的研究起点放置在萨米·弗拉舍里创作出《贝萨或忠于誓言》(Besa yahut Ahde Vefa)②这部戏

---

① 萨米在土耳其和阿尔巴尼亚两国都是极有影响力的历史人物,土耳其将其称为Şemseddin Sami,阿尔巴尼亚将其称为 Sami Frasheri,本文统一使用后者。
② 贝萨(Besa)是阿尔巴尼亚社会习惯法的一部分,可以翻译为"荣誉誓言"。它是一系列阿尔巴尼亚人行为规范的统称,可以理解为一个人维护自己荣誉的方式,一种心理上、风俗上的自我约束。贝萨包含对家庭和朋友的义务、遵守承诺、与他人相处时的友爱,以及对外人保密等一系列含义。本剧的名称《贝萨或忠于誓言》后半部分"忠于誓言"是萨米用土耳其语对贝萨含义的简要解释,体现出本书的目标受众是全体奥斯曼臣民。虽然故事的场景、情节全部在阿尔巴尼亚,但萨米希望它可以获得奥斯曼帝国其他民族臣民的理解和接受。

剧作品的年份——1874 年。在书中第一章《宗教、国家与祖国》
（*Religion*，*State*，*and Motherland*）中，加雷奇给出了自己的理
由，他提出，《贝萨或忠于誓言》这部戏剧是萨米的民族主义观
的完整表达。它一方面体现出萨米对阿尔巴尼亚传统、风俗的
热爱，另一方面也表现出萨米并不认为阿尔巴尼亚民族情感的
表达与认同奥斯曼国家、国族之间存在任何矛盾。作者注意到
了阿尔巴尼亚民族主义和奥斯曼国族主义发展的共时性，因而
将其放在同一视域下加以审查，也因此更清晰地揭示了 19 世纪
末至 20 世纪初阿尔巴尼亚思想界的"多元特征"。作者指出，在
当时并存的众多思想中，阿尔巴尼亚民族主义并非最突出的一
个，也不见得是大势所趋。此外，不同于过往历史学者强调阿
卜杜勒·哈米德二世统治时期巴尔干地区风起云涌的民族解
放运动，作者更关注这一时期的"官方意识形态"——"泛伊斯
兰主义"的成功之处，尤其是该政策对阿尔巴尼亚族精英的吸
引力。

　　作者认为，在萨米·弗拉舍里身上，人们可以很清晰地注
意到阿尔巴尼亚族思想家背后的"奥斯曼帝国语境"。在萨米
笔下，阿尔巴尼亚人有着自己独特的文化、历史、风俗与信念，
他们是独立的民族，但他们同时也是奥斯曼人，效忠于奥斯曼
苏丹。这一时期多数阿尔巴尼亚精英在争取本民族的权益的
同时，也在为奥斯曼帝国的存续而奔走。他们和其他民族的奥
斯曼精英分享同样的问题意识，即如何拯救这个国家（Bu
Devlet Nasıl Kurtulur）。

　　第二章《不全面的觉醒》（*A Rude Awakening*）分析了 1878

年前后的事件和普里兹伦联盟。本章列出了阿尔巴尼亚人在
1878年至1881年间向奥斯曼宫廷提出的一系列要求。但作者
更加关注阿尔巴尼亚精英此时努力开展的一场针对奥斯曼高
层官员的"信息运动"。在这场运动中,他们对帝国的局势提出
了自己的判断,并试图说服帝国中央政府,阿尔巴尼亚人在帝
国中的地位应该随着整体局势的变化而调整。事实上,他们对
整体局势的判断与奥斯曼宫廷的评估几乎没有什么不同,双方
的分歧在于帝国在1877—1878年俄土战争中惨败后应该如何
应对新的战略现实。作者另外注意到,在他们的公共话语中,
阿尔巴尼亚作家(主要是南部的托斯克阿尔巴尼亚人)积极地
构建"阿尔巴尼亚人是奥斯曼帝国的忠诚民族"这样一种民族
形象,借此来提升他们政治观点的说服力。这种"忠诚民族"
(Millet-i sadıka)的话语介于真实和虚构之间,它是否反映了提
出这种话语的思想家们的真实想法,恐怕只有当事人自己知
道。但作者特别强调,此时阿尔巴尼亚人确实是以奥斯曼帝国
的臣民这种身份进行写作,其写作对象则是奥斯曼帝国的全体
成员。

在第三章《哈米德主义和阿尔巴尼亚主义》(*Hamidism and
Albanianism*)和第四章《哈米德在阿尔巴尼亚的统治》
(*Hamidian Rule in Albania*)中,作者以颇为正面的态度阐述了
苏丹阿卜杜勒·哈米德二世关于阿尔巴尼亚的政策,这一点有
别于此前大量著作中关于哈米德二世统治腐败、效率低下的描
述。在作者看来,哈米德二世倾向于接受阿尔巴尼亚人自我描
绘的"忠诚民族"的形象。他基于伊斯兰主义的政策与立场,试

图把穆斯林阿尔巴尼亚人塑造成奥斯曼帝国在巴尔干地区的统治支柱。哈米德二世相信,作为穆斯林的阿尔巴尼亚人比巴尔干地区其他各斯拉夫民族都更值得信任,他也一厢情愿地认为,阿尔巴尼亚基督徒因为沾染了穆斯林同胞的习气,也变得更忠诚、更值得信任。哈米德二世真诚地认为,过去阿尔巴尼亚人发动叛乱、反抗中央统治,除了周围斯拉夫民族的煽动,主要是因为当地的统治官员太过于腐败、政治素质过低。这一切可以通过严格的官员选拔任命和教育来改变。只要阿尔巴尼亚人能够认识、了解到苏丹对他们的关怀与仁慈,他们就可以是奥斯曼帝国"完美的臣民"。相比当时绝大多数奥斯曼政治家,哈米德二世对非土耳其族的穆斯林族裔表现出了更多的宽容。他尊重阿尔巴尼亚人的风俗习惯,理解阿尔巴尼亚的"贝萨"(Besa)传统,而且在当地发生动乱以后能够较为冷静地注意到地方官员所应负的责任。哈米德二世的态度体现了奥斯曼传统中经典的帝国治理观念,即老百姓都是善良、正义的,他们是天生就会效忠于苏丹的帝国子民。只是因为有腐败、贪婪的官吏压迫,才会"官逼民反",产生匪徒啸聚山林、聚众叛乱的情况。这种看似传统的观点对阿尔巴尼亚民众而言却格外具有吸引力,哈米德二世对他们的宽容政策不仅稳定了俄土战争后阿尔巴尼亚及其周边地区恶劣的政治环境,而且还鼓励了一批积极活跃于奥斯曼政坛、愿意为苏丹效劳的阿尔巴尼亚族精英。

哈米德二世的立场正是这一时期主流的阿族精英希望奥斯曼大众接受的观点,因此,哈米德二世的统治对于阿族而言近乎一个黄金时代。不过隐藏的危机依旧存在：阿尔巴尼亚族精英对于俄土战争以后阿族遭遇的瓜分危机认识更深，明白自身时刻处于周边民族国家虎视眈眈的威胁之下。即便在哈米德二世时期政策偏袒阿族利益的有利局面中，不少阿族精英依然认为，为了避免阿族遭受希腊、塞尔维亚或黑山等基督教国家的统治，阿族必须积极地追求政治自治乃至独立，因为奥斯曼帝国中央政府随时有可能出于某种利益置换将阿尔巴尼亚拱手相让。在帝国内部，阿族凭借自身的力量无法保证这种最糟糕的局面不会发生，因此有必要将命运的主动权掌握在自己手里。

在第三章和第四章中，作者再次把研究的重点转向了萨米·弗拉舍里，他把萨米视为"奥斯曼的阿尔巴尼亚人"（Osmanlı Arnavut）之典型代表，因而在萨米身上可以看到哈米德二世统治时期阿族知识分子的"时代精神"。在作者看来，一方面萨米是奥斯曼人，欣赏并支持帝国的族群和语言多样性，但他也拥护阿尔巴尼亚民族主义。萨米和其他阿尔巴尼亚人试图教育奥斯曼政府和公众，让他们了解阿尔巴尼亚民族，他是一位面向全体奥斯曼人写作的阿尔巴尼亚民族主义者。作者认为，尽管萨米·弗拉舍里在地理上与阿尔巴尼亚分离，大半辈子都在伊斯坦布尔居住、工作，但他的日常生活与许多阿尔巴尼亚同胞一样，需要适应多语言、多民族和多宗教的环境。

作者在这两章中格外强调阿尔巴尼亚民族主义者在哈米德二世体制下争取民族权利方面所取得的成就。简而言之，阿尔巴尼亚人在这一时期向奥斯曼帝国官方提出了两个基本要求，首先是要将斯库台（İşkodra/Shkodër）、玛纳斯蒂尔（Manastır）①、科索沃（Kosova/Kosovo）、亚尼亚（Yanya）②四个他们眼中的阿尔巴尼亚行省合而为一，确立"统一的阿尔巴尼亚行省"的边界。其次，在阿尔巴尼亚"境内"要建立阿尔巴尼亚语学校，允许使用本民族的语言进行教育。这两项合情合理的要求并不看起来一般容易。一方面是阿尔巴尼亚的地理疆界在当时并不明确，历史上也并不存在疆界固定的"阿尔巴尼亚王国"。部分激进的阿尔巴尼亚民族主义者甚至提出应该把萨洛尼卡也纳入阿尔巴尼亚境内。另一方面，塞尔维亚人对科索沃也有着志在必得的态度，在塞尔维亚民族主义者看来，科索沃是塞尔维亚人的历史家园、是本民族的发源地，具有神圣的文化价值，必须统一在塞尔维亚民族国家内部。尽管如此，在哈米德二世统治时期，阿尔巴尼亚人短暂地实现了自己的目标，阿尔巴尼亚行省最终得以建立。作者认为，如果这一时期没有一个"阿尔巴尼亚行省"的划分，后来阿尔巴尼亚人很可能会因为没有明确、固定的行政地理基础而难以在法理上提出自己的独立诉求。关于阿尔巴尼亚语的问题或许更加复杂。几十年来阿尔巴尼亚的知识分子一直致力于建立一套统一的字母规范。在 19 世纪中期以前，已经有部分受到西欧民族主义和启蒙思想影响的精英阶层试图建立一套统一的字母体系，但影响甚微，未能得到广泛传播。19 世纪中期以后，以科斯坦丁·克里斯托福尔迪（Kostandin Kristoforidhi）和萨米·弗拉舍里为

---

① 今北马其顿共和国的比托拉（Bitola）。
② 今希腊共和国的约阿尼纳（Ioannina）。

首的知识精英开始建立社团、希望有组织地在民众中推广阿尔
巴尼亚字母。但围绕阿尔巴尼亚语是应该采用拉丁字母、与西
方接轨,还是使用传统的阿拉伯字母,抑或借鉴希腊字母创造
出一种新的独属于阿尔巴尼亚的字母体系,不同学者意见不
一。在缺乏政治权威做出最终定夺并大规模推广某一种字母
体系的情况下,阿尔巴尼亚文字直到 20 世纪初依旧局限在范围
极小的知识圈内。尽管如此,哈米德二世总体上宽容了阿族知
识精英的文化活动,允许他们结社并展开思想辩论。作者认
为,这一时期阿族知识精英的努力在一定程度上加强了他们内
部的统一感,让他们有了共同的政治目标和政治归属,这对于
后来阿尔巴尼亚民族事业的发展是至关重要的。

　　第五章《革命》(*The Revolution*)讨论了阿尔巴尼亚人对
1908 年革命的贡献。作者提出,尽管穆斯林阿尔巴尼亚人构成
了哈米德二世长期统治的重要支柱,但他们在推动青年土耳其
革命获得成功、迫使苏丹恢复宪法和召开议会方面同样发挥了
重要作用。具体来说,阿尔巴尼亚人对革命的支持遍及社会各
个阶层,包括盖格(北方)和托斯克(南方)①、部落首领、民族主
义者、政府官员和游击队领导人。阿尔巴尼亚社会的多元性自
然意味着不同群体对立宪内涵有着不同的理解和期待,这对新
政权解决这些分歧提出了巨大挑战。阿尔巴尼亚境内思想较

---

① 阿尔巴尼亚南北部的划分既是基于方言类型也是基于地理特征。北部称为
　盖格(Gheg),南部称为托斯克(Tosk),盖格与托斯克两种方言的区分比较明
　显,互通有一定困难。阿尔巴尼亚北部主要是山地,而南部多是山谷和平原,
　在历史上大部分时期两地并不处在同一政治体内,因此发展出了各自不同的
　特色。

保守的社会成员期望保留哈米德时期的制度化特权，而民族主义者则认为应追求更多的自由和进一步发展阿尔巴尼亚民族主义。

第六章《独立之路》（*Road to Independence*）探讨了阿尔巴尼亚人在帝国境内追求特权和追求更多民族自由的两种期望如何最终落空。尽管本章题目是关于阿尔巴尼亚独立，但叙述的重点并非过去相关研究关注的政治外交局势或阿尔巴尼亚"叛乱"过程中爆发的冲突，而是出版物上的公共辩论以及奥斯曼议会围绕"阿尔巴尼亚问题"应采取何种政策展开的讨论。1909 年至 1911 年间，主张奥斯曼化和阿尔巴尼亚化的阿族精英内部陷入了激烈的辩论和致命的冲突。作者认为，即便在巴尔干战争前夕的紧张局势和 1910 年阿尔巴尼亚人武装起义的大背景下，奥斯曼主义仍然是一种可行的意识形态，到巴尔干战争即将爆发，阿尔巴尼亚民族主义者和传统派似乎已经在帝国内争取到了他们追求的政治权利和保留自身习俗、文化的权利。此外，作者在这一章里也力图修正过往史学对该问题的另一个"迷思"，即阿尔巴尼亚的独立主要是南方托斯克人推动实现的。相反，作者认为科索沃和德布雷（Debre）两个地区的阿尔巴尼亚人的抗争构成了阿尔巴尼亚独立斗争取得成功的基石。这两个地区的马利索尔人①提供的武装力量再加上偶然的外交事件才最终迫使奥斯曼帝国在民族权利问题上做出重大让步。

在本书结语中，作者提出，面对阿尔巴尼亚领土被周围基督教国家瓜分的风险，阿尔巴尼亚人别无选择，只能依靠奥斯

①指阿尔巴尼亚北部山地的民兵武装。

曼帝国的军队、政府和地方治理机构来保护自己免于分裂。然而,在第一次巴尔干战争中,面对联合起来的四个巴尔干国家,奥斯曼帝国惨遭失败。外国入侵和占领切断了"阿尔巴尼亚之鹰"和"奥斯曼新月"之间的联系。关于阿尔巴尼亚何以独立之问,作者也直接地给出了自己的结论,这并非阿尔巴尼亚人自己的设计和意愿,而是巴尔干局势发展变化导致的结果。

在结语中,作者再次强调要"重估"阿尔巴尼亚北方的盖格人在独立过程中发挥的作用。因为过去关于阿尔巴尼亚独立和民族主义的研究主要强调阿尔巴尼亚南部的托斯克人做出的贡献,而将北方的盖格人视为部落民和文化上相对落后的山地人。但本书作者认为,北方盖格人提供的武装力量起到了至少与南方的知识分子及官员同等重要的作用。阿尔巴尼亚能够获得独立,最主要的原因之一就是奥斯曼大维齐尔马哈茂德·谢夫凯特帕夏(Mahmut Şevket Paşa)盲目攻击北方部落首领的特权,刺激了北方与南方政治精英的联合,形成了一个统一的"阿尔巴尼亚议程"。作者认为,这种统一的"阿尔巴尼亚议程"直到 1910 年前后才大致形成,也只有在此时阿尔巴尼亚的独立才成为可能。

综观本书,作者的问题意识非常突出,即强调阿尔巴尼亚人作为奥斯曼臣民的面向,突出奥斯曼主义在阿族知识精英那里取得的成功。不过作者或许不由自主地犯下了矫枉过正的错误,他对于奥斯曼帝国统治中阿尔巴尼亚人所发挥的作用,以及阿尔巴尼亚人接受奥斯曼主义、忠诚于奥斯曼"国族"的程度或许都有所夸大。另外,前四章作者对于阿尔巴尼亚人是如何有力支撑了哈米德二世的统治、如何在这一时期享受了"政策红利"的细致论述太过成功,第五章《革命》和第六章《独立之路》的内容读起来反而格外难以理解,因为阿尔巴尼亚人热烈支持青年土耳其革命以及阿尔巴尼亚在其后不到五年时间就宣布独立的史实,恰恰构成了对作者前四章论据强有力的反驳。作者在这两章所用的短短篇幅实在很难让读者理解并接受从"忠诚子民"到"赢得独立"这个转变的发生。一方面,或许因为本书试图涵盖的内容太多,作者并没有对类似萨米·弗拉舍里这样的阿族知识精英的内心世界做出更详细的考察。毕竟身处奥斯曼帝国的统治之下,又处在相对特权地位的阿族精英势必要写下大量拥护帝国统治、表示个人忠心的文字。这些文字是否反映了作者本人真正的精神世界,其中哪些是作者的真心之语,哪些是为了保住自己身份地位的虚伪托词,是作者本应去认真考察,却没有能够实现的重要工作。如果作者能够针对具体的思想家的文本展开更为实证的研究,他关于阿尔巴尼亚主义和奥斯曼主义二者共生并存关系的论证效果应该会更好。仅从本书来看,作者的论证并不能让人完全信服。另一方面,作者仅具体介绍了那些服务于奥斯曼国家的阿族政客、思想家的行动与思想,对于那些一贯致力于阿尔巴尼亚民族权利或独立的人士的活动却浮光掠影地一笔带过(尤其是作者几乎没有提到萨米·弗拉舍里的哥哥阿卜杜·弗拉舍里,他是阿尔巴尼亚近代民族主义史上至关重要的人物),更降低了这本书中心思想的可信度。读者不禁要问,是否因为作者过于关注并特别去"寻找"那些认可奥斯曼主义、效忠于奥斯曼国家的阿族思想家,才使得他得出了本书的结论呢?

　　尽管有上述缺点,作者在本书中展现了极为突出的问题意识,并且在近乎题无剩义的奥斯曼帝国晚期民族主义研究中找到了"阿尔巴尼亚民族主义和奥斯曼主义之间的思想张力"这一有极大挖掘空间的题目,并对该问题的研究做出了极为重要的学术贡献。本书的研究很好地反驳了带有浓厚的阿族民族主义色彩的有关这一时期阿族历史的历史叙事,这是极为可贵的学术突破。但由于阿尔巴尼亚历史研究在英语世界的冷门性,尽管该书出版已有十余年,至今似乎仍没有在作者基础上更进一步的相关问题的讨论。

　　作者简介:刘新越,北京大学区域与国别研究院 2023 级博士研究生、土耳其研究中心助理。

附　录

第三届"奥斯曼-土耳其历史研究"青年学者论坛会议综述

　　2023 年 10 月 29 日是土耳其共和国成立 100 周年纪念日。回顾土耳其的百年历程,我们可以看到对土耳其历史发展进程具有重要影响的变化和转型:从"国父"凯末尔领导的民族解放战争胜利到实行大刀阔斧的世俗化、现代化改革;从一党执政到多党民主制;从议会共和制到总统制政体;从长期奉行的国家主义的经济政策到融入全球化的新自由主义政策……

　　历史作为一面镜子,为我们在认识和理解当下复杂的现实环境提供了一种视野和路径。当前中国和世界历史进入到"百年未有之大变局",从较为长程的历史视野看待现代土耳其的成长历程,无疑也将在现实层面为我们带来新的启发与思考。

　　基于此,北京大学土耳其研究中心联合北京大学历史学系举办了第三届"奥斯曼-土耳其历史研究"博士生学术论坛。本论坛致力于为国内从事土耳其历史研究的博士生群体搭建一个互相交流、深入探讨的平台,以促进整体研究水平的提高和人才队伍的培养。本届论坛主题为"百年土耳其",共设有四个分论坛。来自国内外众多高校的博士研究生通过线上线下相结合的方式相聚,共同探讨百年土耳其成长过程中的重要转型和变化。

在开幕致辞环节,**陕西师范大学土耳其研究中心主任、历史文化学院教授李秉忠**首先详细梳理了奥斯曼帝国晚期史—土耳其历史研究的学术史。李秉忠教授对这一领域传统的两种研究趋势——东方问题的研究范式以及凯末尔主义史学的研究范式的特征进行分析后,又介绍了近年来学界出现的一些新的研究趋势及动态。他接着从比较帝国史、区域国别学、土耳其国家治理/土耳其式现代化以及需要突出东方和中国的因素等方面给出了自己对这一领域未来研究视角和方法等方面的建议。**北京大学历史学系教授、区域与国别研究院副院长、土耳其研究中心主任昝涛**在致辞中指出,北京大学土耳其研究中心创办这个论坛的初衷是希望为国内的土耳其研究的青年学者提供一个平台。昝涛教授首先肯定了博士研究生已经在国内的土耳其研究中天然地成为主力。典型变化就是技术的进步,具体表现在一手史料掌握和解读方面出现了长足的进步与加速的发展;此外,在国内土耳其研究越来越蓬勃发展以及当前区域国别学已经成为一级学科的背景下,他提出"在自主知识体系的视野下,中国的奥斯曼-土耳其研究怎么做?"的问题。昝涛教授提出了两条路径,一是要有一个比较历史研究的视野;二是要有一个中国的关切。他希望青年学者们能用中国的概念、以中国为出发点的比较历史研究来进行奥斯曼-土耳其历史研究,应促使以中文书写的奥斯曼-土耳其历史成为这一领域史学范式万花筒中的一员。

第一场分论坛主题:"传统与现代间的奥斯曼帝国"

西北大学中东研究所博士研究生郭欣如的报告题目为《从边疆到边界:奥斯曼帝国与伊朗边疆领土的现代转型》。奥斯曼帝国与伊朗的边界是近代中东地区划界历时最长的界线,也是中东地区第一条具有现代意义的边界线。郭欣如在充分利用英国外交部解密档案、英属印度政府备忘录和剑桥档案汇编的基础上,从疆域变迁的视角深入考察了奥斯曼帝国与伊朗的边疆领土由传统帝国边疆带向主权国家边界线转型的流变轨迹及其相互之间的内在关联,同时从领土变迁和边界形成的维度对奥斯曼土耳其和伊朗的民族国家构建历程进行了探讨。她指出 20 世纪初,伴随着奥斯曼帝国与伊朗之间清晰、固定的边界线的最终确立,两国也逐步踏上从传统王朝建制转向建立现代主权国家的道路。

浙江大学历史学院博士研究生杨冰冰的报告题目是《奥斯曼帝国现代医学的早期缘起、演进路径及政治影响论析》。诞生于欧洲的现代医学与奥斯曼帝国的传统医学存在明显不同。近代早期,奥斯曼帝国现代医学的早期缘起集中表现为现代医学著作与欧洲医学人员的有限传播与交流,此时欧洲与奥斯曼帝国的医学交往处于相对平等的地位。随着奥斯曼帝国的衰落及其与欧洲历史发展落差的愈渐增大,奥斯曼帝国自 19 世纪初开始主动且大量地引进现代医学。医学教育领域从依附到独立、医学改革从浅显到逐渐深入、医学内容从中心延伸到边缘是奥斯曼帝国现代医学演进路径的基本特征。她认为，现代医学在晚期奥斯曼帝国的渗透导致传统医学结构受创，新旧医学群体势力的此消彼长加剧了社会矛盾，进而在一定程度上影响了奥斯曼帝国的政治命运走向。

普林斯顿大学近东研究系博士研究生陈功以《奥斯曼帝国东部六省的土地问题，1908—1914》为题进行发言。"土地问题"（arazi meselesi）是奥斯曼帝国当时东部六省（埃尔祖鲁姆、凡、比特利斯、迪亚巴克尔、锡瓦斯、埃拉泽）最严重的问题之一，给东部六省的稳定和秩序带来了严重的威胁，也是后来一战期间对亚美尼亚人的强制迁徙和杀戮的重要背景。陈功在充分利用土耳其总统档案馆藏奥斯曼政府档案、法国外交档案中心以及英国国家档案馆文献的基础上，对土地问题的由来与性质、1908年革命后奥斯曼帝国中央政府采取的解决土地问题的措施以及这些措施的效果进行了考察。他指出土地问题的根源在于坦齐马特时期的土地制度改革，以及哈米德二世统治时期（1876—1909）东部六省的权力结构变化和人口流动。他将奥斯曼帝国在这一时期的政策演变划分为五个阶段，并将1908年后的奥斯曼帝国政府没有解决东部六省土地问题总结为四个主要原因，指出因土地问题而激化的族群矛盾最终成为了一战中一系列悲剧发生的重要因素。

在评议环节中，**西北大学中东研究所副教授王晋**分别从论文选题、内容深化、概念界定、文献综述、选题意义等方面对三位发言人的汇报逐一进行了评议。

第二场分论坛主题:"现代土耳其的延续与变革"

上海师范大学教育学院博士研究生陈宏宇的报告题目为《改变与延续——奥斯曼帝国对土耳其共和国的基础教育、国民教育的影响以及其意义》。通过对奥斯曼帝国基础教育机构类别的考察,他将研究聚焦于其中最主流的穆斯林学校。他从为教育发展注入新动力、军事学校的设立和改革、义务教育雏形的奠定以及学校监管机制的设立等角度分析了坦齐马特改革对奥斯曼帝国基础教育改革的意义及影响。他指出现代土耳其共和国在奥斯曼人的构想上颁布的《教育统一法案》以及在前人的基础上继续执行并延长了"义务教育"的年限,不仅在理念上使得基础教育成为提高社会生产力的途径,也是重视人权、社会文明的表现。

陕西师范大学历史文化学院博士研究生伊穆然江·阿地力以《土耳其战争与和平思想的流变(19世纪—1938年)》为题进行发言。他通过考察土耳其人在奥斯曼帝国晚期到土耳其共和国建立近百年间对战争与和平认知的变化,尝试透视土耳其人的世界观。从17世纪开始接连在战场上的失败和帝国的衰落,让奥斯曼帝国意识到通过外交途径维持其生存,是比战争更可行的方式。进入20世纪后,在帝国内忧外患的情况下,"以战争求生存"又成为帝国的主要意识形态,并持续到奥斯曼帝国卷入一战。最终,在凯末尔的领导下,土耳其对战争的看法变得更加谨慎,战争被看作只有威胁国家生存时才可供选择的方式。伊穆然江通过考察不同时期和背景下,土耳其的重要思想家、政治家对战争与和平的看法与阐释,探寻土耳其民族特性中的战争与和平的思想脉络。他认为,土耳其人对和平与战争的认知随着其所处的环境而发生变化,但不变的是和平与国家的繁荣发展是目的,战争是手段。"和平"不是在所有背景下都意味着收益,"战争"也不是在所有背景下都意味着损失。

中国人民大学哲学院博士研究生王馨漫的报告题目是《伊斯兰主义与民族主义的交织:内斯普·法齐尔·基萨库雷克的"大东方"思想研究》。她认为基萨库雷克的思想是针对凯末尔主义者激进的西方化、世俗化改革给土耳其穆斯林民众带来的身份认同困境、精神危机以及社会道德问题而提出的解决方案。基萨库雷克对土耳其以伊斯兰认同为核心的东方身份属性的强调,对土耳其伊斯兰主义发展道路的规划,反映了他反西方殖民和反凯末尔主义的立场、捍卫自身社会独立性和文化纯正性的意愿。他试图将伊斯兰教与民族主义相融合,实际上是在尝试建构一种与凯末尔主义者所理解的民族主义相对立的替代性版本的民族主义。王馨漫还分析了基萨库雷克思想中伊斯兰主义主张和民族主义主张之间的互动关系,并将基萨库雷克与其同时代的库特布、毛杜迪、霍梅尼在相关问题上的看法进行比较,揭示了伊斯兰主义思潮的多样性、伊斯兰主义和民族主义关系的复杂性。

上海大学文学院历史系博士研究生万肖肖的报告题目是《安卡拉首都定位的英国人印象和事实判断》。凯末尔等第一代土耳其领导人经过多方面考虑和利弊权衡,放弃了以千年古都伊斯坦布尔为新国家的首都,于1923年10月13日宣布定都安卡拉。万肖肖主要依据英国外交官和英国旅行者两个角度的看法,结合相关的外交档案和旅游文学笔记,重点分析了英国人笔下的安卡拉形象构建、安卡拉的城市变化,以及基本原因与逻辑,并将英国人眼中的安卡拉形象与凯末尔设定的安卡拉形象加以对比。他认为英国人对安卡拉城市的认知变化过程,也恰好是土耳其共和国和英国之间的关系发生变化的过程。这种认知也是英国人从文化心理上如何接受土耳其共和国的曲折反映的一个侧面。安卡拉形象的变化过程,某种程度上可以说是土耳其的西方文明属性被英国接受的过程。

华南师范大学历史文化学院博士研究生蒋怡的报告题目为《土耳其革命对国共合作成败的影响》。蒋怡从中共、苏俄、国民党多方互动的框架出发,对第一次国共合作期间各方对土耳其革命认识的差异及演变过程进行了梳理。他认为土耳其革命作为一面复杂的镜像,对第一次国共合作的影响贯穿始终并产生了特殊作用。中共要借土耳其的榜样效应,努力构建革命联合战线全力推进国民革命,国民党也希望效仿土耳其,一举完成统一大业。但是由于随着土耳其转向"反共"及其与苏俄关系的反复,令中国革命者对联合战线产生忧虑,更成为国民党右派辩解其反革命行径的借口,土耳其革命由此成为合作破裂的一个悲剧性注脚。

在评议环节中,**中国社会科学院西亚非洲研究所(中国非洲研究院)助理研究员朱泉钢**从论文选题、论文结构、研究对象及文献史料的选择、学术史综述以及问题意识等方面分别对五位发言人的汇报进行了点评。朱泉钢肯定了各位发言人在土耳其语文献的掌握和阅读方面取得了很大的进步。他希望各位发言人能够依据自己的问题意识以及利用文献材料得到的观点,在传统的西方中心主义视角以及土耳其本身的视角之外发展出一个在中国自主知识体系中的视角。

第三场分论坛主题:"区域与全球视野下的土耳其"

北京外国语大学英国研究中心博士研究生古力加马力·阿不力孜的报告题目为《俄乌冲突背景下土耳其在欧盟中亚能源战略中的角色及其作用》。俄乌危机后,中亚地区也就自然成为欧盟不得不审慎考虑的能源进口实体。作为"地缘战略支轴国家"的土耳其凭借怀抱中东、背靠里海且扼守黑海的唯一出海口的得天独厚的地缘优势,成为欧盟获取能源最佳的能源战略伙伴国,扮演着欧盟在欧亚大陆东西挺进能源枢纽过境国的重要战略角色。土耳其一方面是欧盟中亚能源战略的盟友,另一方面也是欧盟-中亚天然气管道线建设中关键的一环。此外,土耳其也是欧盟在中亚能源合作机制中的最佳"代理人",并可成为欧盟在中亚地区能源管道建设中的枢纽和"桥梁"国家。因此,欧盟的纳布科天然气管道项目和土耳其的 BTC 管道建设互相合作,一定程度上实现了互利共赢。不过由于俄罗斯在中亚地区的固有优势以及土耳其自身综合国力的限制等问题,土耳其的战略也面临着不少困难。

首都师范大学历史学院博士研究生刘壮志的报告题目为《从"人权"走向"现实":卡特时期美国—土耳其关系调整的外部动因》。20 世纪 70 年代,美国与土耳其的关系逐渐恶化,

1975年福特政府宣布对土耳其实行武器禁运政策,对美土关系造成极大的负面影响。随后,卡特政府在1978年宣布解除对土耳其武器禁运政策,并逐步改善美土关系。他指出,当前国内外学术界对卡特政府的土耳其政策研究主要集中于美国调整对土耳其的禁运政策,但对于卡特政府调整对土关系的原因尤其外部原因着墨不多。但在此轮美土关系缓和过程中,外部因素其实起到了很关键的作用。究其外部原因,苏联—土耳其关系缓和、伊朗伊斯兰革命、苏联入侵阿富汗都对美土关系缓和的结果产生了重要影响。总体而言,土耳其与苏联关系密切引起美国警惕;伊朗伊斯兰革命的爆发使美国更加重视中东政策;苏联入侵阿富汗是美土关系改善的直接因素。美国政府调整同土耳其的关系是为美国的中东政策服务,其实质是卡特政府的对外政策从"人权外交"走向了现实主义外交。

北京大学历史学系博士研究生高成圆的报告题目为《两面"国旗":1974年以来塞浦路斯土耳其族人的民族认同构建》。从历史角度看,塞浦路斯土耳其族在20世纪二三十年代由传统穆斯林的宗教认同转向现代土耳其民族的族裔认同,这种认同在50年代进一步转化为要求塞浦路斯与土耳其合并的政治运动。1974年,希腊军政府策划推翻塞浦路斯总统的军事政变以及土耳其随后的武装干涉成为塞浦路斯历史的转折点。塞浦路斯土耳其族从此在土耳其民族主义的指导下进行"民族国家建设",使用土耳其国旗。北塞浦路斯土耳其共和国建立后,塞浦路斯土耳其族领导人将"新国旗"与土耳其国旗一同作为"北塞国旗"使用。与此同时,塞浦路斯岛北部也逐渐兴起替代性身份认同——强调塞浦路斯土耳其族人身份特征的"塞浦路斯（土耳其族）主义"，特别是在 2004 年左翼政党上台执政以及"安南计划"出台后赢得了土耳其族民众的广泛支持，但这条认同的构建之路并不容易。她指出，两面"国旗"的同时使用，侧面反映了塞浦路斯土耳其族在土耳其民族认同和塞浦路斯（土耳其族）认同之间的纠缠与困境。

北京外国语大学欧洲语言文化学院硕士研究生尤诗昊的报告题目为《文化记忆与身份认同：奥斯曼帝国遗产与土耳其的巴尔干身份》。土耳其正义与发展党（简称正发党）执政以来，试图建构积极的奥斯曼帝国文化记忆，借机助力其在巴尔干地区的周边外交。奥斯曼帝国的形象在土耳其共和国早期是负面的，往往被视为保守落后的象征。但在正发党崛起以后，土耳其开始利用奥斯曼帝国的遗产发挥自身的文化、政治影响力。在巴尔干地区，土耳其利用奥斯曼帝国的宗教遗产，通过帮助修建清真寺、纪念碑以及修复古建筑等方式，重塑当地的奥斯曼历史记忆。此外，土耳其还通过提供奖学金项目，鼓励来自巴尔干的留学生学习土耳其语，进而传播土耳其文化。与之相对，巴尔干国家在近代国族建构过程中倾向于将奥斯曼帝国塑造为一个他者，将自身的结构性问题归咎于奥斯曼帝国的统治。在冷战结束后，巴尔干国家面临欧盟和土耳其两边的压力，土耳其利用自己在历史和文化方面的资源，在一定程度上挤压了西方的活动空间。

南京大学国际关系学院博士研究生梁钦的报告题目为《"全球南方"视角下的土耳其对非洲政策》。近年来，"全球南方"话题在国际关系中逐渐升温,土耳其的对非政策可以被纳入全球南方的视野下加以考察。在正义与发展党上台后,土耳其开启针对"全球南方"的外交政策,并将其确定为土耳其外交政策中新兴战略性的"南方维度"。随后,土耳其也尝试提升"全球南方"在其外交战略中的地位。土耳其作为北方和南方之间的门户,试图通过创造新的地区治理规范(尤其是在欧洲和大中东地区之间),在全球南部表现出一种中等权力的行动主义形式。土耳其通过举办"土耳其—非洲伙伴关系峰会"、与非洲国家签订联合行动计划、提供人道主义援助等方式,逐渐在对非合作中占据先机。不过,土耳其也面临着国内政治、经济的一些问题,其对非政策能否稳定持续存在很大的不确定性。

随后,**上海交通大学人文学院历史系长聘教轨副教授陈浩**对以上五人的发言作出点评,并提出了相应的指导意见。

第四场分论坛的主题为"百年土耳其的发展与变迁"

北京大学历史学系博士后阿迪的报告题目为《西方舶来品的内化:百年土耳其的足球运动》。报告回顾了足球运动在土耳其的发展史,介绍了足球如何从一个西方的舶来品到逐渐被土耳其所接受的过程。现代足球运动发端于英国,于1875年传入奥斯曼帝国,在1908年青年土耳其革命后才取得合法地位。一战及土耳其民族独立战争时期,土耳其足球运动的发展出现断层、停滞。1936年起,凯末尔主义者开始对全国范围内的体育运动进行国家指导与管理。1938年,《体育教育法》的出台使得足球运动被纳入国家管理层面,成为国家指导下的一项现代体育运动。1945年后,土耳其政府积极支持土耳其足球申请加入欧足联,并在1962年成功加入。在国家指导下,土耳其全国足球联赛、青少年及女子足球运动取得长足发展。截至2010年,土耳其足球市场规模位居全球第六。他指出,土耳其足球运动取得成功的关键原因为国家管理与指导,但这也为埃尔多安政府在足球运动领域的政治操弄留下空间,土耳其足球运动被政治干扰,其足球运动水平出现一定的下滑。因此,土耳其国家管理与指导方式对其足球运动的发展具有"双刃剑"的影响。

北京大学区域与国别研究院博士研究生沈莎莉的报告题目为《土耳其议会选举制度的历史变迁》。报告基于土耳其官方文件及既有研究成果,在土耳其语"大选"(genel seçim)语境下,梳理从奥斯曼帝国晚期至21世纪土耳其议会选举制度的历史变迁。自1923年成立以来,土耳其共和国的议会选举制度经历了近百年的发展及演变,完成了从一党执政时期的二级选举,到多党时期的一级选举,再到从名单多数制到比例代表制的转变。议会门槛与基于顿特法的议席分配方式,成为21世纪以来土耳其议会选举制度的主要特征。2017年修宪公投后,土耳其的政治体制从议会制转型为总统制,该国选举制度发展迎来重要历史契机,催生出选举联盟机制。从土耳其议会选举制度的百年发展、演变,可以看出,今天土耳其的议会选举制度,是在以往制度基础上不断调整、改革的结果。无论是在议会制还是在总统制时期,大国民议会从来都是土耳其政党博弈的主战场。她指出,议会选举不仅仅是一个程序问题,更是一个关系到土耳其政治稳定的关键问题。对土耳其议会选举制度发展史的考察,为我们提供了观察非西方国家政治传统的一面镜子。

北京大学区域与国别研究院博士研究生赵馨宇的报告题目为《帝国历史与民族记忆:征服伊斯坦布尔纪念仪式的变迁》。对土耳其人而言,征服伊斯坦布尔尽管有极其重要的历史意义,却不是官方民族历史的组成元素,也没有成为法定节日。然而,长期以来,土耳其社会尤其是伊斯兰主义群体一直通过举行各种仪式纪念该事件。她通过回顾征服伊斯坦布尔纪念仪式在土耳其共和国重要历史时刻的表现,对其中折射出的"奥斯曼帝国"形象在公共舆论和政治舞台上的变迁进行分析。她指出,在过去70年间,对这一事件的纪念与内政外交的诸多因素息息相关,并随着总统的参与被官方化,伊斯兰色彩逐渐浓厚,逐渐成为一种政治动员的手段。以这一纪念仪式的变迁为例,也可以发现任何被理解为"奥斯曼帝国"的东西都是不断演变的,并且取决于在特定时刻是谁主导了这种对历史的理解。她认为,纪念征服伊斯坦布尔的仪式在一定程度上破坏了土耳其现代民族国家的世俗主义观念,对民族的官方纪念日提出了质疑,并引出了通过公共生活的日常实践来塑造和争夺国家认同等更广泛的问题。

清华大学国际与地区研究院博士研究生朱珈熠的报告题目为《百年土耳其发展的城市印记:对寮屋(gecekondu)初期发展的研究(1950—1960)》。朱珈熠深入探讨了土耳其的"寮屋"(gecekondu)现象的研究意义和初期发展特征。"寮屋"作为一种特殊的非正规社会住房形式,始于奥斯曼帝国晚期,在20世纪50年代得到快速发展。通过分析大规模出现的原因,她认为"寮屋"现象折射了土耳其社会在20世纪中期的政治经济结构转型。"寮屋"移民为土耳其近百年来的现代化进程带来了重大变革,其中的经济活动对移民的就业和生计提供了重要支撑,"寮屋"社区同时也是社会价值撕裂和身份归属感的载体。她进一步指出,"寮屋"现象不仅是土耳其特有的,也是全球南方许多发展中国家普遍存在的问题。因此,通过对土耳其"寮屋"的研究,可以探讨全球南方国家在20世纪后半期发展过程中的特性与共性。

北京大学区域与国别研究院博士研究生张楠的报告题目为《浅析土耳其义务宗教课程培养目标转变(1982—2018)》。张楠以土耳其共和国时期普通中小学宗教课程标准以及教育大会为材料,分析了土耳其自1924年以来义务教育中宗教课程的名称形式变化、1982年之后宗教文化与道德知识课程成为必修课的原因及其培养目标的转变。她指出,在1982年之前的大部分时间,宗教课程作为一门单独的课程出现在课程计划中,关于道德的课程在1974年作为必修课程出现,其间,这两者一直处于分离的状态;而在1982年之后,这两门课程合并为一门课程——"宗教文化与道德知识",并作为必修课写入宪法。2005年,土耳其的中小学课标中第一次正面回答了宗教课程的"合法性"问题,即应该重视宗教在社会中的作用,既不能完全采用宗教的方式进行教育,但也不能对宗教视而不见,而是需要通过"正确、科学"的方式进行引导。她认为,作为必修课程的"宗教文化与道德知识"课程从重视社会整合转向了重视个人精神培养,这也是土耳其社会的阶段性发展特点,但民族和道德层面的培养目标并没有发生变化。

在以上五人发言结束后,**北京大学外国语学院助理教授张态煜**进行了针对性点评,并对几位同学论文中需要改进之处提出了建议。

在会议最后,北京大学历史学系教授昝涛对会议的整体情况进行了梳理与总结,并对奥斯曼-土耳其历史研究学术论坛的未来发展作出了展望。

整理人:高成圆,北京大学历史学系 2020 级博士研究生;
刘新越,北京大学区域与国别研究院 2023 级博士研究生。